黑牆裡的倖存者

父女囚徒鎮反文革記事

下

齊家貞 著

謹將此書

獻給專制祭壇的犧牲——
我的父親齊尊周、母親張則權，
兩位平凡的偉人；

獻給熊輿珍、牟光珍、劉伯祥、王大芹……，
我的同犯們；

獻給輿國、安邦、治平、大同，我的弟弟，
四個活著的祭品。

目次

第十六章 另一個世界 另一種活法

日子照舊過下去，犯人們帶著熱鬧的喧囂湧來，又留下無望與淒冷退去。十二月二十一日打擊進來的犯人，陸陸續續處理走了，留下我和1081像「唐家沱的死屍旋不出去」。兩個人住這麼一個大而空蕩的房間，夏天也感到涼意，最大的不幸還是時間多得成災，既沒有書讀報看，也不能躺倒睡下，更沒有很多新鮮的話語可以傾談。

我倆繼續過去的光榮傳統，在「討論」報紙時舉行精神會餐：紅苕、包穀、牛皮菜，「粗糧細作」、「蔬菜代糧」等，我們複習老犯們留下的形形色色的「菜譜」，回憶一些精彩絕倫的釋放回家後大吃一頓的計劃，特別是一個犯人介紹的「糖豬油豆」，她說「天垮下來我不管，老子回到屋頭，鋪蓋捲一甩，馬上到自由市場割兩斤板油，切成拇指大的顆顆，倒進和好的灰麵（麵粉）醬裡頭一拌，再在油鍋裡炸，炸到看起來像水晶玻璃透明了，濾出來，裹起白糖趁熱吃，熱漉漉的化豬油化白糖，熱嘴熱心，那才叫過癮喲」。這道「糖豬油豆」，不要說吃，就是聽，已經夠我們四體舒暢，心嚮往之了，我倆決定回去賣褲子也要試一頓。除此外，我同1081已無多話可說，像乾了源頭的小溪，再也淌不出水滴。

夏樹屏坐在那裡，常常把兩隻拳頭疊放在膝蓋上，頭擱在拳頭上，彎曲的短短的「馬尾巴」像一朵美麗的磨菇在後腦勺上開放，警衛問她在做啥，我說她頭痛。我知道她在思念她的四個小兒女和回憶與丈夫共處的好時光，還有她的孤獨可憐的老母親。她古典瓷器美人似的臉時而仰起來深深地嘆氣，然後再埋下頭去。

學生生活已經遙不可及，我單純的生命沒有提供那麼多內容給我回憶，也沒有那麼豐富的牽腸掛肚的感情經歷讓我反芻。我無聊地朝上望，想起那幅二十一房的傑作，這個房間的天花板空無一物。咦，為什麼我不在牆上找找，或許有新的發現。於是，我看到了牆上影影綽綽的線條，它在我想像的參與下，繪製出一幅幅生動的圖畫。有優雅的仙女們在草地上圍起圓圈跳舞，有可憎的妖魔在森林裡肆虐，有特寫的慈愛老人的頭像，有青春少女在河邊漫步。最令我記憶猶新的是一個可愛的小天使，站在高聳入雲緊接蒼穹的懸岩峭壁上。小天使的雙翅張開，雙腿彎曲，兩隻小胳膊往後揮動，她側過臉來俏皮地望著我，好像在對我說：「喂，朋友，我馬上要離開你，飛向藍天啦。」她保持隨時要飛走的姿態，又捨不得扔下我。每天我都和她見面，見到她我快樂極了，感謝她沒有拋棄我。

劉少奇三自一包的資本主義「唯他賜保命」政策，使市場供應開始好轉，監房裡也讓犯人自己掏錢買些食品。最先是兩角錢一包的大蒜，說是打毒治療秋痢。我和夏樹屏空肚子大嚼，辣得耳鳴眼跳心動過速，夏樹屏更是呻吟不止幾乎要拿（暈）過去。人說海椒辣嘴蒜辣心，此話不假。

後來我倆下狠心花大錢一人買了半斤高級糖，上午十一點鐘分到手，忍不住，十五分鐘之內便閃電般地全部解決。數小時之後，兩個人爭著上馬桶拉稀，高級糖穿腸過，相信還刮走了幾點腸子上本來就不多的油星星。第二天，兩人四眼落扣，肚脹如鼓，嘴舌無味，早晨的兩罐飯端進來又完整無缺地退回去。下午，我把那罐飯硬塞了大半下去，1081還在肚脹如鼓，又眼睜睜地把飯退走了。

高級糖弄得我倆得不償失，狼狽不已，可是剝下來的那一大堆糖紙卻帶回我一個幾乎已經忘卻的記憶。在監房裡關押快一年了，第一次又看見了色彩，而且是各種各樣在我眼前跳躍著的亮麗的色彩，我在彩色面前被感動得不能自己，高興得想哭。是它們，提醒我，這個世界還有希望，只要有色彩，生活就能變得美麗美好。我心曠神怡思緒萬千，捧著它們，親吻它們，恨不能鑽進色彩裡同它們融為一體。

那位牆上的小天使和這堆彩色糖紙成為我孤寂難耐的監獄生活的忠實夥伴，給予我難得的喜悅與安慰。

我也把監獄裡那張寶貴的唯一的精神糧食「重慶日報」仔細地閱讀，把穿插在字裡行間的新鮮詞句和成語熟記在心，像吃燒餅專門把黑芝麻摳下來細細咀嚼品味。

夏樹屏關在這裡已經快兩年了，整日在房間裡悶著不動，好人也會關病。她的反革命造謠案看不到盡頭，憂慮越來越深，健康越來越壞，整日唉聲嘆氣，不是這裡不舒服就是那裡好疼痛，我想為她幫忙又不知如何下手。

那天，她說大腿肌肉下面的骨頭痛，越來越痛。想起在家裡，有時母親背痛叫我捶背，我對夏樹屏說，我來幫你捶腿吧。果真，她感到舒服，我捶重一點，她更舒服。又想起大人蘸了水給孩子揪痧，我就在她腿上撒些水，再捶、拍、剁，很是忙碌用勁，直到她兩條細長白嫩的大腿像被大火燎過通紅一片，我才住手。第二天起床一看，夏樹屏的紅腿變成了花腿，青一塊紫一塊，大斑大點的，我想不好了，闖大禍了。夏樹屏笑了，她說：「你啷個膽子像耗兒那麼小喲，告訴你，我外面有點痛，但是裡面完全不痛了。怕啥仔，是我喊你捶的，就是有問題，我也不會怪你。」

正巧，當天下午姚醫生查房看病，他看到穿短褲的夏樹屏那雙「花腿」時流露出的驚訝，幾乎使他那副瘦骨頭散架，相信這種花腿的花法在醫學界前所未有。不由分說，他馬上就拿出記錄本詳細詢問姓名年齡住址，被捕前的工作單位、案情、家庭成員等。想不到我無意中幫了這位賢妻良母一個大忙，雖然第二天我還感到很累，但是，換來的是她捲起鋪蓋回了家——保外就醫，那是很值得的。

我則搬到二十二房與其他女犯合併。在我滿「一周歲」的時候，監房又熱鬧起來，他們照例在國慶、元旦、春節之類的節日前保衛人民利益，清除階級敵人，逮捕許多人。

這時，又來了一個漂亮的年輕女人聶明淑，她長得挺像香港電影明星石慧，只是臉龐比較方一些，是大陽溝糧店的開票員。聶明淑哭得要命，丈夫在綦江客運公司做事，每個月只回家一兩次，三個孩子大的才十歲，沒有媽怎麼過日子。她告訴我，因為瞧不起店裡的黨支部書記，有老婆還同店裡一個有夫之婦糾纏不清，聶明淑曾經向書記提過這個意見。這次店裡失了兩千斤糧票，書記一口咬定硬說是她偷的，勒令她停職反省寫檢查承認有此事，後來把她逮捕。第一次提審下來，她向我哭訴：「審訊員說：『聶明淑，你不認帳我不怕，我這支妙筆會生花，要你這朵花開就花開，要你這朵花謝就花謝。』１６８，我真的沒有拿這兩千斤糧票，平時三斤兩斤偷點回家給娃兒吃是有的，我沒得那麼大的狗膽拿這麼多。」第二次提審回來更是嚇得不行了：「啷個得了，１６８，今天審訊員對我說：『聶明淑，你怕是不想回去看你的娃兒了，再不坦白，抗拒從嚴，我要把你弄到朝天門敲砂罐（槍斃）』，１６８耶，我啷個辦喲。」看來，王文德、張文德都是一路貨，只是嚇人的方式各有特色，聶的審訊員恐嚇技術實在太拙劣。我安慰她道：「他是在駭你，就算真的貪污了兩千斤糧票也絕對犯不上死罪。」後來聶明淑經不起審訊員呵哄嚇詐軟硬兼施，承認她貪污了兩千斤糧票。審訊員要她交待作案過程和糧票去向，她盡量誇大其詞，把平時拿回家的數字成倍增大。用二十五斤糧票換一隻手錶說成五十斤，又編了一些七零八碎的偷竊故事，費了九牛二虎之力，只拼湊到七百五十斤，怎麼也加不上去了。

事有湊巧，在聶明淑被逼得走投無路亂招供不幾天後，兩千斤糧票有了著落。原來是她帶的學徒那天當班（聶因事不在）多發了兩千斤糧票給某單位伙食團，該伙食團月底結帳時才發現，馬上如數歸還給糧站。照理講，水落石出，真相大白，聶明淑無端受屈，理當立即釋放回家。豈料，公安局、檢查院、法院三家合謀竟根據她編造的七百五十斤糧票，「借女兒沖喜」，判處她徒刑四年。後來聶明淑因住院開刀摘除左腎，獲得保外就醫。可是，躲過了初一躲不過十五，兒子與地段代表的娃兒吵架，他們指責聶明淑搞階級報復，又收監執行，到四川省第二監獄裡與我「會師」。在那裡，她服完剩下的一年半刑期，並且被永遠踢出了糧店（開除公職），那個支部書記一勞永逸高枕無憂了。

還有一個新犯叫鄭明秀，才二十六歲已經有很豐富的坐牢經驗了。她的右眼小時候被利器戳瞎，眼球像玉米花爆出來令人看了害怕。她個子瘦長，面目清秀，皮膚白裡透紅，同室人都說，假如她眼睛不壞，樣子是挺好看的。不知為什麼，她對我一見如故，迫不及待要告訴我關於她的故事。我擔心萬一被人告發，我經不住拷問又撒不來謊，把她出賣了對不起人，一再制止她不要對我講這些。誰知鄭明秀說，「我不怕你檢舉，嘴硬當三副錠子（拳頭），我全部不認帳，他們把我沒得辦法。」還說：「我看你一點沒得經驗，你一定不要相信他們的爛板，坦白從寬抗拒從嚴完全是騙人的，把你的話騙出來了好整你。告訴你，他們問牛角沱你不要提解放碑，他們要你說甲，你絕對不要提乙。他們觫你罵你，再惱火你都不要聽，『說的是風吹過，打的是實鐵貨』。還有，作案一律要一個人，萬一抓到了，打死你都只承認這一回，是頭一次幹。我作案從來是一個人，沒得哪個曉得我做了些啥子，說得脫走得脫。」她的大膽直率令我瞠目，她對我的信任使我羞愧，她的觀點我當時不敢苟同，既不覺得有實用價值，也不認為我辦得到。何況，我早已出賣了朋友親人加倍出賣了自己。

她十五六歲因家庭貧困停學，交了幾個男朋友，收了他們送的禮物和一點錢財之後又不肯繼續來往了，被判詐騙罪勞改三年。在彈子石省二監勞改醫院服刑做護士。刑滿後又因偷竊罪判三年勞教，勞教期間，「自然災害」開始。她說：「我們餓得要死，為了活命，啥子都弄來吃，連長在樹上的青花椒米米也抹下來吃。吃了過後，兩片嘴唇麻得像兩塊木板，失去知覺。後來我們濾廁所裡的潮蟲（蛔蟲），把肚子剖開洗乾淨煮來吃，黃鱔泥鰍吃得，為啥仔潮蟲吃不得，總比吃黃泥巴好。有一回，一個幹部幾個月大的娃兒死了，我們幾個人把他挖出來煮來吃了。潮蟲吃得，人更吃得。」最後，她餓得半死被勞教隊用擔架抬回了家。鄭明秀說：「總不能在家裡等死，我開始用一把萬能鑰匙進旅館偷東西。」她繪聲繪色地講述偷了多少次，每次偷了什麼東西，萬能鑰匙有多大的威力，她通常藏在何處，哪次如何驚險地逃脫了，哪次又如何幸運收獲甚豐等等。我腦子裡像過電影，看見她偷來大堆的衣服食品用具，與精彩的偷竊活動緊緊相連的她的喜怒哀樂，歷歷在目。可我只帶耳朵聽，從不發問，並懷疑萬能鑰匙是否真的存在。

不幾週，她調出去幫姚醫生給犯人發藥、打針，中飯後回來睡午覺。一天，她對我講：「樓下有個男犯，鬍子這麼長」，她用拇指在上唇比劃了一下。接著說：「眼睛長得和你一模一樣，他在病號房吃三餐，今天上午我給他打了一針。」我知道她是在講父親，或許有人告訴過她我父親也在這裡，或者因為我長得很像爹爹被她猜了出來，我沒接嘴，不過我知道了父親的情況。

一天睡午覺，我剛要睡著，突然被一團軟東西觸醒，那是睡在我旁邊的鄭明秀從廚房偷出來的榨海椒，她用紙包好之後外面再包上手絹，現在正拿它碰我的嘴唇。我睜開眼睛，她高興極了，咧開嘴有口形無聲音地對我講話，意思是叫我躲在被蓋裡趕快吃，大家都在睡覺，沒人會發現。房間裡這麼多人，榨海椒的香味會把每個人喚醒，吃東西是件正大光明的事情，為什麼要躲在被窩裡吃，我不幹！我拒絕，她勸導，推來推去，急得我要命，既怕驚醒同犯，又擔心風門洞突然打開，還要不出聲地向她發脾氣。最後我用右手食指作筆，左手板心當黑板，費力地寫了一句話：「你如果再這樣，我永遠不理你了。」從此，她沒再偷任何吃的進來。

六三年初，一天半夜，我睜著眼睛睡不著覺，正好殷所長查房，便隔著風門洞同我講話，他說看守所裡有些勞動需要人做，打算把關得較久的犯人包括我在內弄出去鍛煉鍛煉，叫我作好思想準備。

不久前，我發燒害病，一個人睡在角落，覺得天花板壓到我鼻尖上了出不了氣，非常嚮往到外面菜園走走看看，呼吸點新鮮空氣。此時，連走路的自由，我也豔羨不已。現在機會來了，我當然十分樂意，何況在外勞動還可以吃三餐。

殷所長這個當官的，講話反而比別的獄吏客氣，挺有點人情味。六二年秋，報載「九股蔣幫特務竄犯中國大陸被解放軍全殲」，殷所長叫我出去談思想，問我有何想法。其實，隔我十萬八千里，我根本不關心。既問到了，又不能不作答。我便說：「和我一樣，都不會有好下場。」殷所長聽了很高興，用他夾雜著不少陝西腔的四川話說：「很好嘛，你有這種看法。你這麼年輕，還是個娃兒嘛。好好爭取，會有光明前途的。」犯了這麼大的反革命集團罪，還說我是個娃兒，這不是在為我開脫罪責嗎？

結果是叫我們擔磚，一共有四五個女犯，鄭明秀有事做她的事，無事也參加進來。

我在看守所已經一年半了，除了張管理員讓我走過一次風之外，一位憨厚樸實，十足農民樣的萬管理員也讓我走過一次。別以為對於成人，有腳一定會走路，久了不走，照樣有問題。來此七、八個月後，一個不知名的審訊員提過我一次審，走出隊部，面對刺眼的陽光，我立即感到天旋地轉，眼冒金星，明明是平地，我發花的眼睛看上去沆沆窪窪，高一腳低一腳在平地上蹦著走。這個年輕的審訊員披一件藍色棉軍大衣，講話的態度不兇，說話聲調不高。他問：「要是你沒有碰上莫斌，你會不會想到偷渡？」我肯定地答覆：「如果不認識莫斌，我不會想到社會主義國家存在偷渡。」他說，「好罷，你可以回去了。」

就這麼，我一共出去過三次。現在，每人發一副磚架子，要把舊磚頭從監門旁，沿著石階挑到頂上。我從來沒有擔過東西，體力從來不強，多了挑不動，少了太難看。先試十塊撐不起來，一減再減，最後一頭三塊，還搭斷磚半截，一共挑七塊。

已經記不起來挑著這七塊磚，是怎樣咬牙堅持了一天，只記得半夜睡醒起來解溲，以為自己和平常一樣是個好人，殊不知剛一舉步就猛摔下去，腳不聽使喚，周身疼痛難熬。第二天起來，移動半步周身猶如刀割，想起磚頭、石梯心裡就發顫。結果減到挑五塊，上坡下坎，熬完了一天仍然活著回房。

這次挑磚以後，管理員經常找點事讓我出來做，包括幫犯人補衣服，撿菜地裡的石塊，捋死牛皮菜上的芽蟲。有一次他們叫我把垃圾堆裡的紙屑和破布撿出來，我發現有很多空的藥袋，上面寫著１４２，我直覺這是父親的號碼。二十年後，突然想起這件事，我問父親，他說１４２就是他。

那天，我從補衣房出來，一個男犯好像是個神經病，正在瘋狂地吼叫，郭管理員紅著眼，粗著脖子制止道：「你個老子還不給我歇氣，老子把你腳鐐手銬上起。」可是吼聲還在繼續，「毛主席啊，我的媽——我的蛤蟆；共產黨啊，我的娘——我的後娘」，他的吼叫「東莊」大部分的犯人都能聽見，後來，悶聲悶氣響了幾聲，一切復歸寂靜，他的嘴被堵住了。

我三天兩頭被叫出來，好像是有意讓我吃三餐，那個對女犯挺照顧的陳管理員，每次報告要草紙，他比別人給得多，我的被蓋不好用，冬天太冷，他背著它送到和平路找到媽咪給我換回另一床好的。那時，他給我每餐吃兩罐，一天吃一斤八兩，我得上廁所「工作」兩次，正所謂「吃得多屙得多，屁股受奔波」。我一直想不明白，他們這樣對我，是看了我的檔案同情我，為了我今後與勞改隊生活銜接？可是，這種優待為什麼不施於父親，他比我更需要。事實上，就算他一直在病房吃三餐，一天九兩對於他，還是「戴起草帽親嘴——差得遠」。在家屬可以給犯人送吃的時候，我把母親送來的炒麵一次次積起來存放在一個大牛皮紙袋裡，想給父親吃。放了很久，一直沒機會。那天，張管理員放我出來捉蚜蟲，我看辦公室沒有其他人，鼓起勇氣說：「報告張管理員，我存了一袋炒麵想給我父親。」他先感到有點意外，然後問：「有好多，放在哪裡的？」我答：「可能有四五斤，在監房門口的櫃子裡。」他示意叫我跟他上樓，拿來放在他辦公桌上，找了根筷子在炒麵裡劃來劃去。過了一會，他把我從菜園叫進來，通知我：「你父親收到你的炒麵了。」

我在外面混三餐，回到房裡，個個對我笑臉相迎，沉悶無聊的生活，開一趟門帶進來一股風都令人興奮。她們說：「她想死你啦，一天就在念，啷個168還不回來耶？」

他們指的是一個農村來的小個子老太婆，大約她在害眼病，眼睛周圍像用紅絲線鎖了邊，滿臉深深的皺折，講話必笑，吐出來的每個字都是一串顫音，像非洲人那種捲曲得很厲害的頭髮。來的那天，劉管理員叫我幫她填表，並且安排她睡在我的旁邊，我們坐在靠裡的牆角交談。她笑嘻嘻地用她的抖音回答表上的問題，當我問到為什麼被捕，也就是案由的時候，她告訴我：「他不乖呀。」我問：「你是說哪個，哪個不乖？」答道：「老頭子。」問：「你的爸爸呀？」她笑著答道：「不是，是我的男人。他偷隊上的包穀吃，隊上鬥爭他，他不聽話，還偷，還偷。」那雙紅絲線眼睛越發紅了，聲音越發顫抖了。她說：「我和我的兒子在坡上把他處理了。」我不懂：「處理了？把他偷的包穀拿到坡上處理了？藏起來了？」她說：「不是的，是把他處理了。」我直勾勾地望著她，不明白人怎麼可以處理。她有點急了，又不知道怎麼講我才能聽懂，她用手亂舞了兩下，說：「就是，就是把他處理了呀！」其實房間裡每個人都在聽，當新聞聽，而且都已經聽懂，見我還沒有反應過來，一個女犯插嘴：「就是說，她和她兒子把她丈夫殺了！」我大驚失色。問：「就因為他偷了幾次隊上的包穀，你和你的兒子在坡上把他殺了？」她連連點頭說：「噢，噢，就是，就是呀。」她不肯使用「殺」字，堅持說「處理」，這個看上去很和藹善良的老太婆，殺自己的丈夫怕真的當成處理一頭牲口甚至一隻雞了。

老太婆沒有墊絮，棉被蓋在身上像一張餅似地攤開不抄起來包住身子，情願讓自己貼在光地板上受冷。我奇怪地問她，她很高興有機會向我宣傳她的見解，她說被蓋只蓋身子，如果把棉絮壓在身體下面，它很快被壓扁壓死，太可惜了。她得意地指著她的棉絮（放在那邊牆腳，她光屁股坐硬地板）告訴我：「我的棉絮已經用了二十年，現在還那麼軟和。」我一回房間，她總是親熱地拉住我的手，指著她身旁我的「蓮座」，要我「快點坐下來休息」。

等到她把我親熱夠了，另一個坐在我對面的老太婆，笑瞇瞇地叫一聲「１６８」，指了一下誰，下面說的話越說越小聲，我完全聽不明白。

她的一雙彎豆角似的眼睛，長方形的肥厚的兩片嘴唇，長而大的耳朵和多肉的耳垂，正方形的臉龐，笑的時候眼睛朝下彎，嘴角往上翹，面頰一對深深的酒窩，一副百分之百的笑羅漢相，怎麼也想不出廟堂裡的「笑羅漢」，為什麼到監獄裡來了。

原來她是請求我說服一個年輕犯人韓明珍幫她捉頭上的蝨子。我這個老犯，現在是監房裡的中心，有事不約而同地找我處理。十九歲的小姑娘韓明珍，犯的是偷扒罪，可是很愛讀書學文化。我鼓勵她唸報，不認識的字我教，有的時候也講幾個故事給她聽，她很親近我，聽我的話。她有一手非常高超的技術，那就是捉蝨子，不僅能把一頭蝨子一個不剩地全部抓住處死，連每根頭髮上像五線譜豆瓣音符的虱蛋也一個不拉地捋光掐爆。一句話，經過她那雙手處理過的腦袋，蚤子肯定斷子絕孫。

我幫「笑羅漢」向韓明珍請求，這要花她好幾個小時，況且又不是長在168頭上，她扭了扭身子表示不幹，經不起我不斷請求，那晚「笑羅漢」的腦殼得到了清靜。我對韓明珍說：「過來，讓我檢查一下你的腦袋，你總沒得本事捉你自己頭上的。」一翻開，密密麻麻的虱蛋，都是死的。她說：「我在薪豐巷鬧過的。」「撒六六六粉，」我接嘴。「嗨，你啷個曉得的？」她奇怪。然後說：「對頭，那裡好多人都長蝨子，是從李家沱看守所帶過來的。」韓明珍問我：「你認不認得有個女的叫楊朝林。」我想大概她認為我也在薪豐巷待過。「不認得，」我回答。韓明珍說：「這個女的很扯（滑稽），每天早上拿進來的稀飯如果稀，她就屙泡屎在裡頭和起吃，如果乾，她就阿泡尿沖在裡頭。她要那泡屎做成十字架，做成兩排就做成兩排。」我說：「找些話來說喲，我不相信。」韓明珍急了，她說：「你不信，好，二天（以後）你會碰到她，她和野男人把她丈夫殺了，肯定要去勞改隊。」後來，我在勞改隊真的碰上了這位吃屎喝尿的楊朝林。

還有一個127，一位瘦小沉默的年輕女子，她們說她是破壞生產進來的，她坐在蒲團上整天不說話甚至動都懶得動一下，房間裡有她等於沒得她。每天晚上八點休息十分鐘，大家自由活動，有的睡在地上，有的「散散步」。那天，她走到風門洞口張望，這是從來沒有過的事。誰知突然冒出個警衛員的頭，厲聲問道：「哪個，剛才哪個在看風門洞？」127說：「是我。」「是你，你看啥仔？」127只是無意識地往外掃了一眼，說不出要看什麼，她不知道怎麼回答，站著不說話。警衛員堅持要她回答究竟想看啥，127給追急了，回答說：「看空氣。」「空氣？」警衛嚴肅地重覆一句，然後認真地補充道：「空氣有啥子好看的？」快快走了。我們笑得要命，學著他倆的「看空氣」、「空氣有啥子好看的？」這些兵多數是農村來的，沒有什麼文化，想對房間裡的階級敵人像冬天一樣寒冷，又往往不知道怎麼個冷法。

還有一個女孩157叫廖品輝，她走到風門洞附近，把在地上撿起來的一粒稗子放在左手心上用右手指彈了出去，正巧彈在一個衛兵的臉上，他歪著頭把臉湊近洞口，叫彈的人站過去受教育：「你還妖豔（名堂多）呢，是彈的啥仔？」「一顆稗子。」「吃飽了呀，再彈一顆吧。」

最有趣的那次是韓明珍惹的禍，還沒弄清楚是啷個一回事，韓明珍已經直直地站在風門洞前被警衛呵斥著：「你快樂耶，還要唱歌，唱的啥子？說！」韓明珍囁囁嚅嚅地回答：「是《劉三姐》裡頭的插曲。」警衛提高嗓門說：「我問的是你唱的啥子？」韓明珍站在那裡扭扭捏捏還是不情願說。衛兵發火了，聲音越發大起來：「喊你說，你這個傢伙唱的啥子。」她這才回答：「我唱的是『你發狂，你發狂，你出口罵我讀書郎。』」我聽了，心裡笑得不得了，趕快躲進「廁所」去忍。那個警衛可能感到自討沒趣被歌詞刮了耳光，又不好發作。吼道：「哪個是組長，過來！」韓明珍幫我打掩護，兩條眉毛往下搭，發愁地回答：「我們沒得組長。」我強忍住笑的衝動，走到風門洞口。他說「喊她作檢討，監獄裡頭還唱歌樂神的，又不是茶坊酒店，搞忘了各人的身份。大家批判她！」其實，我也想唱歌，多數人也想唱，只不過不敢猖狂而已。尤其是一提到那幾句歌詞，你發狂，你發狂，大家就想笑，這種會哪裡開得下去。

我們定期剪指甲，指甲刀送入監房，通常兩小時後收回，每個人依次剪手指剪腳趾，指甲搜集起來交給管理員，據說是一種很好的中藥。幾個年紀大眼睛不好的犯人，由我包幹剪，那個把丈夫「處理」掉的老太婆，沒有用過指甲刀，又是小腳，更需要我辛苦，我幾乎是伏在地上，把她除了大拇指之外其餘四個折斷了的，壓在腳板心下面的腳趾頭，一個一個扳起來剪乾淨的。等到收走了指甲刀，我自己的還原封不動。不過，沒問題，我用牙齒把十個手指甲咬得乾乾淨淨，然後躲到「解放區」，把十個腳指甲也咬得乾乾淨淨的。有個犯人說：「你的身體好軟，真是個娃兒。」有人說：「看不出你１６８，硬是有點名堂。」

第十七章
彩色照片

大約是六三年初，一個新官把我提到了「西莊」。姓甚名誰，哪個機關，我不知道，這位官員向我宣讀了一篇好像是關於我的罪狀的縮寫，大概是起電影說明書的作用。我聽著，又似乎沒有聽，它像是在寫我，又更像是在寫別人。只有一句話引起了我的注意，「每一個有良知的中國人」，這句話講得多好，「良知」這個詞用得多妙，我齊家貞用過這個詞嗎？怎麼記不得了。他念的東西如風過耳，我不知所云，讀完了，只聽見他對我說：「這些是不是事實，你有沒有話要說。」我答道：「是事實，我沒有話說。」

回到監房，根據我敘述的情景，有人告訴我說那叫「開庭」，我問什麼叫「開庭」，她說：「開庭就是你的案子快了，要處理了。」

四月十九日，我在一房門口屋簷下準備吃中飯，被喚出去帶到了「西莊」，那是對我宣判。頭天晚上，簷老鼠失職，沒有來報信。

走進審訊室，父親已經站在那裡，他非同尋常地消瘦，海南島人獨特的扁頭因為頭髮剃得精光而顯得小了些，並且益發地扁了。當我出現在門口，他轉身看我的時候，我覺得他的眼神是有力的。他穿的一套公安局的舊棉衣褲，腳上是一雙式樣很時髦的別人的皮鞋，那肯定是出房門時面對一大堆混亂的皮鞋，被管理員催促的結果。我從容地走過去，站在父親的身邊。

那天，我只穿了那件破舊的黑色小棉襖，大公安褲紮在棉襖外面，「馬尾」已經被剪掉，為了不讓我的像豬鬃一樣硬倔的頭髮遮住眼睛，我在右側紮了一個小刷把。父親很高，一隻手揣在褲袋裡，我很矮，雙手背在後面，我們無聲地站著。我感覺到慈父的溫情和他不勝愛憐的眼光，不斷地環顧著我，就像平時我軟弱哭泣的時候他用大手撫摸我的頭，又像在無聲地嘆息；我的女兒啊，你的青春年華，竟在監獄裡面葬送。

那個人宣佈他叫杜德華，是重慶市中區人民法院的，我們的案子已經審理終結，現在宣判。下面是我們的判決書。

重慶市中區人民法院刑事判決書（62）刑字第650

公訴人　重慶市市中區人民檢察院檢察員向希賢

被告　齊尊周　男　53歲，廣東文昌人，現在押

被告　齊家貞　女　22歲，廣東文昌人，現在押

上列被告因反革命案，業經本院審理終結。現查明：

齊犯尊周解放前長期擔任反動要職，並在偽中央訓練團受過反動訓練。曾參加國民黨、三青團、勵志社等反革命組織，歷任國民黨區分部書記職務。解放後於一九五一年因反革命案判刑三年，一九五八年又被送集中改造。但齊犯一貫堅持反革命立場。並企圖騙取合法手續投敵判國。一九五九年齊犯尊周指使其女兒齊家貞去廣州尋找出國「門路」。齊犯家貞到達廣州後，通過親友

結識反革命分子×××，因臭味相投、目的一致，相互勾結一起，進行反革命活動。齊犯家貞不僅極力贊成××提出先從事經濟破壞，籌集反革命資金，潛逃國外，投靠美帝，建立反革命據點，進行反革命活動的主張，而且還揚言到國外要找美帝大使館，召開記者招待會，進行反革命的活動。同時齊犯家貞將此情況寫信向其父作了彙報。齊犯尊周回信積極為齊犯家貞出謀獻策。一九六〇年一月因×××被捕，齊犯返回重慶。此時齊犯尊周又積極鼓勵其女兒齊家貞「要耐心等待機會，不要著急」。又不斷指使齊犯家貞設法先遷廣州或海南島等地。伺機判國投敵。一九六〇年七月××犯釋放後，即與齊犯家貞通信聯繫。誣篾我黨的政策，陰謀聯絡人員，組織一個反革命政黨。並遵照反革命××提出「組織起來、喚醒民眾、軍政並舉、聯合外力」的反革命主張，積極糾合五類分子子女朱××、吳××，尹××等人，並向朱××等人吹噓××是其的「革命導師」，傳播反動信件，策劃朱等投敵判國。一九六一年六月齊犯獲悉反革命分子××再次被捕後。又偽造證件，化名王曉萍去廣州與其反革命組織的另一首犯湯××接關係。預謀偷渡計劃。並從廣州寫信告訴其父母和集團成員已同「組織」接上了線的情況。又鼓吹湯犯是「偉大的人物」，可作反革命首腦。並遵照湯犯指示，通知其集團成員立即練習游泳，準備偷渡。齊犯尊周得信後，不僅寫信鼓勵其女兒齊家貞的作法「完全正確」，而且要其女兒為反革命事業「勇敢奮鬥，不應消極等待。」囑咐齊犯家貞應「小心謹慎，不因小行動影響大計劃」。齊家貞從廣州返渝後，兩次召集反革命集團成員開會，要成員們本著「組織起來、喚醒民眾、軍政並舉、聯合外力」的十六個字進行活動。積極發展組織。同時向其父齊尊周報告了去廣州的活動情況，商定齊犯尊周先偷渡出國，齊犯家貞在國內繼續進行反革命活動。

以上犯罪事實經公安、檢察機關偵訊屬實，本院審理無異，並有同案犯供詞和繳獲大量的反動信件為證，罪證確鑿。齊等二犯亦供認不諱。為此，本院分別判決如下：

齊犯尊周解放前為非作歹，解放後雖被我判刑處理，仍不悔改。對我黨和政府一貫敵視不滿，竟敢在集改期中企圖判國投敵。當其陰謀不能得逞時，又策劃指使其女齊犯家貞繼續進行判國活動。實屬死心塌地堅決與我為敵的反革命分子，罪行重大，情節極為惡劣。特根據中華人民共和國懲治反革命條例第二條、第七條四款和第十一條規定之精神，判處齊犯尊周有期徒刑十五年。

齊犯家貞思想反動，不僅常為其反革命父親喊「冤」叫「屈」，而且積極書寫反動文章，惡毒的誣篾攻擊我人民領袖和社會主義制度，進行造謠破壞。並數度到廣州與反革命犯聯繫。積極組織反革命集團，陰謀判國投敵，妄圖推翻我人民民主政權，罪行嚴重，情節亦屬惡劣。特根據中華人民共和國懲治反革命條例第二條、第七條二款、第十條三款和第十一條規定之精神，判處齊犯家貞有期徒刑十三年。

如不服本判決得於接到判決書次日起十日內向本院提出上訴狀和副本上訴於四川省重慶市中級人民法院。

重慶市市中區人民法院刑事審判庭

審判員杜德華

人民陪審員蔡慶華
人民陪審員戴成珍
一九六三年四月　日
書記員黃春榮

（以上判決書一律照原文抄錄，包括錯別字）

除了審判員和書記員之外，還有兩個胖胖的中年婦女一聲不吭地坐在那裡，一看就知道是那些五三、五四年響應政府號召積極穿蘇聯花布，拉長脖子沿街大叫「開群眾大會囉」的地段代表。宣判完畢後，審判員杜德華轉過臉去慎重地詢問這兩尊菩薩般呆坐一旁的女人：「×××，你有意見嗎？」那女人搖頭道：「沒得意見。」他朝另外一個女人問：「×××，你有意見嗎？」她微笑著也搖搖頭說沒有。許多年以後，我有了個女兒，她兩歲的時候，我問她：「你熱嗎？」她答：「熱。」我再問：「你冷嗎？」她答：「冷。」我想起了那兩個女人，判決書上寫的叫人民陪審員。

前面我已經講過，一張模糊不清的「底片」，是怎樣在王文德十天辛勤的操作下，變得線條分明圖景清晰。現在經過法院的洗印，它變成了可以亂真的「彩照」——我們的判決書，我和父親人手一份。

任何一位不知就裡的人，看了這張「彩照」，一定會高度讚揚我國司法機關鐵面無情伸張了正義，同時對這兩個面目可憎，作惡多端的壞人受到嚴懲而拍手稱快。

我永遠不會忘記在王文德幾個牙牙呸的哄嚇、辱罵與威逼下，我與他默契配合，編造提供他需要的材料，把自己的動機目的都按照王的設計交待：反革命集團，推翻無產階級專政，同時我把蔣忠梅的言行都攬到了自己頭上。所以，當「彩照」拿在手上，我們似曾相識，甚至早已相知，我很平靜一點也不大驚小怪。

但是，父親不，他的情況與我完全相反，從一開始他就不遺餘力地為自己的清白辯護，他根本不買王文德的帳，堅決否認一切莫須有的罪名。他一再聲明齊家貞去廣州以及她與莫某、湯某說的做的，他根本不知道，他只是想齊家貞偷渡出國讀書。在檢察院向他開庭宣讀「電影說明書」時，父親毫不含糊地指出「說明書」上的謬誤。材料到了法院手裡，他也沒有放棄要求糾正不實之詞的努力。法院來人對父親說：「你有罪無罪，現在還沒有結論，你究竟對你女兒去廣州企圖偷越國境叛國投敵的事情清楚不清楚？」關了十七、八個月，不同的部門審訊提問了諸多次，他們還在這個齊尊周一再說明的，根本不存在的問題上糾纏。父親氣憤了，他馬上對法院的人說：「這樣吧，假如你們現在向我宣佈：『齊尊周，只要你承認你事先知道女兒去廣州的事情，我們就釋放你！』那麼，我就回答你：『請你槍斃我！』」父親大義凜然地指著自己的胸膛，並再次強調：「不曉得就是不曉得。」當然，他也沒有想到，五七年正大光明向政府申請護照出國，判決書上也說「企圖騙取合法手續投敵叛國」。

父親看到這張「彩照」時，他震驚的程度難以想像，他震驚得像看見天開了個洞地裂了個口，震驚得以為這些都是發生在惡夢裡，因為，直到宣判的前一分鐘他還心存幻想，法庭會弄清真相釋放無辜。

想起我後來的一位獄友黃俊，上司覬覦他年輕漂亮的老婆，利用反右傾把他關進看守所，他以為坐幾個月牢教訓教訓他不要干預上司性愛自由就夠了，結果宣判他八年。他不解地問：「八年？八年是好多？」法官對這個愚不可及的問題不屑地答道：「八年就是八年。」他認真地問：「八年是不是太多了點喲，少點行不行？」黃俊像在同出售「金玉其外，敗絮其中」的賣柑者討價還價。相信父親在聽到刑期最初的一剎那也有類似的感覺，弄不清這個十五年到底是多少。

如果說父親曾經用一百、一千張嘴聲撕力竭始終不渝地為自己辯護過，那是因為他仍然（注意「仍然」，善良的人相當健忘）相信共產黨口口聲聲「以事實為依據，以法律為準繩」的標榜。

現在，原來如此！

我站在父親身邊，雙目直視前方。但我清楚地感覺到每當判決書出現「叛國投敵」一詞時，父親轉過頭來用眼睛徵詢我的意見：「看吧，他們竟這樣地顛倒是非。」我也清楚地感應到父親內心的無比憤怒與無可奈何，判決書不顧事實，斷章取義，移花接木，無中生有，主觀臆造，已經到了無所不用其極的程度。父親明明對我去廣州一無所知，廣州之行的具體內容我明明對父母嚴格保密，判決書卻堅持指稱父親「指使其女兒齊家貞去廣州尋找出國『門路』」，「齊犯家貞將此情況寫信向其父作了彙報，齊犯尊周回信積極為齊犯家貞出謀獻策」，「積極鼓勵」、「不斷指使齊犯家貞」叛國投敵的反革命活動，並且是「罪證確鑿」，胡說父親「供認不諱」，至於宣稱國民黨時期齊尊周「為非作歹」，三個月國民黨黨齡，說成是「歷任國民黨區分部書記職務」。

神聖的法律文件居然墮落成連擦屁股的草紙都不如了。

這種判決書的模式，反革命分子都適用，就像儲存在電腦裡的文件，需用的時候提出來，小補小修搞幾下，目的是駭人聽聞。至於事實，那是無關緊要的；至於對當事人的傷害，越大越痛快！

我靜聽宣判，沒有回應父親的眼神。但是，當讀到判處父親十五年徒刑時，我的頭像被炸雷轟擊，我的心像被利刃狠戳，膝蓋軟了往下磕了一下，嘴差一點叫出「喔」！活到現在，這一輩子，我是第一次也是唯一的一次頭和心有這種被強烈打擊的感覺，現在還記得一清二楚。我心裡說：「不但不釋放他，還判他十五年，憑什麼？」

說不出是從哪裡來的根據，我估計他們要判我十五至二十年，現在才判十三年，我本應像叫化子討到白米飯，外加幾坨紅燒肉那樣喜出望外，但是，並不，他們從輕處分我，卻加在我無辜的父親頭上，這並不是我所期望的。我把自己豁出去犧牲，天塌下來，由我自己承擔，我被迫供出了父親，但是，一句沒有亂說。他們對他不僅是太不公平，完全是有意陷害，我心裡又在為父親喊冤叫屈了。

四川人用「有了那個釘釘，才掛得起那個瓶瓶」來形容事出有因，可是，父親沒有那個「釘釘」，他們有本事硬掛一個「瓶瓶」，身手相當不凡。

我恨起他們來了。

宣讀完畢，杜德華問我們聽清楚了沒有，如果事實有出入，可以上訴。我以為父親會理直氣壯地爆炸：「你們到底憑什麼判我十五年？」出乎意料的是，我還沒有開口，父親已經回答說「不」，並把判決書褶好揣進棉衣上兜，表示接受判決了。我跟著他說了個「不」，滿頭霧水。

杜德華叫書記員先把父親帶走，父親凝神看了我一眼，眼睛裡閃著淚光同時夾雜著怒火，轉身出去。杜德華問我：「齊家貞，我們判你十三年，你作何感想？」想起這個數字，我鼻子有點酸，想哭。強忍住回答說：「十三年看起來是漫長的，但是我咎由自取，自作自受。」杜德華好像輕輕地嘆了口氣，或許是對我的回答感到些許的釋然。他說：「是呀，我們也很為你惋惜，希望你把這件事情作為終生的教訓，到勞改隊去好好爭取吧！」

那頓午餐我沒有吃下去，就像逮捕我的那天一樣，那天是前途未卜，今天是十三年監獄長路要我慢慢去走。我沒有告訴同房犯人，悄悄地流淚，既為自己更為父親。

判刑後第三天，我出去勞動，殷所長抱著他的小兒子正在跟他講話：「你不滿兩歲，每個月定量是八斤，每餐不到一兩，你不能吃得太多。」這麼小個孩子對他講這些。不知是誰在他小臉上畫了副大眼鏡，我看見想笑。殷所長把我叫住，問我打不打算上訴，我說不。他說：「這次判刑本來你的問題嚴重得多，但是看在你年輕的份上從輕處理，加重處罰老的，你父親有前科。」無意中，他洩了密，所謂「以事實為依據，以法律為準繩」，在他們手裡，「事實」只是任意捏耍的面團，「法律」是自由伸縮的橡皮筋，他們可以憑自己的好惡隨意審理案件判處徒刑。殷所長最後添了一句，「其實，你反動思想的形成，是你爸爸教育的結果」，意思是判父親重刑站得住腳。如此說來，信上帝的，應該把上帝抓來，信菩薩的應該給菩薩判刑？本來我很想告訴殷所長，我並不感謝他們輕判我，我希望父親上訴，他的事實出入太大，但是話沒有講出來。

第二個星期四，萬管理員開門叫我出去，他反剪雙手，那一長串鑰匙像條尾巴在屁股上一撻一撻地響，走到天井，他突然轉過身來，差點同我撞個滿懷，他的胳腮鬍子剃得很乾淨，滿臉青亮亮的，嚴肅的表情把他的長臉拉得更長了。他說：「你是判了刑的，現在帶你去接見，你的媽媽來了。」然後，用食指點著我的鼻子，加重語氣說道：「告訴你，見到你媽媽不許哭。要哭的話，就不准接見。」我拚命點頭不哭不哭，但是提起媽咪，我怎麼辨得到不哭，眼淚自己流了出來。萬管理員生氣地停下來，凶凶地說：「好，你要哭，那就回去哭夠，莫去見你媽了。」我知道他是好意嚇唬我，讓我帶頭不哭。我非常想見我的母親，這個家出了兩個大反革命，母親已經不勝承受，我不能用哭給她的感情再加傷害，我終於鎮靜下來。

走進接見的小房間，裡面兩個木條長椅，一張書桌，沒人。正惶惑間，母親拿著一包東西跑進來：「我不知道今天可以接見，趕快跑出去買了幾個熱發糕給你。」她喘氣說著，臉上的表情頗為輕快，二弟安邦跟在後面。

我們已經分別二十個月，這無情的二十個月把母親的模樣完完全全地改變。

父親和我雙雙坐牢的消息轟動整個和平路及鄰近的街道，這種父女坐牢的反革命大案就是重慶市、四川省也是鮮有所聞非同尋常的。作為反革命家屬的母親和四個弟弟政治上所受的牽連與沉重打擊毋庸置疑，心靈上感情上更是創鉅痛深。特別對於母親，丈夫再次坐牢，連獨生女兒也被關了進去，這種苦痛如烙鐵燒心無時不在，並非許多女人承受得了。撇開這一切，最最令母親恐怖欲死的是當時三年「自然災害」的殘酷現實。

飢餓正張開大口在中國大陸成百萬上千萬地吞食生命！

離重慶最近的綦江、長壽等農村，和與貧脊不堪的貴州省山區相鄰的四川邊遠地區，不斷傳來整家、整村農民被活活餓死的消息。政府一再宣佈「自然災害沒有餓死一個人」，不准人們公開說「肚皮餓」，戰犯許權的兒子許令周喝稀飯時說了一句「碗外面一張嘴，碗裡面一張嘴」（意即稀飯太清，照得起人影子），馬上抓去勞動教養三年。他們拚命封鎖餓死人的消息，但是，瓶口封得住，人口怎麼封得住。

我第一次坐船到武漢轉火車去廣州時，在漢口街頭親眼看見一個穿長袍的男人走在我前面約十公尺遠，走著走著倒下去死了。從他黃腫爛熟的臉和枯瘦的身軀可知，他是得的全國清一色的病——飢餓病。

那還是當時官方宣佈的「自然災害」第一年一九五九年，其實，從五八年全民大煉鋼鐵開始不久，飢餓已經在生產糧食之地——農村，蔓延開來。而在父親和我被捕的一九六一年，情況已經更加惡化。

被共產黨專政的對象們，處境就更悲慘了。母親一位姓姚的遠房親戚，在「東風農場」集改，每天早上，他睜開眼睛的第一件事情，就是檢查自己是否活著，弄實在了自己還在人間，再看看睡在兩旁的人是否還在出氣。

四川省最令勞改犯人毛骨聳然的「峨邊農場」，自然條件險惡，正常年份勞改犯人生活尚且艱苦難熬，「自然災害」時期，就更是飢火中燒。該場一個隊，長期派犯人在附近一條河邊拉縴，幫忙木船航過一段灘路。現在犯人飢餓無力，拉縴的人數由幾人增加到十數人，再增加到二、三十人。這麼大一幫人拉縴，繩子還是拉不直，他們的氣力剛剛夠站立。獄吏手上握的鞭子不敢抽下去，只要他抽，無論抽得重還是輕，無論抽在哪個犯人的身上，這個犯人一定因為經受不起那一鞭而倒下去。只要有一個人倒了下去，那麼這二、三十個人一定會像觸了電，一個接一個全部倒下去，倒下去就肯定斷氣，沒有一個再爬得起來。那時候，峨邊農場的茅厮（廁所）不臭，糞池上浮著厚厚一層毛……蕨萁毛，大家挖蕨萁充飢，連皮帶毛全吞進肚皮。就是這個「峨邊農場」，每天早上，任何一個還活著的犯人，必須先拖兩具屍體扔進山谷裡，才准吃早飯，二兩包穀饃饃。一個人拖不動，可以兩個人合力拖四具。山谷裡的屍體扔滿了一層，撒一點黃泥在上面，再扔一層，再撒點黃泥，一層一層摞上去。所以，犯人清晨醒來，知道自己還能穿鞋走路，就趕緊爬起來去搶輕一點的屍首拖，否則兩人合作，得多跑幾趟浪費氣力。峨邊農場勞改、勞教、就業共有一萬多人，三年「自然災害」下來，只剩一千多，死的人裡不乏專家、教授、醫生、藝術家等高級知識份子。後來，那座被屍首填滿的山谷取名「南瓜山」，下面近萬個死人作肥料，長出來的南瓜碩大無朋。

父親被捕前所在的集改隊，也不斷有人餓死，我倆現在關押之地「石板坡看守所」也死了不少人，儘管大多數死在他們家裡，那是關得垂死之後被放回去的。我廿一中的歷史老師張理就死在這裡面。

每一個中國人都面臨餓死的威脅，看守所裡「連蚊子都打不到一個多的吃」的犯人，就更加首當其衝了。

十多年來，母親「百煉鋼化為繞指柔」，以「忍受」與「堅守」應付我家接二連三的災難。在兩個獄中親人（特別是父親）面對死亡威脅的時刻，母親決心不惜一切代價要保全這兩條性命。

與數年前我不勝傾心、留連忘返的較場口荒貨市場一樣，重慶青年路開闢了一個新的荒貨市場，想不到，這裡增加了兩個人——我的母親和安邦二弟。為了父親和我，為了養家活口（當時仍有兩個弟弟在讀書），度過「自然災害」，母親選擇了這個苦不堪言的職業——收荒貨。才十四、五歲，有做生意天才的安邦，離開了把學生當勞動力使用的民辦中學，沒有想過要讀高中，現在與母親一起在荒貨市場露面。他倆起早貪黑，不辭辛勞，不放棄那怕只掙一分錢的機會，積攢的錢，不顧一切地買吃的給父親和我送來。每週三下午，靠母親一雙疲累的腳，走到解放碑、大陽溝、石灰市採購；靠兩隻細弱的手，提著大包小裹東轉西轉回家。煮飯洗衣等家務活做完後，母親熬更守夜為我倆做吃的，特別是炒麵粉，急不出來，全靠老長工使綿力，一鏟一鏟不停地翻動，所有的食物必須保證足夠維持一個星期。等到弄妥裝好，大包給父親、小包歸我，已是半夜。星期四清晨，不管「落雨落雪落刀」，媽咪馱著這兩包救命的食物，「腳都跑大了」，到石板坡看守所排長隊，為的是看見兩個活人血紅的大拇指印。

在家裡，安邦的燥脾氣、阿弟的恍德性、治平被氣球炸青的眼睛，一點點風吹草動，都牽動著母親的心；興國只有一次休息日沒有回家，找人帶信說是要加班，媽咪趕到廠裡，兒子睡在床上，腳被工件砸傷，母親最瞭解自己的孩子。

母親像個磨心，大事小事，事事圍著她轉，她不斷地被磨損。精力供不應求，體力入不敷出，好像吃不飽飯的人，「吃」自己的肉，「吃」自己的肝，母親奉獻出自己，她枯竭了，變成今天我看見的模樣。

我不能相信眼前就是她——我的媽咪才五十二歲，看上去已經像七十歲的老人。她形瘦神疲，面色枯晦，顴骨高突，雙目深陷無光。穿一件深色大襟衣服，緊緊包住她瘦削得像一塊薄木片的身體。總之，她成了不折不扣的「人乾」，整個人從上到下可怕地收縮了，連說話的聲音也像是失去了水份的滋潤，細若游絲，好像稍不留神就會被折斷。

其間，家裡出了一件事。

六二年國慶之後，母親收到楨謨叔公的女兒惠蓉、惠蘭的電報，她倆受中國政府邀請從金邊去北京參加了國慶觀禮，準備經武漢去廣州。惠蓉、惠蘭姑媽在海南島長大時父親已經離開家鄉，他們從未蒙面，這次受敬嬰叔叔的委託，千方百計要與母親會晤，以便瞭解我家究竟出了什麼變故。母親收到寄來的兩百元路費，立即買好從重慶到漢口的船票，去廣州時間花得太長，同時，吸取女兒的教訓，不要去「外國」為好。

媽咪悄無聲息作好一切準備，臨行的清晨，早已聯繫好的張媽媽來我家幫媽咪拿行李，一個小提箱，裡面是換洗衣服和送給遠方來客的小禮物。五十年代表演抗日歌曲「賣花生」的那位張媽媽，和我家已很熟。媽咪請她拿著行李先走，自己則上樓向治安委員黃德華代表報告一聲她去武漢會見親戚。母親很聰明，她既對地段代表表示了尊重，又沒有給他們留下搞鬼的時間。

母親和張媽媽走到朝天門碼頭，已有兩人提前在那裡等候，「姜疤」戶籍和黃代表。他們不准媽咪走，一定要她退票，母親再三解釋，她去武漢要見的堂妹，是愛國華僑，這次千裡迢迢回國觀禮，想見一面親戚都不允許，於情於理都說不過去。母親保證只是敘親情，見面後絕對不提我和父親坐牢的事情。戶籍他們的態度非常強硬，完全不聽解釋。戶籍說：「你家已經有兩個人坐牢了，難道你也想進去？」母親答：「我是去見堂妹，順便也爭取一點經濟上的幫助，幾個孩子要讀書，荒貨生意越來越難做，怎麼會因此坐牢。」戶籍說：「如果你是為了經濟問題，那好說，你先把票退了，我給你弄一張小百貨執照，你自己做點小生意。」母親回答：「我已經通知她倆什麼時候到漢口，哪能講話不算數，讓人家空等。」母親堅持要去目的是想告訴姑媽，父親和我的真實處境，請求他們利用在外的地位，施加影響釋放我倆，這類事在中國暗地裡時有發生，上面很給外國華人面子。

最後，見母親不鬆口，「姜疤」戶籍拋出了殺手鐧。

安邦收荒籃，也收購「工業票」，當時，有錢又有工業票就可以買到囊括吃穿用的許多缺俏商品，它同鈔票一樣重要，並駕齊驅於物資極其匱乏的市場之中。那天安邦正用收買來的工業票擠買毛線，他準備把毛線賣出去再賺錢。十八張工業票一斤，他要買五斤，被懷疑工業票來路不明抓了起來，關進了李家沱看守所。電話聯繫較場口派出所，查有此人，他們通知這個才滿十五歲的少年，第二天中午走路。這個第二天就是母親要走的當天。

「姜疤」戶籍對母親說：「乾脆告訴你，如果你堅決要走，可以，我們放行。但是，我們不放你的兒子，就關他在李家沱看守所裡。」母親想不到他們會以此要挾，一時語塞講不出話。「姜疤」進一步說：「我相信你不願意齊安邦長期在看守所關下去。你想好，如果現在退票，我們中午放人，外搭給你一張執照，不然，後果你自己考慮。」

母親沒去漢口，也不敢白紙黑字詳細解釋，兩位姑媽在廣州把帶回的禮物衣服等寄到和平路，失望地離去。

母親只好將就這二百元路費，在新華路擺了個小百貨攤，早出晚歸一個人守。這二十個月，先當人乾，後來守攤，媽咪就是這樣熬過來的。

看著瘦骨嶙峋弱不禁風的母親，想起十三年、十五年兩個數字，我想拉開嗓子痛哭。

媽咪講話了，她的情緒好像不錯。她說：「陳管理員告訴我，今天可以接見，你倆已經判了，你是三年，你父親是五年。」這句話把我哭的欲望驅趕開去。我問：「多少？」母親以為我不知道父親判了幾年，她慢慢地重覆道：「你是三年，你爹爹是五年。」她接著說：「你快了，只有一年多一點就滿啦。這次回家，我一定要好好管住你，不准你再三個成群五個結黨了。」我猜想陳管理員是擔心母親一下子受不了，故意少說十年，讓她慢慢透過氣來，所以我沒有糾正她。之後，媽媽也見了父親，出於同樣的考慮，父親也沒有澄清。媽咪安慰爹爹道：「心放寬點，等你滿刑後，大家再來同甘共苦過日子。你在家裡照顧，我在外面跑好了。」

快離開前，媽咪告訴我一個她認為的好消息，她說：「我剛才見到你們所長，他說你表現得不錯，想搞個縫紉組，留你在這裡服刑，那就好了，這裡離家近，我可以經常來看你。」

聽說打算放我在這個環境裡過十三年，我禁不住喊天，一個人住十六平方米的房間，只能看見天井上一條狹長的藍天，沒有人講話，泡在一潭死水裡，不成為白癡也要變回一隻吱吱叫的猴子，徹底完蛋。我沒有吭聲，吭聲也不能改變他們的決定。

安邦坐在旁邊，一直低頭不語。他雖然十五歲了，但個子還沒有開始衝，兩隻腳懸在長椅上夠不著地，我用腳勾了一下他的腳，他不肯抬頭，正在默默地流淚。

第二個星期，母親又來看我們了，這一次，她完全洩了氣，講話更加有氣無力。她說：「喔，上次我是聽錯了，你的刑期是十三年，你爹爹是十五年，不知道我能不能活到那一天啊！」母親把我倆的刑期聽錯了，固然因為四川話「十」和「是」發音相同，更由於她絕對想不到這麼一點小冒犯，他們竟大筆一勾，砍切下人家生命的一長段。母親傷心地捂住嘴，哽哽咽咽地哭訴：「我的身體不好，我看我是活不到十三年、十五年囉！」我用手扶住母親抖動的肩膀，心裡沉重得說不出話來。

通常，人們擔心判了長刑期的犯人在監獄裡活不出來，在我家，倒成為「解放」十幾年在監外勞心勞力受打擊，堅持把這個家支撐下來的母親活不活得出來的問題了。她責無旁貸、歷盡艱辛維持下來的這個家，始終有個長照不熄的亮光在前面——那就是「團聚」。過去是「生離」使全家團聚落空，但是仍然存有希望，現在，「死別」的威脅，將使團聚絕對地不可能。想到此，母親悲痛不已。

一週後，我出來勞動，穿過隊部辦公室看見父親站在前面庭院小路上，背朝著我，正把用一條舊灰毛毯包裹起來的行李卷往肩上掛，現在是解押去勞改隊。他真的沒有上訴。

五月底的一天，我在隊部前面的菜地拔草，殷所長正在教育一個絕食的年輕犯人，他奄奄一息地癱在一把幹部坐的籐椅上，連睜眼睛的氣力都不夠。只聽見殷所長說：「好吧，今天勸了你許多，別的不再重覆，只提醒你想想你的媽媽，你要是真的有個三長兩短，對得起她嗎？」他安排清潔班把這個犯人抬回去，然後叫住我說：「我們考慮的結果還是送你去勞改隊，這裡成立縫紉組條件不成熟，你到勞改隊好好改造，爭取早日新生。你的媽媽多麼盼望你啊。」殷所長一直對我很關照，對犯人講話流露出人性。

最近報紙很有看頭，國際共產主義的運動員們公開吵架了，而且越吵越熱鬧。九評蘇共中央公開信一評一評地出來，我看報也越看越興奮有勁。過去的戰友，一個個被提出來批判成為異路人敵人，赫魯曉夫、陶里亞蒂、丹吉什麼的，吵得比小孩子不如。與此同時，不少電影，中國的《早春二月》、《舞臺姐妹》和蘇聯的《一個人的遭遇》、《第四十一》等等都成為修正主義毒草。殷所長問我有什麼想法，我說我對此覺得稀奇新奇驚奇。那部電影《一個人的遭遇》和劇本《第四十一》我都看過，曾經很喜歡，很欣賞，現在看了批判文章，覺得批得很有道理，我全部聽得進。偶而，我問所長一些問題，什麼「資產階級和平主義」，什麼「小資產階級道德的自我完善」等等，回答往往不著要領，我也並不在意。

我的荒漠般乾渴的頭腦，毫無選擇地通盤吸收報紙上宣講的一切道理，像以前在學校裡讀書，我的反應仍然敏捷鋒利。我毫無遺憾地從數理化的天地裡引退，接受著與此完全不同的另一類知識。

幸好殷所長放我走，我相信勞改隊的日子比這裡好過。

六月五日清晨，我在夢中看見我的祖母，她穿一件厚實的黑長袍，站在我頭頂旁。我從沒見過她，只在小時候看過她的照片，此刻我看不見她的臉，但是我毫不懷疑這位高大的女人是我的祖母，心裡清楚她已經逝世了很多很多年。我沉靜地睡在地板上，眼前霞光萬丈光明得耀眼，祖母緘默不語，聆聽著我的祈求，我祈求她保佑父母弟弟，保佑我一切順利。

上午十點，劉管理員打開房門：「１６８，把東西收拾起。」這就是說，在看守所牢房關了超過二十個月之後，輪到我走了。

簷老鼠沒有提前報信，但是，我見到了祖母。

我背著用被蓋包裹的七股八雜體積龐大鬆散的鋪蓋卷，手上端著塞滿洗漱用品梳子鞋子等東西的大臉盆下樓，在隊部門口等候，興奮、慌亂、迷茫。

我由劉管理員和一個警衛押送，他慎重地向我宣佈：「168，犯人在轉運途中，本應戴手銬，我們寬大你不戴，你要自覺，如果亂說亂動，一切後果由你負責。」我點頭稱是。心想，如果你真的銬我，對不起，你得要當我的搬運夫了。

下樓前，我向同房的獄友們說了聲「再見」。這個「再見」只是友好禮貌的表示，並非真的希望與任何在坐者在勞改隊再相見。

第十八章
孩子死於愛滋——勞改

走出看守所，才知道石板坡真的是個坡。我在坡頂上關了近兩年，現在背著個碩大囊筐的鋪蓋卷，端著一臉盆沉甸甸的雜物，在劉管理員的指示下從坡頂走到坡底，從重慶的上半城走到下半城。幸好最後幾個月弄我出來勞動吃三餐，不然，這些行李我肯定哭不動。

這一次可沒有逮捕我時風光，沒有專車接送，我們登上去朝天門的公共汽車，我一個人佔了三個人的位置。一位好心的乘客托住我的背包，想幫我把它放到地上，我沒講話，把背左右捽扭幾下表示拒絕。他不解地問：「你不怕重？那就算了。」為了不影響過路，我盡量朝坐在我身旁的乘客靠攏，乘客討厭地「嘖」了一聲，反倒引導我瞅她一眼。

兩個時空各異的物件，刻意安排在某個坐標點上碰頭已非易事，而這種不期而遇的巧事竟讓我碰上了。她是朱文萱，穿的我以前見過的藕色短袖綢套衫，正在看報，或者說用報紙遮住她的臉，她肯定認出了劉管理員，也看到了我。我斷定不管是不是她的目的地，下一站她肯定下。她真的下了車，自然捲曲的留海麻花果似地吊在額前，她推了推眼鏡，朝前走去。那聲表示厭惡的「嘖」，刺痛了我的心，長久難忘。

整個押解過程，我恍恍惚惚，似醒非醒，不曾注意周圍的一切。只有那聲「嘖」和後來快到勞改隊前，一排民房門口幾個婦女大聲的議論：「哎呀，這個女娃兒好年輕呀，肯定是個王大姐。」才把我刺醒了一下。

我平心靜氣地來此服我的長刑，我本來就沒有什麼明晰的，當然更談不上執著的政治思想和信念，那些曾經說過的即興的「反動言論」都像寫在沙河壩上的字，潮水輕柔地一抹，它們就乖乖地消失。毛澤東說：「一張白紙，可以畫最新最美的圖畫。」戴厚英說：「白紙常常就是白癡。」情況正是如此。我現在就是一張白紙任人亂塗鴉；我現在就是一個白癡，聽信他們的每一句話。

儘管我一直為冤深似海的父親和同我朝夕相共的看守所獄友喊冤叫屈，認為他們中的絕大多數人都是冤枉的應當被釋放，但是，我的確很不在乎我自己。可以這樣講，如果，我的坐牢沒有連累無辜的父親，造孽我的母親和四個弟弟，影響我的朋友們，我或許永遠不會再回顧我到底做錯了什麼，永遠自認為自己活該罪有應得。我一直很認罪，根據

原四川省第二監獄，現重慶市監獄。

的是「彩照」上拍下來的內容，就像還是處女的我，苦打成招生過孩子。於是，我就把這個孩子認作自己生命的一個部分了。

似乎，這一切不太合乎邏輯，但，這是真實的我自己。

一個可悲的真實。

經過相當辛苦的歷程，終於到了我勞改的地方。門衛森嚴的「四川省第二監獄」（現名重慶市監獄），它有一個特別好聽口是心非的別名——「孫家花園」。醒目的大牌子，威嚴的門崗，認真的交涉，最後放行，像電影裡看到的一樣。

裡面，有公路圍牆，有平房大廈，有湖水山丘，有人來人往，像個小城市。

我們在「小城市」裡的一個「城堡」前停下，這裡是「四中隊」隊部。我的鋪蓋在黃泥地上攤開接受隊長的檢查，裡面的東西七零八落，像包著芽菜碎肉的大春捲皮，像擺百貨雜物的地攤。我從隊部偷眼朝下望去，幾個給太陽曬成焦炭的男犯正在

原四川省第二監獄，現重慶市監獄再瞥。

探頭探腦看我，然後跑掉。後來知道，男犯通常喜歡瞧瞧新來的女犯年輕不年輕，長得好看不好看。對於我，早已有人傳說，一個市一中畢業的年輕女反革命就要來了。

我的隊長周道珍表情冷靜，說話有分寸，檢查完我的行李後，拍拍沾滿塵埃的手，叫組長接我下去。按照「反革命是要搶皇帝的寶座」，刑事犯「只是作風問題」的原則，我們反革命組的組長是個刑事犯，叫陳宗霖，據說是因為糧食問題。她是一位性格溫柔的四個孩子的媽媽，連生氣時的樣子也是溫柔的。她把我接到組裡。

在居禮夫人誕辰近一百年後的今天，這個居禮夫人熱烈的崇拜者追隨者，狂熱做過中國「居禮夫人」夢的小小齊家貞，渾然不知一個狂熱的夢竟然被伸展為一名貨真價實的政治犯，而政治犯本人卻完全不懂政治：好像小孩子用手撩火苗玩，他以為那是羽毛；好像玩賞玩具手槍，手槍射出了真子彈；好像不懂「愛滋」是何物的孩子，死在愛滋病手裡。

我就要在這裡勞動改造，服我的十三年徒刑。

四隊的平面圖是個以籃球場和簡易平臺為中心的矩形，按逆時針方向從右開始，它們分別是：鍍鋅車間、鞋廠、元絲成品庫房，犯人宿舍（右半女犯，左半男犯）和隊部。大門在隊部旁邊，鞋廠大樓牆上醒目地刷著「改惡從善，前途光明」，一片監獄的蕭殺氣氛；對面犯人宿舍樓的牆上則是「以廠為家」有點外面工廠的味道。男犯主要在鍍鋅車間勞動，女犯則為鍍鋅車間打雜當搬運。以女犯為主體的鞋廠早已停產。

四川省二監獄是省級勞改單位，加上地處大城市重慶邊沿，犯人因此也沾了光，生活條件、勞動環境比起偏遠地區的勞改隊好些，隊長對待犯人的態度也稍微文明一些。儘管六二年下半年，經濟開始好轉，但「自然災害」在此肆虐的痕跡仍然處處可見。特別是尚未被「自然災害」席捲而去，原來在鞋廠勞動的年老體弱的女犯，因為搞的是輕工業，糧食定量本來就低，停產後她們又無氣力出外擔抬，留在隊上做些輔助性的可有可無的輕勞動，定量就更低了。因此個個鳩形鵠面，臉色蠟黃一副哭相，加之穿得十分破爛，完全是一群乞丐。屋簷下到處掛著乾黃的菜葉，是抽煙的犯人用來混合定量煙絲騙自己嘴巴的。

當天下午寬大我不出工，做個人清潔。我首先在廁所裡洗了一個真正的水澡，有人讚美我黑亮的皮膚長得緊匝，水落到身上停不住立即變成水銀珠滾了下去。然後用廚房給的一大桶帶鹼性的牛皮菜水，把我髒得難以見人的被蓋、衣服認真地洗了個透。一個女犯急急地跑過來，友好地說一聲：「168，我是157。」又急急地跑了。來到新地方有人叫我代號，感到好親切，周隊長叫我名字時，我反而不習慣了。157的名字是廖品輝，她一家三口被打成反革命集團，三個人個個「當大官」，個個被判重刑，哥哥無期，十九歲的廖品輝十八年，她父親八年，都在省二監勞改。

外面革命人民之間稱呼「同志」，監獄規定犯人之間互稱「同犯」。反革命有幾個組，我組同犯大部分是佛教徒，政府說他們信奉的是反動會道門「一貫道」，反共造謠，作惡多端。他們的發言大同小異，都是覺得今生命苦不堪忍受，入佛門修來世。只是命苦得不同，有的是家境貧困，有的是丈夫嗜酒吸毒好賭或者孩子早夭等等。她們恬靜無為的生活方式，柔聲細氣的說話態度，友善純樸的待人處事，只能使人聯想起佛家的信條「慈悲為懷」四個字，連她們的名字像釋龍妙、吳來香、余汝蓮、張靜媛等等，也令人領悟到靜水深源的佛道。回憶五十年代初家住國際新村時，我每日放學必去大田灣看免費的「鎮壓反革命成果展覽」，他們用連環畫、雕塑、話劇，揭露「一貫害人道」的罪惡，毛骨悚然，令人髮指。但是，當我面對這些「一貫道道首」、「點傳師」時，我無論如何也不能相信她們會「作惡多端」。她們是在「共

獄友團聚。前左起：齊家貞、蘇傳壁、侯箐；後左起：黃俊、駱雋文。

產黨明令取締一切反動會道門」，亦即取締一切宗教後，「繼續燒香拜佛，宣傳封建迷信」，「與人民為敵到底」而被捕判刑的。

另外有個叫侯箐的，長得漂亮有電影明星的風韻，比較傲慢不愛理睬人，我猜她在外面是話劇演員，結果是歷史反革命。「解放」時她才十七歲，因為當警察局長的丈夫被槍斃，她嫁了個派出所戶籍，說她搞階級報復拉革命幹部下水，判刑八年。

組上還有個四十歲的孫文碧，從不透露案情，根據年齡應該是歷史反革命，八年。她骨瘦如柴，說話迅速乾脆，動作果斷有力，心裡老是窩著氣，老在罵人，生動形象刻薄，從不提名。「黃狗披蓑衣，半截不像人」，不清楚她是在罵犯人，還是在罵整了她的黨。有一次我碰了好運氣，她說是「瞎眼狗找到了一泡新鮮屎」。孫文碧好像喜歡我，可我比較怕她，覺得她有些狡猾——後來成了好朋友。我想，她之所以不提自己的案情，是因為一提就怒氣沖天火冒三丈，弄得不好認錯寫檢查加刑！

同吃飯一樣，好奇心大約也是人的一種本能，它由於監獄生活的枯燥單調而被激發得更加高揚，老犯們迫切地想知道這個年輕的齊家貞為什麼進來，我也同樣迫切地想弄清這麼多男女為什麼在這裡。第一個晚上我就亮相了。

我說，我是在五星紅旗下長大的青年，辜負了黨十幾年的教育培養。高中畢業後，由於資產階級個人主義作祟，自認為是條大魚，池子小了裝不下，拒絕就讀錄取我的大學。我出身反動階級家庭，不但不站到人民立場與它劃清界限，反而死心塌地地做反動家庭的孝子賢孫，為受過懲處的父親喊冤叫屈。三年自然災害期間，我與帝修反的反華大合唱遙相呼應，大肆攻擊黨和毛主席，攻擊大躍進和三面紅旗，組織反革命集團企圖偷越國境叛國投敵，犯下了不可饒恕的罪行。政府判處我十三年徒刑，這是我咎由自取罪有應得。我感謝政府對我的寬大與挽救。作為中華兒女，國家有難，我沒做到有難共當同舟共濟，反而暗中搗鬼，成為人民的敵人，我對此深感痛悔。今後，我決心認真學習，深挖自己的犯罪根源，痛改自己的犯罪本質，遵守監規紀律，爭取脫胎換骨重新做人。

已故獄友孫文碧，攝於出獄之後。

這是一篇非常標準的符合判決書上宣判的，符合犯人守則和監獄幹部要求的認罪服法宣言，是我的話模子、私人圖章。以後的發言基本上以此為藍本，根據學習內容和當時形勢有所增刪。我講這些話的時候不再需要通過大腦，它本能地像留聲機從嘴裡流出來。

在學校裡，我初中高中的同學曾經說過，齊家貞的口才可以。那晚，二百多名女犯一圈一圈坐在籃球場分組學習，人一多，我就人來瘋特別來勁，元氣充沛話聲宏亮，凡是離我們組近的把耳朵伸得過來的人，都聽見我發布的宣言了，都知道我是為什麼進來的了。

第二天，一位被打成右派從廠部下放到四隊，頭髮稀少臉上無肉的侯幹事說：「齊家貞，人小鬼大野心勃勃。」

我們反革命組從有九個戒疤的六十多歲的釋龍妙到才二十出頭的我，年齡特別參差不齊，隊長把我們組打散，安排不同的勞動。第二天上午，組上幾個年輕的和刑事犯一起平地基搬泥石。薛隊長，一位濃眉大眼剪短髮的胖婦人，笑咧咧地問我：「你這個新犯，叫啥子名字？」我作了回答。她接著問：「犯的啥子罪？偷兒嘛扒手？」我答道：「反革命。」她說：「這麼年輕要反革命？喂，是哪個和齊家貞連槓？」三十多歲的郭雲×女犯，瞪大眼睛輕聲答道：「是我，報告薛隊長。」薛隊長轉身對我說：「好好和她勞動，不要腳板上抹油喲！」我不解地望著隊長，不明白腳板上抹油是啥子意思。郭雲×解釋：「叫你不要逃跑！」「喔」，我說：「薛隊長，你放心，叫我跑我都不得跑，逃跑沒得出路，看守所早就學過了。」

後來，我被固定在打包組，組裡共有五個女犯。所謂打包，就是為一百斤一件大麵包圈似的鍍鋅絲包裝，先用防潮紙裹住，再拿麻布條像包紮傷員那樣包起來，最後掛上規格名牌。鋼絲從車間運到打包室，從打包室運到庫房分片堆碼和上車出貨，都是我們的任務。「麵包圈」壓上肩頭就是一百斤，無價可講。起初，它一掛上我的脖頸，我立即被壓矮了一截，兩條腿挪不動。兩週後，情形好多了。

鍍鋅廠剛投產不久，生產尚不穩定，有時機器出現故障生產停頓，我們無包可打，一時沒安排別的活路，大家在打包室裡悶等。打包室和學校教室大小相仿，牆上有個橫貫左右的大黑板，大約是過去鞋廠用來作生產記錄用的。我拿起粉筆在黑板上隨手寫字消磨時光，我先寫「吃飯是為了活著，但活著不是為了吃飯」，然後寫「對朋友像春天般溫暖，對敵人像冬天般嚴寒」，這些話出自當時報紙天天登載的「雷鋒日記」，我寫了以後沒有擦掉，做別的事去了。一個穿褪色軍裝身材矮胖寬厚，走路八字腳，頭髮一匹瓦的女幹部走進了打包室，她讀了黑板上寫的字。馬上發問：「這是哪個寫的？」我不明白這有什麼不對，見她好像在發火，便怯怯地回答：「是我。是我寫起耍的。」馬上，我補充道：「這些話都是雷鋒說的。」她問了我的名字，不說話走了。老犯告訴我，她是廠部袁總書記的老婆。我想「總書記怎麼娶個醜八怪、像個男人的女人呀！」

晚上四隊開會。前面兩個隊長作形勢政策報告，令人打哈欠想睡覺，接著是「八字腳」講話，一點不精彩，我聽得很隨意。突然，她說：「打包組有個女犯（謝天謝地，她沒有記住我的名字）在黑板上寫什麼『活著不是為了吃飯』，不是為了吃飯？是為了反動？」她大聲質問道。接著說：「還寫什麼『對朋友像春天般溫暖，對敵人像冬天般嚴寒』，誰是你的朋友？誰是你的敵人？」看見她用眼睛在女犯裡找我，我趕快把頭埋下來，藏在前面女犯的背後，深怕她叫我站起來亮相。沒有看到我，她生氣地接下去講：「你的朋友是國民黨，你的敵人是共產黨，是不是？還詭辯這是雷鋒說的！」

沒想到，當了犯人，整套語言系統需要更換，特別是「朋友」、「敵人」之類的詞句意義曖昧不清，一定要小心謹慎，最好是迴避，因為屁股已經坐到敵人板凳上去了。我想，不好了，今天我要因言獲罪了。

豈知，坐在前面刑事犯隊裡的一個年輕女犯拉直嗓子清晰地接嘴：「對頭。何隊長，這些話真的是雷鋒日記上寫的。」她是潘海琴，五官的線條極其孤傲硬挺，身材瘦高筆直，擔抬不管多重的東西她仍然保持挺胸直背，姿勢始終優美，想不到潘海琴講話也是直言直語無所顧忌。書記老婆出了洋相趕快轉移話題。潘海琴給我解了圍，我吸取教訓從此在黑板上只畫娃娃。而且，我碰了鼻子會轉彎，迅速建立起一套無懈可擊的囚徒語言體系。

後來，我很注意潘海琴，很想借機感謝她一聲。可是，她從來不理我，我從她身邊走過，也等不來她瞟我一眼，我對她滿懷敬意。

不久，我知道了許多人的案情，我發現「自然災害」是批量生產犯人的禍首，諸如盜竊糧食、買賣糧票、塗改飯票、私刻公章、偽造票證、屠宰耕牛，甚至殺人、吃人，不一而足。

有個不到三十歲的年輕農婦，身子長腳杆短，人們笑她坐著比站著高（狗），她的殘廢丈夫，能吃不能做。「自然災害」以後，公社停止過去曾經發過的一點補助，她自己只是個半勞動力，分到的糧食不夠一個人裹腹，丈夫成了生存的大包袱。一個漆黑的夜晚，這隻「狗」用鐮刀「像砍南瓜一樣」把她的丈夫砍死了，判刑八年。

一個叫鍾素華的長得好看秀氣的女人，把船划到河心，先推三個孩子下水，再自己跳河。本以為反正都是餓死，慢慢餓死滋味難熬，長痛不如短痛一起死算了。誰知孩子淹死了，她被別人救了起來，殺人罪，判刑十八年。我看她眼圈墨黑木無表情，終日沉默不語，心已經跟隨三個孩子死去。

有個約五十歲幹活像衝鋒陷陣不要命的農村婦女豐家澤，我同她一起在隊部前面修理垮塌下來的堡坎。她不使用工具，那雙長滿厚繭的大手不怕石灰咬，不怕使大力，像攪拌機、像抱鉗、像鏟子，做什麼像什麼。她雙手伸進三合土吭哧吭哧攪拌，捧起來鋪在堆砌的石頭上，把石頭搬上搬下移過來移過去為了堡坎整齊好看，最後用三合土齊縫，全部是雙手，做的活又快又好。我在一邊愣頭愣腦的盯著，根本幫不上忙。她的小兒子數次偷隊上的嫩葫荳，公社以盜竊種子罪扣罰她家口糧，一粒種子可以收成多少，十倍百倍地扣回來，害得豐家澤一家叫苦連天，他們把所有的怨氣都出在小兒子身上。那天，豐家澤挑煤回來，餓得心慌，冒火連天。走進門，正好看見小兒子坐在地壩上埋頭剝東西，她抽出扁擔順手朝他彎著的脖頸就是一下。沒好氣地罵道：「你個龜兒子曉得回家了呀，你把我們整得好慘喲，啷個不死在外頭嘛？」說完，扔下扁擔進裡屋喝水解餓去了。喝完水出來，小兒子屁股朝天臉撲在地上一動不動。她吼叫：「你個狗×的，裝啥子死嘛。」

他沒有裝死，這個八歲的小兒子來不及吭一聲就一命歸陰了。豐家澤以殺人罪判刑十八年，她的情況與看守所那個「處理丈夫」的老太婆有相似之處。

有個三十多歲的農婦，餓得吊不起氣，與其大家餓死，不如把小兒子殺了救自己，只要活出來，孩子以後還可以再生。煮在煨罐裡小兒子伸出來的手被大兒子看見，嚇得三魂掉了二魂，逃到公社告發了媽媽。我特別注意過這個食子的女人，黑皮瘦臉，精明能幹，與普通農婦沒有兩樣。我們是否可以說，有的人天性中的惡，在正常的環境裡，或許至死深藏不露，只有在特定的條件下，它才血淋淋地爆發。雨果說，「人們心裡充滿了黑暗，罪惡便從那裡滋生，所以，有罪的不是犯罪的人，而是製造黑暗的人。」這個看法，是很有見地的。

有意思的是，那些直接掌握農民生殺大權的書記、大隊長，「自然災害」時期負責苛扣別人糧食，召開批鬥大會，吊打刑逼農民的人也有來坐牢的。某公社女黨支部書記梅某一貫吊打偷地裡糧食甚至只是一隻小雞的農民，終因打人太多，一人致死，民憤太大而被判刑二十年入獄。她曾經是黨員同志，入獄等於入了天堂，比在外面農村好，一進來就到伙食團當組長，吃得大腹便便，臉上的麻子胖平了不少。

在勞改隊，我碰到了韓明珍，她偷竊罪判了五年。這個女孩為人非常義氣非常厚道，因為我教過她認字，講故事給她聽，她就老是想找機會幫我的忙。如果我要出去搬運，她常常衝進工具房為我搶一副好扁擔小籮筐——我不好意思同別人爭奪，拿到最後，只剩下碗口粗的槓子和大而破的籮筐。工具的好壞很有講究，圓槓子不打閃，擔東西費力還容易磨破肩頭，大籮筐擔了很多看起來只鋪了一點底，幹部會認為你在偷懶。有時候隊長規定擔多少趟，先完成先休息。韓明珍做完後，會跑來接我，替我挑完。她認為我是知識分子沒有勞動力，她的心放在我身上，我深受感動。

韓明珍在看守所提到的吃屎喝尿的楊朝林也分配在打包組。據說她與野男人合夥謀殺親夫，男的槍斃立即執行，楊朝林判刑十年。她臉色極其蒼白，嘴唇也蒼白得看不出唇線，笑時露出的牙齦也是蒼白的，很像一張死人的臉。楊朝林身體瘦削，胸部平板，一眼可見她的健康狀況相當糟糕。她永遠穿一件寬大的麻灰色的衣服上班，在衣服的左邊她繡著：楊朝林，女，二十九歲；右邊繡的「萬能勞動衣」、「私人的」幾個大字，還在衣服的下擺吊了一圈兩寸半長的纓子花邊，使她相當地與眾不同。同時，她講話也和我們不一樣，既不是重慶話也並非普通話，而是南北各佔一半的重慶、普通話的夾沙話。

這位穿「萬能勞動衣」的人，勞動非常賣力，而且詳細作記錄，從低級的褲腰帶打結，到扔紙團記數。由於解結太麻煩，有的犯人又惡作劇把她紙團扔掉，抹殺了她的功勞，最後她改為用鉛筆作記錄：「揹一百斤重鋼絲，從打包室走出，直行二十五米，進庫房，左轉十二米，右轉三米，放下。」後面打正字，一包畫一槓，換了路徑方向，又換寫一行。這些都是她打空手回走時寫的。我們要看看她的「記功薄」，起初她不肯，我們說看了好向隊長彙報她的勞動有多麼出色，她嘿嘿嘿笑著拿了出來。這個說她寫的是仿宋體，那個說是楷書，她笑得很開朗地說：「你們沒看出筆畫都有點彎嗎？我寫的是飄浮體。」大家哈哈大笑，楊朝林也揚起頭哈哈大笑，露出她蒼白的牙齦。平時她不停地講話，多數不是和人講，是自己對自己講，見啥講啥。「太陽太陽你像個汽球，害得我三年沒得自由。」「鳥兒鳥兒我羡慕你，東飛西飛找吃的。」常常嘰嘰咕咕不知所云。她的病容使人感到她時刻處於極度的飢餓狀態，隨時可能倒下去。可是，楊朝林自己完全不知道，反而在盡其所能地消耗自己，搶在每個人前面玩命地做事，不停地自說自語傷神，寫東西作記錄不讓自己透氣，很難理解這一切是為的什麼。她吃得很快，每次吃過飯、菜、湯之後，楊朝林的肚子還是像之前一樣癟。然後，她死命盯住別人的碗，那副豔羨失落的神態令人心痛。我猜想她或許是希望通過努力勞動，得到幹部的優待。然而，這是不可能的。官方宣佈「自然災害」已經過去，其實它還在監獄裡蔓延，像多米諾骨牌，最前面的已經倒下，最後面的還要站一陣。

大多數犯人生活上是沒有外援的，老婆們丈夫們拒絕離婚的絕無僅有寥若晨星，剩下的孤兒老母自顧不暇，起初掙扎著送一次兩次，時間長了也不會有了，所謂「久病無孝子」，所謂「漸走漸遠」。其實，外面偶爾送點吃食來不夠犯人卡牙齒，還是靠監獄裡給，按國家規定給多少吃多少。每月每人菜金是死的，三元五角，米錢按定量發（當時米價每斤是一角四分二，乘定量就是糧錢）。享受特殊待遇的犯人是有的，鍍鋅車間設計及運作的總工程師陳新光和犯人醫生蘇傳璧，零花錢是一般犯人的兩倍，（普通犯人每月一至二元，女犯有五角錢衛生紙費），打牙祭吃雙份肉，他倆是勞改隊裡的特殊犯人。這種好事絕對輪不到楊朝林頭上。

且不說楊朝林在看守所吃屎喝尿，就是到了勞改隊，她的舉止言談都相當地不正常。我更傾向於相信，她的神經已經出了問題。

在監獄裡，最最忌諱的事情就是說「某某人神經錯亂了」，或者說某某人「瘋了」。似乎中國人，特別是犯人，每一根神經都是鋼絲做成的，肯定不會出問題，出了問題，那個問題一定有問題。所以，任何反常的表現都是因為「不認罪」、「思想反動」，都是在「半天雲吊麻袋」——裝瘋（裝風）。多數犯人，如果不是視坐牢如歸，而是視坐牢為畏途，哪怕心裡認為某人瘋了，表面上也得胡說八道，對真相噤若寒蟬。久而久之，還可能想：「哇，她（他）的瘋裝得真像呵！」在勞改隊裡，如果有人膽敢指出她（他）「神經病」了，那就是同情、包庇反改造，那就東挨榔頭西吃棒子，日子難過了。

文章開頭提到的王大芹，原是「重慶土木建築工程學院」四年級學生，反右鬥爭時，學院要她批判她的地主父親，她不但不照辦，反而貼出一張攻擊學院黨委的大字報，打成反革命判刑四年。我第一次看見她是剛來幾週的一個晚上，在雷打不動的兩小時學習之前，她從女犯宿舍輕快地飛出來，用舞臺碎步在操場裡兜圈子，全然不理會專門管理她生活的李恆芳在同她講話。她的臉很瘦削，嘴巴特別大，笑起來嘴角快掛到耳根了，其狀甚是可怕。她雙手神經質地舉起放下，頭，無目的地奇怪地亂偏，時而發出幾聲冷笑。好久前的一天清晨，男女犯排隊發早飯，王大芹托著她那缽稀飯，用一種很優美的姿式往回走。她突然轉身，詢問一個正從她身旁走過來的年輕男犯：「你愛不愛我？」這話像顆炸彈，把那個男犯嚇得拔腿就逃。王大芹生氣了，她說：「我都愛你，你不愛我？」把手上的一缽稀飯朝男犯擲去。從此，她被關進了小監房——監獄中的監獄，禁閉不聽話犯人的地方。不久，以她不認罪服法，裝瘋賣傻說反動話為由，加刑五年。我去勞改隊時，她已經加過刑了。

告訴我關於王大芹情況的是廖汝秀，她最後一句話是：「從她向男犯潑稀飯那天起，我認為王大芹瘋了。」她對我講的是她心裡想的。在公開場合下，人人都說王大芹「不要臉」，是「裝瘋」。

廖汝秀比我小一歲，可坐監歷史已經有七年，她十四歲起在「少年兒童管教所」服刑，十八歲轉來成人監獄。我第一次在庫房裡碰到她，她像個孩子，旁若無人在搖頭擺尾唱川戲，「搖搖擺，擺搖搖……」，看見我也不停下，反而走過來同我搭訕，擺龍門陣。

看她在勞改隊還苦中作樂，我很願意同她聊天。

廖汝秀告訴我，五歲時有一天，她正和小朋友在河邊玩耍，被外公捉回家，要她跪在母親的床邊，她覺得跪著很滑稽，在那裡偷偷笑，祖父在她耳邊輕輕說你媽媽死了，她問死了還起床吃不吃飯。後來，她和外公一起生活。一天傍晚，外公淋著大雨非要把家裡唯一的一隻小公雞殺來吃掉。外公的眼神是那麼可怕，以至於那隻公雞嚇得蹲下來不跑了。第二天，外公死了，她才十二歲，家裡沒吃的，也沒有人管她，她流浪街頭，靠偷竊度日，撈了十二年徒刑。

我說你一定偷了很多很多錢吧？她認真地告訴我，五百多元人民幣，三百多斤糧票，還有一些布票之類的東西。我不自禁地「啊」了一聲，他們對政府的職責不予追問，在判刑方面卻出手闊綽。

媽咪在看守所送來的信箋、信封、郵票終於有了使用價值，勞改隊可以寫信。來往信件一律由隊長檢查後寄交，所以我們信件的內容簡單劃一，我保證好好改造爭取重新做人，媽咪說家裡人人都好，要我專心改造。到勞改隊第三個星期，媽咪來信說她要來看我們。

那是七月初很熱的一天，從早上九點鐘開始，我就每分每秒數著過，隊長喊一個名字，我的耳朵就豎起來一次，每一次都沒有我，直到下午接見停止。我焦躁不堪，不知道母親有什麼不測，該不會像王熙珍那樣昏倒在路上吧。

正在徹底失望之時，有人帶話，周隊長叫我去隊部。她交給我一包東西，一條新長褲，一件紫花布短袖衣服等，告訴我：「你媽媽今天來了，沒有讓你接見，是你父親的問題，你不要胡思亂想為這件事情背包袱。」這就是說父親犯了監規或者做了別的什麼錯事，影響我不能接見。我非常埋怨他，在強大的無產階級專政下，我看不出有任何反抗的餘地，一切的離經叛道都是自討苦吃，自取滅亡。何苦呢？

我到勞改隊三個月之後，上面決定把兩百多名女犯從四隊分出去，單獨成立三中隊。新「家」過去是關戰犯的地方，五九年大赦一些人後，剩下的全部轉移到「瀋陽戰犯管理所」去了。

「分家」的原因是給無法扼殺的男女之情製造距離上的障礙。

我來勞改隊不到十天，侯幹事叫我去給另外幾個小組聯合召開的批鬥會作記錄，那兒全是刑事犯，為什麼獨獨叫我一個反革命參加？起初，我以為他們缺記錄，後來，我發現她們組的彭瑩也在，她原是小學語文老師，深度近視，能說會寫，資格很老，根本不需要有另外一個人幫忙，這才悟出侯幹事看我年輕，是要我去接受教育。我覺得深受侮辱，堅信自己絕不會幹出這類醜事，不僅因為我刑期太長，更因為我深信神聖的愛情不允許在公眾場合中，被七姑八婆玷污，我有足夠的能力管束住自己。

那天，批鬥的對像是潘方秀，那位其實是很布爾什維克的右派分子侯幹事，好像仇恨女性，對女犯講話用詞常常相當刻薄。他說潘方秀：「我第一次看到你這副風騷騷的樣子，就曉得你要出問題。」在我看來，潘方秀長得很漂亮，濃眉大眼，身材豐滿，穿得乾淨整齊，頭髮梳得光光亮亮，沒有什麼不好。她講話面部表情豐富，走路肥乳高聳，豐臀扭動，周身上下自然地散發出一種誘人的氣息，是有點風流，是很逗腥，連我都願意多看她兩眼，她自己有什麼辦法。她在伙食團做飯，有機會同上晚班的男犯接觸，這次是批鬥她和「川劇組」唱小生的諶貴民，兩個人分別在男、女分隊鬥。發言很踴躍，我的總印象是許多正常發生的事情，被不正常地赤裸出來，其實也是人類自身受辱。

戰爭扼殺不了愛情，監獄也扼殺不了愛情。有土壤就有花朵，有男女就有愛情。

最膾炙人口的是廠部一位女幹部愛上男犯余維禮的故事，簡直就是當時被批判得如火如荼的蘇聯電影《第四十一》的翻版，是與批判資產階級人性論唱對台戲。這位女幹部被批鬥了四五十次，仍然不肯改邪歸正，被清洗出公安隊伍，余維禮滿刑後，兩人結了婚，後來有人看見她在南岸送牛奶，小兩口日子過得相親相愛。

和王大芹來自一個大學的馬麗清，名字漂亮但其貌不揚，因為性格溫暾行動緩慢，得了個不雅的渾名，「拖尾巴蛆」。她愛上了也是從「重慶土木建築工程學院」來的大學生林方，他因為與右派詩人流沙河有過一面之交，為流說了幾句抱不平的話，自己也當了右派，後來升級成為反革命判刑七年。馬麗清勇敢地送給林方一個用紅絲線編的同心結表達愛慕之意，林方深受感動，立即用明信片抄錄了一首蘇聯歌曲《紡織姑娘》，寫上「重門不鎖相思夢，任意繞天涯」兩句詩，作為回應。在有心人的幫助下，兩人在樓上堆放舊物的房間裡幽會過一次，時間太急促，心情太慌張，話講不出來，手來不及碰一下就「時間到」了。

馬麗清在女犯從四隊分出去前就滿的刑，別人滿刑笑，她滿刑痛哭，不願意回貴州父母家。她要求留在省二監就業隊裡，等待三年，林方滿刑，便可雙雙團圓了。可惜一切已由上面安排停當，個人的意志不值一提。回貴州一年後，林方收到馬麗清的來信，告訴他，她不能把希望寄託在一個沒有希望的希望上，她需要丈夫，需要親吻自己的孩子。林方失去了情人，但是他結識了馬麗清這個真誠坦白的靈魂。

為林方和馬麗清穿針引線遞紙條的是女犯匡澤華，「川劇組」唱丫頭跑龍套的，她講話的聲音很尖也好像在唱川戲。匡澤華自己的意中人是機修組的車工謝濟邦，侯幹事教訓她監獄裡不准與男犯勾勾搭搭，提到了謝濟邦。一聽到情人的名字，匡澤華就心花怒放，一張臉都笑爛了：「是啥，年輕人得嘛。」侯幹事氣得咬牙切齒：「還在嘻皮笑臉。人不要臉，百事可為！」匡澤華當沒來，她繼續嘻皮笑臉，繼續展示她雪白牙齒的光亮，把侯幹事氣得臉發青。一個女犯以她比城牆倒拐還厚的臉皮作為反抗的武器，刮隊長的耳光，掃隊長的威風，在我看來，那簡直是英雄壯舉。我暗中心生羨慕，覺得厚臉皮也有厚臉皮的優勢。

未婚男犯被愛情弄得神魂顛倒，已婚男犯難道不是一樣？哪怕老婆不肯離婚的，離了婚守住不嫁的，離了婚也嫁了人的，光棍們照樣「分錢沒得，死愛鬧熱」，被情愛騷擾得不得安寧。以技術室六十歲的楊工程師為首，還有黃俊、陳新光、林方、譚傳誼四位，忘記自己的身份，一起在技術室放聲高唱義大利名歌《我的太陽》：「還有一個太陽比這更美。啊，我的太陽，那就是你。」各自心裡思念著屬於自己的那個「太陽」。

愛和被愛都美麗得烈焰飛騰，監獄也無法遮擋她的光輝。

我在組上，被那些好心的「一貫害人道」女犯提醒。

那天是星期日，我把手指寬的布條鑲縫成塊，補我的「萬能勞動衣」，它經不起夏天汗水的浸咬和扁擔的磨擦，頸圈肩頭一帶已經破得開花開朵了。張世雲坐在我面前教我怎樣補肩頭才消氣，然後目不轉睛地盯著我的臉看。我終於開口問她為什麼這樣盯人，她不好意思地笑笑說：「沒得啥子，你好年輕喲，我希望你不要犯錯誤。」此話怎講？我瞪大眼睛不明白。後來才知道，她們認為鍍鋅車間幾個技術負責人都是年輕的大學生，對我很注意，叫我要小心。我謝謝她們的關懷，我知道自己該怎麼做。只要我發覺某人對我「心懷鬼胎」，那他遇到的就是一段木頭，我不會對他笑一笑，我不會對他講一句話，甚至不會正面看他一眼。至於心裡面有沒有漣漪，產生不產生波瀾，只有我自己清楚。

從四隊搬到三隊是下午四點開始的，這之前，所有女犯按原來的安排勞動，我仍在打包組忙。那天，一個年輕男犯上了夜班，他沒有回寢室睡覺，一直站在技術室門內唱歌。我在歌聲的陪伴下，扛著一百斤重的鍍鋅鋼絲，從打包室經過技術室到達庫房，周而復始。

我一次又一次地經過，聽他一次又一次重覆地唱著同一首歌。他的歌聲憂鬱優美，「往日的愛情，已經永遠消逝，幸福的回憶像夢一樣留在我心裡……。啊，太陽的光芒，不再照亮我，她不再照亮我的生命……」。

這支歌，我是那天聽會的。

女犯搬家前的這段小插曲，後來敷演成一段戲劇，那是始料不及的。

第十九章 女犯中隊

三隊，是一座獨立的小山堡，牢房修在山頂上，圍牆修在山腳下，像長裙底部的一圈花邊。

託戰犯的福，三隊比四隊漂亮很多。監房是個四合院式的建築，三面平房，一堵厚牆，中間是天井。天井中部有個滴水無存盛滿枯枝敗葉圓形的「水池」，噴泉在戰犯搬走之後便永遠關閉。水池周圍種滿花草雜樹，曇花、茉莉花、玫瑰等。監房外面有花台環繞，四周坡下是一片整齊蔥鬱的葡萄園，要不是晚上牢門緊鎖，一長排大馬桶威武地沿牆而立，這裡是我「解放」後住過的環境最好的地方。

從監房大門出來，是個只有一個籃板的籃球場，它徒有虛名，幾乎沒有女犯打籃球，是出工集合、排隊拿飯、開會聽報告的場地。球場右邊是絕對的權威之地——廚房，隨著「自然災害到此為止」，從裡面抬出來的飯菜定量一針尖一針尖地增加，通常情況下，一週可以吃到一次大肉一次小肉。對於「自然災害」的過來人，肚皮永遠是空空的，增加永遠是不夠的。球場對面是隊部，比我們高出若干米，上去要跨八步台階。工具房、廁所、洗澡處、涼衣壩都在左邊坡底下，石級破敗陡峭，上下必須嚴加小心。

這裡沒有男犯們飢渴眼光織成的網，女犯，特別是年輕女犯，不再時時處處被「網」跘住，倒也清淨自在了不少。只是地勢高出一般，睜開眼睛就面臨「山頂」到「山腳」，「山腳」到「山頂」的奔忙。擠乾淨屎尿，搶拿或者歸還籮筐扁擔，出工收工等，比過去多費不少腳勁，多付出不少卡路里。

更大的問題是水，此地真到了「滴水貴如油」的程度。特別是夏天，自來水管經常流不出耗子尿，修了個偌大的水池，龍頭大開，還是像個「睜眼瞎」流不出水來。夏天水要定量，我們一天發三大瓢，早上一瓢，洗臉刷牙洗碗；下午收工回來發兩瓢，洗頭洗澡洗衣服。

現實把我們每個人都訓練成節水能手，創造出節水奇蹟。生活裡有諸多濃縮的東西，濃縮魚肝油、濃縮食品、濃縮放射性鈾等等。其實，水也可以濃縮，八盆水才能洗淨的東西，用三盆就辦到了，這不等於水被濃縮了嗎？濃縮的原則是，在沒有用盡每一滴水的乾淨之前絕不允許它流走：水從頭頂澆下去，流過頭髮軀體流過大腿腳尖，除非它已經成了黑泥漿，否則，人站在臉盆裡把水接住，再次使用，再次使用。這樣，三瓢水，洗臉刷牙洗碗洗頭洗澡洗衣服，該洗的都洗了，不是享用了濃縮水是什麼？

由於水有限量，派了個「水官」專門管理。羅祥鳳，二十九歲，一個除了自己名字並不識更多方塊字的瘦農民。沒飯開鍋，肚子造反，和幾個農民組織「反革命集團」，個個都有官銜，她當選為婦女部長，判刑十八年。如果水缺得不多，由她和廚房抽出的人去四隊附近的坎下一挑一挑擔水回三隊，要是缺得多，那就要派到我們的頭上。

有一次打牙祭，每人八兩罐罐肉，比最多的一次還多三兩，我們的眼睛都高興得光芒四射了。顏色亮麗的紅燒肉，味道濃重，油水豐腴，看見它，五個腳趾拇都興奮得大大張開，吃著它，全身上下骨頭酥鬆散架，加上三兩罐罐飯，一碗南瓜湯，每個人肚子脹得眨眼睛都要請人幫忙了。

搬到三隊之後，小組清一色的反革命，組長由歷史反革命徐靖華當，我是學習記錄。除了每晚學習兩小時，每週七天從不間斷外，又加了個「打梅花」的新花樣。學習結束前十分鐘，每人依次檢查當天有無過錯是否犯了監規，先自報，再由大家提。無則過關得梅花，有則記錄在案得叉叉，給我們增加了一些爭吵喧鬧的理由。

那天學習開始不久，我被隊長點名，同其他五個人一起去擔水。

這一趟可不近，爬坡上坎來回一次得半個多小時，兩個桶恨不能摁緊摁緊裝，裝到桶沿。接滿了水，我蹲下來把扁擔扛在肩上，剛剛撐起這一百二十斤重的水桶，人給壓矮了，可先前吃下肚的油水突然全部冒到嘴裡要流出來了，我趕緊把它們吞回去。一路上潑潑灑灑地，一共跑了四趟，褲子鞋子淋得透濕。

半夜，一陣惡心胸悶把我弄醒，我想嘔吐。油水幾次湧到嘴裡，幾次被我強力嚥回去，我不捨得浪費這些寶貴的油水，來之不易的營養。夏天，房間裡太悶，我起床到階沿口歇涼，習習微風，平息了胃部的翻湧，我舒服了一點。

這時，徐銀珍也來了，像它鄉遇故友，她滿面笑容地朝我走來。「嗨，齊家貞，你也在這裡呀！」我示意她小聲點：「肚子不舒服。」她用拳頭揉我的背頸，大笑道：「你好哈（傻）嘛，那麼肥的肉一頓就吃了，我留一半第二天吃。」

徐銀珍在學習會上發言，拖聲拖氣，語無倫次，缺頭少尾，一會說毛，一會說水，天一下地一下，很難理解這種人怎麼當了反革命。可現在，她頭腦清醒健全，講的話全能聽懂。

徐銀珍告訴我她天天晚上睡不著，常常一個人出來在外面坐，想念她娃兒想念家。

突然，她指著天花板喊：「喂，齊家貞你看，四腳蛇媽媽背起她的娃兒出來轉街耍了。」真的，一隻大四腳蛇馱著個小四腳蛇從天花板上迅速穿過。徐銀珍不無羨慕地回憶：「我也愛帶我的三個娃兒出去耍，小的那個背在背上。曉得格老子，他三個現在啷個了喲。」接下來就是一串媽天娘地有葷有素的謾罵，間或夾帶共產黨幾個字。我叫她不要觖（罵）了，回去睡，免得別個聽見。

我感到胃已經平靜不少，估計肚子裡面的油水可以保得住了，打算回房睡覺。可是徐銀珍攔住我不准走：「哎呀，齊家貞，你聽我說嘛。」她用手比劃著：「你看，……水從這裡流下來，大拇指像這樣拿，把毛夾緊，用繩子捆成一紮一紮的，踩平……」。起初，我對她講的話仍然不得要領，但是通過她熟練的煞有介事的「操作」，我明白了原來她過去是個豬鬃清洗工。把從脊背上拔下來的豬毛用水反覆清洗漂淨，按質量和長短梳理成紮，供應國內市場還能出口國外。她當時三十六歲，從十幾歲起幹了二十多年，因為長期踩豬毛，她的兩個大拇指也踩成方形，像兩塊麻將，其他的指頭也多數沒有指尖。徐銀珍「表演」洗毛踩毛時，眼睛像點燃了的蠟燭，一下子亮起來，充滿了熱情和喜悅，知道我聽懂了她的話，高興地用她的肩頭推搡我的肩頭。然後，孩子似的嘟著嘴，用放嗲的聲調求我：「齊家貞，謝謝你嘛，請你跟他們說，放我回去上班嘛，這裡做的事，我點都不喜歡。」我答道：「莫亂扯，我也是個犯人，我對他們說放你，他們就放你呀！」徐銀珍歪著腦袋繼續求道：「你是個犯人嘛，跟我不同，隊長喜歡你啥。」直到她後來調走，我和她同組兩年，除了聽她講豬毛、娃兒、罵人和一些聽不懂的話之外，壓根兒就探不出她這五年反革命是怎麼得來的，除非就是因為她喜歡亂罵，相信她自己也是莫明其妙。

自那晚以後，徐銀珍經常用抱怨的眼神看我，笑著衝我說：「你嘛……，」她欲語還休，後面的話唏哩糊塗的又聽不懂了。我知道，她是責怪我不替她說情。

我擺脫她的糾纏進去睡了，明天還要勞動。

第二天，我無法勞動，肚子絞痛，上廁所拉稀，剛剛站起來又要蹲下去，純粹的水瀉。雙眼落到洞裡去了，肚子脹得要爆，為了搶救那點營養，三天沒有進食，和夏樹屏在看守所那次遭遇差不多。經常是「買了相應（便宜）柴，燒了夾底鍋」，我一輩子都在幹這種「勾當」。

在打包組做事，一碰就是一百斤。又因為年輕，時常被抽調出去，為監內修圍牆建廠房，有時到河邊擔沙，擔鵝卵石，篩運煤灰等。我是三隊的強勞動力。

第一次去「重慶裕華紗廠」後門挑煤灰，站在坡頂往下看，那無窮無盡的石級通到谷底變成一個點，我頭昏目眩，嚇得出不了氣，一生中從來沒有見過這麼長的坡。我們得挑著重擔從坡底的「點」開始，一步一撐擔到我站的腳下。我不相信自己可以勝任。但是，人的耐受力其實也是無窮無盡的，突破之後還能突破。火辣辣的太陽當頭照，每天跑三趟（上午二，下午一），每週六天，臭汗把衣服浸得可以擰出水來，齊家貞還是沒有死。後來想想，過去的坡多數是之字形，之來之去不亮底，騙著你往前走，裕華紗廠的那條坡誠實，直挺挺睡在那裡一望而知，只不過看起來嚇人。

為了對付汗水，每個人都專門備有挑抬穿的「勞保服」，當然是最破爛最吸水的那種。我的那件已經補了又補，疤上重疤，看不到本譜，幾乎成為夾衣了。由於衣服越補越小，補丁顏色各異，最後，「勞保服」竟出落成一件色彩斑斕，小巧精緻的裙衫了。穿著它，我自在而大方，有美麗的叫化子的感覺。中午一個多小時的午睡時間，我隨便找一件乾衣服把黏糊糊的身子裹住，同時把吸足我臭汗的「裙衫」鋪在噴水池邊上曬太陽，下午起床後，它添上無數的鹽霜，變得盔甲一般堅硬，又陪我出征了。收工回來，用「濃縮水」把它洗乾淨，第二天又穿，這叫「等乾衣服」。

就像濃縮餅乾通常情況下滿足不了人們對食物的要求一樣，「濃縮水」是洗不乾淨衣服的。這只是一場你哄它，它哄你的遊戲。一件被汗水反覆浸泡之後，每次都沒有洗乾淨，每次都留下一些汗漬的衣服，日積月累，它就變成為「陳年老廁所」了，不斷散發出刺得鼻子發痛不敢呼吸，刺得眼睛發脹睜不開的阿摩尼亞臭氣。這不是一般所謂的狐臭，也不是一般的汗臭，而是強烈的高濃度的尿臭。人的身體上發出尿臭，心中是何等地惶亂羞愧呵。

在三隊待了近七年，夏季裡水的緊張從未緩解過，被蓋每年冬天水不定量了才洗一次，讀中學起就對「洗腳不如洗鋪蓋，洗鋪蓋不如翻轉來蓋」的主張並不反感的我，正是偷懶的最好藉口。在生活方面，我一貫很馬虎。但是，對於「老廁所」的感覺就別是一番滋味在心頭了。早上，剛穿上那件「勞保服」時，情況還騙得過去，但只要身上出了一點汗，好像一把火點燃，「老廁所」便開始發威，汗水出得越多，威風越大，阿摩利尼臭氣咄咄逼人，誰靠近誰倒楣。這種尿臭留給自己聞，尚能忍受，散發給別人分享，就深感丟臉了。有時候幹部走近我，找我有事，我拚命後退，深怕她聞到。

通過當犯人，我明白了汗就是尿，尿就是汗，濃度不同，出處相異而已。

對我而言，我才二十出頭，又生性大大咧咧不長腦筋，我不存在許多女犯常有的憂慮：怕丈夫離婚，擔心子女學壞，為年老刑長而悲觀，對外面花花世界難以割捨等等。我認罪，認為自己該坐牢，所以我一點不胡思亂想，把這裡當成沒有歸宿假的住讀學校。

我覺得最惱火最乏味最不想做而又必須裝成非常願意做的事情有一件，那就是每晚兩小時的政治學習。一年三百六十五天，天天照常，它像欲壑難填的餓鬼，需要犯人們不斷地餵飯餵飯，發言發言，犯人們像走馬燈，轉著輪子發，發一次轉到背後鬆口氣，眨個眼睛又輪上了。我是學習記錄，後來是組長兼記錄，別人不發，我要帶頭發，我鸚鵡學舌把報告裡聽懂的報紙上讀懂的，聽不懂讀不懂但是背下來了的，在學習會上嘰嘰呱呱當成是自己的發明。我們是各種反動勢力天然的同盟軍和社會基礎，我們有說不完的理由把自己同國際國內新的舊的老的少的反動派統統對號入座掛上鉤，批判臭罵自己曾經與他們裡應外合遙相呼應，以證明我們千真萬確是人民的敵人，不折不扣的反動派的走狗、幫凶、代理人。

這樣的話語，那怕講得再真誠再發自肺腑，天天講，一遍一遍重覆再重覆，三五個月七八個月之後，吐出來的詞冰冷無情味同嚼蠟，失去原有的意義，跟戴著眼罩推磨的驢子一樣，不折不扣的機器了。

其他犯人學習發言的壓力沒有我大，我被隊長「信任」，冠以「積極改造」的頭銜，像是受了大恩，要以實際行動回報。於是，「恩惠」變成一種奴役，一副枷鎖，由被迫開始，不知不覺地維持下去，終於自覺地跟著他們走了。

談論「吃」、談論「異性」，是監獄裡兩大永恆的主題，前者是感官口腹的需要，後者是情慾情感的飢渴，古今中外，概莫能外。對於三隊大多數女犯來說，與其說僅有的《重慶日報》、《紅旗雜誌》是精神糧食，不如說談論「打牙祭」、「耍男朋友」更有意思，「看電影」、「接見」也遠比精神糧食更有精神。特別是來自農村的犯人，大多數沒有文化，連自己為什麼進來都糊裡糊塗說不清楚，遑論發言講什麼世界形勢、國家大事。

那個煮小兒子吃，被大兒子檢舉的農婦，學習會上還在表示坐牢不划算，只吃了兒子的一隻手桿，別的部分還沒碰就遭抓走了。她告訴小組自己是判的兩年。宣判後，法官問她上訴不上訴。她答：「這麼大的年紀了，還上啥子樹喲。」後來瞭解到，她是判的死刑緩期兩年執行。

有的犯人能靠平時多聽，最後明白美帝蘇修是壞的，我們中國是好的，已經很是不錯。李素輝和吳蘭珍吵架，兩個人你罵我蘇修、南斯拉夫鐵托，我罵你美帝國主義蔣介石，雙方都很得意都很解氣。李素輝看上去很老，其實只有五十歲，有人說她是老妓女，判的十五年。一次看電影，她突然氣得發抖同另一個女犯吵起來，她說那人罵她是「騙客」，那人其實是在讀銀幕上寫的「影片未到，稍等片刻」。

吳蘭珍年近七十，滿頭銀絲，滿口無牙，面孔癟成彎彎月，但是性格急躁，說話陣仗很大，常常唾沫橫飛。一九六四年十月十六日中國爆炸了第一顆原子彈，每個犯人必須在學習會上發言表態，不用說，人人都說了「熱烈歡呼」、「英明偉大」之類相同的恭維話。吳蘭珍發言了，她筋板板地說：「圓子彈，圓子彈有啥子稀奇？」一言既出，語驚四座，還沒回過神，她接著說：「我看得多得很！」見她如此脫腔走板唱反調，我提醒她是不是弄錯了，你怎麼可能看見過原子彈？她怒不可遏地反駁道：「不是呀，那陣二十一兵工廠背後，把圓子彈一撮箕一撮箕往河裡頭倒，我親眼看到的。」文革時，讀報上的社論「魯迅兵團向何處去」，吳蘭珍生氣了，她憤憤不平地問道：「魯迅兵團想活出去！我吳蘭珍不想活出去？我看，哪個都想活出去。」

李恆芳，因一貫道判刑十五年，性格誠實溫順待人友好，對隊長言聽計從，勞動很捨得出力每年評為勞改積極分子，隊長指定她專門照料坐小監反改造分子的生活，開門倒馬桶，送飯放風等。報紙經常指出「解放軍久經考驗」，她數次發言說：「用酒精鍛煉過的『中國人民解放軍』是百戰百勝的。」

劉伯祥，序幕裡已經提到過，是一個精神和肉體均相當畸形的不幸的四十歲女人，五短身材，只有一點三米高。她身體前傾，屁股後翹，兩隻大腿緊緊並攏，膝蓋以下往外叉開，下半身像個倒寫的丫字。她臉龐瘦削，下巴特尖，一雙三角眼很小，又加內斜視（俗稱鬥雞眼），長得奇醜無比。她結過婚，剖腹產過一子。有人告訴我，她丈夫從農村來，比她年輕幾歲，是個健康的標準帥男人。

劉伯祥比我先來勞改隊，我們同組的七年裡，她從來沒有接過一次見，從來沒有收到過一封信，是個被徹底遺忘的人。當時，凡是結過婚坐牢的，無論是政治犯還是刑事犯，只要對方以「劃清界限」為由提出離婚，法院百分之一百照準，服刑一方只是被告知一聲了事。看來，已經生活在城市裡的劉伯祥的丈夫，對此關係早已畫上句號了。

劉伯祥從來不提個人感情和家庭私事，她似乎生活在上不沾天下不著地、無牽無掛獨自逍遙的天地裡。把她雞零狗碎半明不白的關於她犯罪的話拼湊起來，她是因為封建迷信拜菩薩並向他人宣講信教的好處被捕的，逮捕她的時候，她又石破天驚地呼了一句「打倒共產黨」的口號，被以反革命罪判刑十年。

劉伯祥異乎尋常地節儉，每月一元零花錢五角衛生費，她幾乎一分不花全部存在事務長那裡。草紙撿舊煙盒廢紙片權當，一塊灰黑色的舊布片是她的洗臉帕，她唯一一次奢侈的舉動是購買了兩塊綠葉牌香皂，但是她根本不捨得用，而是拿一塊大手絹仔細包牢後吊在褲腰前，一來香氣壓邪，二來隨身保險。她屬於隊上老弱病殘組，只做一些純屬無事找事打磨時光的勞動。那時候，他們正在捶黃沙，把結構鬆散的黃石，拍打成建築用的黃沙。她坐在地上，那坨香皂正好擺在她兩腿之間。樊雲軒打趣說：「劉伯祥，你啷個長了個氣包卵喲，趕快跟隊長報告，把你調到男隊去。」劉伯祥的粑粑沒得烙糊了的，答道：「你沒想，該把你樊雲軒弄到男隊去，那裡需要你做種！」劉伯祥還花過一角錢買了個小方鏡，滿意地把她的尊容照上照下。何應秀開玩笑：「喂，劉伯祥，看你照得這麼安逸，借給我照一下嘛。」劉答道：「你沒想，這是我買的。借給你，五分錢一回消磨費。」

劉伯祥從來不鬧水荒，下午收工回來，她經常只要一瓢水，因為她洗澡洗頭不用肥皂，只讓水在頭上身上過個路。不管髒衣服有多油，她揉進盆裡吃一下水晾乾又穿。她走過的地方，風都要臭一陣，我們對此忍無可忍。有一次，決定整治她一下，同廚房和發水員商量好後，何應秀、何良芬負責搬來一個大腳盒，挑來冷水熱水和好，我設法把劉伯祥哄騙到我們的露天浴場——晾衣壩，廁所只能容納十來個人洗澡。萬事俱備，便一齊下手剝光她的衣褲，原形畢露的劉伯祥來不及弄清出了什麼事，已經像小孩一樣被抱進腳盆，澆水把她頭髮和全身淋得透濕。我們不顧劉伯祥憤怒的抗議，把她的「氣包卵」取出一塊，使勁地抹遍她的頭髮和全身，再把衣褲打濕鋪在石板地上，狠狠地把香皂抹夠。然後，三個青年人在劉伯祥「打短命」、「死得嫩蒜」、「三輩人活六十歲還嫌命長」的詛咒聲中揚長而去，後事拜託她自己完成了。

我們滿懷喜悅地抄著手站在坡頂上觀看劉伯祥，她先心痛地檢視了一下只剩下小半塊的香皂，然後非常認真甚至享受地洗頭洗澡洗衣服。大功告成後，組上的人說：「劉伯祥，你今天好香呀，你的老公帶著兒子要來接見嗎？」她彎起手指戳向大家：「沒有想，你們每個人都不得好死。」

晚上學習，劉伯祥的三角眼沒神了，好像被膠水黏住，艱難地掰不開。旁邊的人提醒她莫打瞌睡，她費勁地睜開眼皮四下尋找。問：「哪個？哪個在啄瞌睡？」「就是你，劉伯祥。」「就是你，你一貫啄瞌睡。」她反擊。有一次，她急了，嫁禍於人：「你沒想，我沒有。是，釋，釋龍妙在啄。」矮胖的阿彌陀佛釋龍妙六七十歲了，偶爾點頭啄腦地在學習會上背幾句言，多數時間也是睡意朦朧，拚命與眼睛閉作鬥爭。但此次她眼睛是睜開的，她問道：「咦？劉伯祥，我沒有惹你喲。」劉伯祥打了個退堂鼓：「你沒想，啄瞌睡是胎中帶。」

劉伯祥破天荒地在學習會上發過一次言，空前絕後的一次。那天，不曉得是哪河水發了，劉伯祥自告奮勇地衝出一句：「我來發個言。」我們幾乎要鼓起掌來。說句老實話，組上如果沒有劉伯祥，我們的勞改生活不知會多麼加倍地暗淡無光，她可愛的醜態百出，給我們枯燥無聊的勞改生活憑添幾點笑料。

大概是不習慣在大庭廣眾前（儘管只有二十來人）一本正經地發言，她細弱的聲音顫抖著，她說：「這個，這個……」，好像火車「撲哧，撲哧」冒出許多蒸氣之後，才開始啟動，劉伯祥說了一連串「這個」之後，才出了下文。「我一個人住的小房間，說它小，還是有點寬敞。我存了好多年喲，才存了五匹窄布，一大罐紅糖，怕有十斤。」她是講她年輕時住在鄉下的故事。「那個晚上，聽見外頭鬧哄哄的，越鬧越凶，我想，我想莫不是，這個，這個……，突然，有人敲門，敲得很重，我坐在床上，沒有來得及起來，門就遭踢開了，三個男人衝進來，還有一個舉起火把站在門口。不等他們開腔，我趕緊把鑰匙從衣襟上取下來，」說到這裡，劉伯祥舉起右手，手上好像捏了一串鑰匙，接著道：「我說，『先生，鑰匙在這裡的！』他們打開櫃子，把鋪蓋、衣服，還有那幾匹布和那罐糖都拿走了。」她嘆了口氣，歇一下，好像講起來很累，「第二天打開大門一看，一條街都是羊子屙的疙瘩屎。棒老二（強盜）挨家挨戶搶的。」羊子屎的意思是說強盜什麼都不放過，搶了農民的羊，羊被嚇得一路拉屎。她結結巴巴說下去：「我啷個，啷個沒有想起送幾斤紅糖給我的母親，不說五斤，四斤也好嘛，窄布也可以送兩匹，這個，這個，母親養育之恩嘛。唉，唉。」她停下來，三角眼望著夜空，像是透過時間的霧又看到了舊時的那一幕。大家以為她的發言到此為止，其實，她的思緒在「快進」，她突然轉了個話題說：「這個，這個……。有一次，他買了一雙女式皮鞋回來，」這是在講她丈夫進城之後的事情了，「我好開心，結果一看，是一雙三十六碼的，我對他說『噢，噢，你莫要涮罈子（開玩笑）喲。』唉，夫妻本是同林鳥，大難臨頭各自飛。」這是指她丈夫買的鞋子是給另外一個女人的，劉伯祥只能穿兒童鞋，最多不超過三十三碼。她的發言雖然與政治學習挖犯罪思想根源毫不相關，但因為是她第一次僅有的一次，而且內容新鮮奇特，大家聽得很入神，特別是那聲顫抖抖的「先生，鑰匙在這裡的」和「莫要涮罈子喲」，我們學她的腔調用來開她的玩笑，叫化子撿到一句話，三年都放不下。

有一件事情，劉伯祥從來不「涮罈子」，她明白無誤堅定不移從來不曾改過口，那就是對她所謂的反革命罪行，絕不認帳，她千篇一律的答覆是「醉（罪）？酒都沒有喝，啷個會醉？」

每年，每個犯人必須寫年終總結，從國際形勢大好到國內形勢大好到監內形勢大好，從帝國主義一天天爛下去我們一天天好起來，到自己的罪大惡極，深挖犯罪本質到改造的收獲進步，不足過失缺點錯誤新罪，新一年的決心計劃等等。劉伯祥不必為這種監獄裡的新八股費力費心，她不喝酒不醉，但終日瘋瘋傻傻顛顛咚咚，隊長的話她從來不聽，從未寫過年終總結，是四川省二監少有的漏網派。

只有一次，劉伯祥問我要了一張紙，借了一支筆，工工整整大大個個地寫了她的不落俗套的年終總結。前面是「人非聖賢，焉能無過」八個大字，下面由「我們熱愛和平」作結尾，然後是劉伯祥簽字，在小組裡引起轟動。何應秀說：「看你不出，劉伯祥，你茅草底下蓋瓦——有才（財）不露耶。」

想不到劉伯祥以長期「拒不認罪裝瘋賣傻抗拒改造」為由，於六五年初被加刑五年。在監內召開的宣判大會上，叫到劉伯祥的名字，她從坐位上站起來，遲疑了一下，然後從容地一搖一拐地走到前面接下了那張沉重的紙。那個晚上，她坐在台階角一個人詠氣。樊雲軒喚她回房睡覺：「劉伯祥，你要吸取教訓，看你不認罪結果遭加了五年刑。」還是那句不變的答話：「沒有喝酒，哪裡會醉？」樊說：「沒得罪，那張紙寫的是啥子？」劉答：「你沒想，那是紅契大約，我沒有承認。」

六五年夏末，「苗溪茶場」需要勞動力，從三隊接收一批犯人走，隊長選出一百餘名需要的女犯留下，送走的一百多人多數是所謂表現不好、老弱病殘者，脫禍求財。那天清晨，隊長把留下的犯人帶到很遠的地方勞動，天色很暗才返回。可是雙方的甄選交接工作尚未完成，便讓我們躲在三隊旁邊的磚廠棚裡，免得兩相比較之下，對方要把我們拿走。回隊以後，人少了一半，行李已經搬走，四處空空蕩蕩冷冷清清的。突然，劉伯祥像蚱蜢似地從暗處蹦了出來，咦，她怎麼沒有被處理掉？

那天，劉伯祥作了一次她一生中最出色最有成就的答對。

桌前坐著苗溪和三隊的幹部，共同把名單上的女犯一個一個叫進房間，過目查問交接。

劉伯祥手短腳短性格疲遢，言行舉止永遠保持一種不受干擾不慌不忙的風度，遇上有急事催促，讓她走快點，起步跑。她答：「你忙我不忙，到時一齊黃。」弄得人又想發脾氣又想笑。可是當她自己高興時，偶爾她會跑跳飛躍一下。她雙手後伸，像小雞張開翅膀，然後微微向上，劃動幾下，飛了過去。過去之後，「翅膀」隨慣性蕩漾數次才收住，動作優美瀟灑，神情怡然自得。據留在隊上的廚房犯人告訴我，在隊長喊到劉伯祥名字的時候，她很快樂，就是這樣優美瀟灑地飛躍進門檻的。

苗溪隊長問：「你叫啥仔名字？」劉伯祥準確地作了回答。再問：「犯的啥仔罪？」「這個，這個，」劉伯祥有點猶豫了，接著趕緊答道：「他，他們說我是反革命。」三隊張國玲隊長插嘴道：「劉伯祥，你還在扯拐呀？」劉伯祥的三角眼笑了笑不說話。苗溪隊長接著問：「判的幾年刑期？」劉伯祥回答：「十年。」馬上又大聲補充道：「我提都提前完成了！」張隊長知道這個「貨」推銷不出去了，生氣地說：「滾滾滾，劉伯祥滾出去！」她大搖大擺地滾了出來，沒有去成苗溪。這應當是件好事，後來有人報導，苗溪茶場苦得很。

當然，劉伯祥最後還是離開了三隊，那是同我和所有的女犯還有女就業員一起去了「墊江東印農場」。在那裡，劉伯祥完成了「紅契大約」上超額的五年，刑滿後沒有家人接收她，在農場就了業。

劉伯祥生病一貫不肯吃藥，不知道是不是與她信教有關。在三隊時，一旦生病，她唯一的要求不是藥，而是醫生，她要求犯人醫生陸雯燕到房間看她。漂亮的陸雯燕坐在她床邊，溫柔地握住她的手，劉伯祥臉上泛起一片滿足的光輝，好像分享到陸醫生的美麗，她的病無影無蹤了。大家開玩笑說陸雯燕是她的「小圈」（好朋友）。去東印農場留隊後，她又同早已滿刑的陸雯燕相遇。一次，因蛔蟲鑽膽手術後，劉伯祥拒絕同醫生配合，扯掉輸液管，傷口崩裂死亡。這次，她是否握著陸雯燕的手走她的路，不得而知。這個最愛以死咒人，最怕別人詛咒她死的劉伯祥，最終，自己結束了自己。

鄭明秀也被調去苗溪了，她是我到勞改隊近一年之後送來三隊的。不像她在看守所講「說得脫，走得脫」，這次她沒有走脫，以偷竊罪被判了五年。不過，我相信，如果她不使用她教給我的諸如「問你解放碑，絕不提上清寺」，「嘴硬當三副錠子（拳頭）」之類的法寶，相信會判得長得多。來三隊的第一天，她便聲稱雙目失明，無法參加勞動，整日像和尚盤腿坐在床上，口中唸唸有詞：「瞎子等天亮，天亮是一樣。」我明白她這話的言外之意。有人揭發，說是看見她把一根麵條直撐撐地裝進小瓶子裡，說她是裝瞎，她不理會，照樣雙目失明，照樣唸「經」。後來編入老弱病殘，牽到磚場踩黃泥，這次被處理到苗溪。在三隊，我沒有同她講過話，一來不同組，二來她膽子太大，說了話可以不認帳，而我做不到，不如不聽為妙。可是，鄭明秀對我的友好與信任，我終生不忘，她唸「經」的勇氣，我由衷地敬佩。我甚至希望，有一天我回國與她再相逢，我們可以暢所欲言，不擔心我會被迫出賣她了。

與劉伯祥同時被加刑的，還有一個女犯叫曹仲瓊，自然災害時因所謂投機倒把（其實就是做生意）判刑四年，聽說她丈夫也在二監坐牢。她因為在枕頭上繡了一隻螃蟹和「但將冷眼觀螃蟹，看你橫行到幾時」的話，被加刑八年，罪名是在枕頭上繡反動標語，對共產黨刻骨仇恨，妄圖變天復辟。俗話說「說話莫詳，屙屎莫嚐」，一碗白水，要是深究，也可以究出無數名堂。二十八歲的曹仲瓊說，她沒有多想，只是枕頭套需要繡點東西在上面，她選上了這幅詩配畫。

不久，又宣佈了給長期關押在小監房的張玉書加刑。張玉書沒有享受到像劉伯祥、曹仲瓊那樣高規格的待遇，沒有召開全監大會拉出「抗拒改造，死路一條」的大橫幅，只在一個月黑風清的夜晚，讓三隊女犯在籃球場集合，把張玉書從小監房叫出來，由法院派來的人宣讀加刑判決書。不知是這個官員看不清紙上的字，還是紙上本來就寫錯了，他宣讀「犯人張玉書，男」，相信所有在場的女犯都嚇了一跳，在女隊關了近八年的張玉書，怎麼突然間變成了男人？在場的隊長或許根本沒聽見，或許認為點穿了反而出洋相，沒有人出面糾正。加張玉書八年刑的判決讀完了，我還沒有聽懂究竟是什麼理由。一片靜寂中張玉書攤開雙手響亮地發問：「還有說的沒得？」口氣像是有人在麻煩她辦事，無人答理。她說「好嘛，那我就回家去了。」

我到四隊時，六十多歲的張玉書已經關在小監房裡了，據說她是反革命，具體幹了什麼，多長刑期，為何進小監，無人對我提及。如果只看她白淨細潤的皮膚和好看文雅的五官，會以為她曾經是個教書匠，實際上她過去是接骨逗榫賣草藥的。她把稀疏的白髮在頭後挽個小髻，幾乎無齒，嘴特癟，下巴往前衝，整體而言看上去挺順眼，年輕時準定是個標致的女人。平時她在小監房裡不言不語，偶爾唱兩句戲才想起有個張玉書在那裡。

一次，李恆芳放她出來倒馬桶，張玉書一溜煙衝到天井，正好我走過。冷不防她一隻腳對著我踢過來，來不及躲閃，她已經完成了一個利索漂亮的「提腿」——把腳板勾成鋤頭狀，踢過頭頂，膝蓋僵直，腿和身體幾乎貼在一起了。一個老女人，在兩平米的小房間裡關了這麼久，骨頭都關硬了，她卻有這樣的功夫，令人咋舌。搞跌打損傷行道的人都習武功，看來張玉書從小受過專門訓練。我看呆了，站著不動。張玉書把一隻手提著的馬桶朝我襲來，我嚇得直退，心想，今天要「發財」了。豈知，馬桶在她手裡像個玩具，她的手輕輕一抽，馬桶便收了回去，「財喜」一點沒有蕩出來。她得意地嘿嘿笑，拐著纏過之後鬆了綁的解放腳走了。

第二次，我碰到她，她一步攔住我說：「哎呀，小姐，大事不好了，我們的國家要滅亡啦。」她講的話很可怕，被人聽見，我也脫不了手，正想趕快走開，她翻開手上拿的一本「犯人監視守則」，拍拍上面的一頁，塞過來硬要我看：「妹兒，你好生讀一下，上面寫的是些啥仔喲。」我覺得她是個瘋子在說瘋話，但是，遠遠談不上反動。這次，她為什麼會被加刑八年，實在叫人費思解。唯一能夠解釋的理由是上面認為她沒有按標準改造好，需要一張紙合法地不放她出去。這就是為什麼她的加刑不在全監公開宣佈，只是在三隊草草讀一遍——而且把「女」讀成「男」。當然，對三隊不少人也還有殺雞給猴子看的作用。

「猴子」照樣過猴子的日子，其中有人還是要變成「雞」挨刀。

時光很廉價，它走得太慢，快樂很稀少，它關在大門外。可是，物換星移，歲月流逝，扳著指頭算刑期，它沒有一天比一天多，於是乎心定。日子呆板滯重死水一潭，不絕如縷地吊著一口氣，有一口氣就是活著，活著，笑聲和眼淚便相依相伴。

來了一個滿臉長疙瘩，滿身長蝨子的農村老太婆，她腳不住手不停地全身亂抓，說是「癢得鑽心」。我飛跑到事務長處為她領了一套勞改服，大號衣褲遮不住她的長手長腳。滾水燙過的髒衣褲，面上浮一層蝨子的屍體，解下的褲腰帶，上面重重疊疊擠滿了蝨子，只好扔進火堆裡燒，嗶嗶啵啵的爆炸聲令人心驚肉跳，真是蔚為奇觀。「怪不得你瘦得皮包骨頭，哪個叫你養了這麼多自留牲口嘛」，一個犯人嘖嘖揶揄道。

當時正是收獲紅苕的季節，據說是大豐收，堆放成問題，糧店採取應急措施，改變四斤紅苕收一斤糧票的規定，只收錢不收糧。於是，犯人吃紅苕稀飯不定量，人人臉泛紅光，好像過節。這個農村老太婆碰上了好時光，她喜不自禁地說：「不曉得裡頭這麼好，五年刑滿了我要求不走。」來的第一頓晚餐，她敞開肚皮以驚人的速度一碗一碗把紅苕稀飯往肚子裡灌，直灌到眼睛翻白，腰杆像撐了根樁子彎不動，走路都費力了才放碗。有個犯人打趣道：「啊，你怕吃了石（十）碗喲（牲口吃石碗）。」她瞄了她一眼認真答道：「我搞忘數了。」

碰巧，當晚去五隊看電影，所有犯人齊齊整整坐在矮凳上，她像個臨產婦人無法折腰，電線杆似地站著展覽，還扭動身子唉喲連天地呻喚，引來無數男犯看稀奇。隊長只得把她帶去廁所，守在外面，讓她在裡面自由活動。

大約各隊都有類似的情況發生，上面派了個幹部來三隊訓話，他叫犯人不要傻吃傻脹，不要死吃硬脹，不要像五隊那個男犯脹死了不好做祭文。這番話把大家引得哈哈大笑，可憐的紅苕豐收的受害人，送了命還成為笑柄。相比之下，三隊出盡洋相的老太婆算是有節制的了。既然派專人來打招呼，說明敞開吃飯的好事將會持續一段時日，這使我們相當歡欣鼓舞。孰不知，脹死人的事沒有再發生，親愛的紅苕好景不常照樣收糧票，我們催肥後迅速長的膘，很快又垮了回去。

碰上下大雨起大霧的天氣，隊部怕有人趁機逃跑，通知我們不出工，這才真的是「形勢大好」，大家喜極欲狂，恨不能擊鼓歡慶。集中在飯堂學習，其實是集中在飯堂休息，一個人打開喉嚨哇哇念報，剩餘的腦袋自由思想：想情人、想孩子、想丈夫、想父母，想一切願意想的事情。

我環顧四周，劉伯祥大約是看見了她的兒子，滿臉慈容，滿含微笑；據說是國民黨老兵痞，一條腿拽著另一條腿走路的李桂京，打理完她兩個像防空洞一樣滾圓的鼻孔，眨動著她多褶的眼皮，大約正在檢閱她學習時經常提到的「軍事操練」；面帶佛相的嚴永德，戰犯王纘緒的二老婆，被撞破的額頭上貼了一塊紗布，正在傾聽她「汩汩」作響血液循環的聲音；陳小萍漂亮的正側面，明亮的大眼睛，鼻樑挺直唇線鮮明，深情的笑裡洋溢著期待——可有新的仰慕人……

窗外，帶給我們幸福的大雨還在落個不停，操場上濺起的水花爭先恐後變成一片蓋地薄霧；可憐的周身透濕的麻雀，與風雨飄搖裡的小樹有難同當；幾株貧血的玫瑰花兒，聳動著肩頭哭泣，花瓣像眼淚簌簌滾落……持槍的警衛從廚房繞出來擦過飯堂繞過去，高高在上的隊部俯視我們每個犯人。

來了個粉白皮膚，長得好嫩蒜的新犯，為何當了反革命；鑽進了一隻小貓四處尋找母奶，棉花搓成的奶頭，權可哄牠一陣，大家開心地圍觀，嘰嘰喳喳。一片豆瓣，小心翼翼地分三次咬開下飯，聞人貞牙齒的精細、筷子的靈巧，享受的獨特舉世無雙。鄭業芳哭著衝過人群高聲喊叫：「我遭瘋狗咬了一口！」原來是廖汝秀湊近她的耳朵痛罵了她一句怪話。

頗有歷史劇裡巾幗英雄氣概、被大家乾脆叫為「穆桂英」的吳桂英，少管所長大，成人後轉來二監。身材細長，胸部豐滿，眼睛清澈，性格倔強。最大的特點是絕不告發人，事無鉅細，哪怕發生在她眼皮底下，她有勇氣說「不知道」，而且裝得很像。有一次，她吞下一個「小圈」遞給她的紙條，拒絕回答隊長的責問，進了小監。為了出來，她聲稱自己在發高燒，溫度表上的讀數是攝氏八十一度，陸雯燕嚇了一大跳，不明白為什麼她還在呼吸。原來是她把溫度計插進了剛到手的罐罐飯裡。大家對她的反改造行為「氣憤無比，嚴厲譴責」，可是心底裡卻忍不住要笑，覺得她調皮有趣得可以。

其實，我也有不少趣事，這是年輕人享有的特權，與時空無關。出監門挑東西，我指著一個姑娘說：「年輕的時候，我辮子就有她這麼長。」引來大家一陣哄笑：「你現在有多老？」我經常抱怨，「活了這麼久，為什麼還不滿三十歲？」又是一通笑罵。水火不留情，請了假放下挑子衝進廁所，大事不好，為什麼全部站著拉，狼狽地衝出來。到磚場勞動，唯一的勞保用品是一副遮灰的風鏡。為了縮短週期，隊上讓犯人在極高的溫度下出窯。兩個小組輪流上，戰鬥十五分鐘，人變成一根燒燙的鐵棒，出來休息，十五分鐘後「鐵棒」變涼了，再幹。「齊家貞，你看到我的風鏡沒有？」楊樹芳問我，「沒有」，我斬釘截鐵否認。「噢，在你腦殼上，你一個人戴了兩副。」休息時，我把風鏡推上額頭，開戰前，我順手牽羊戴了她的。還是這個楊樹芳：「齊家貞，昨天半夜你把我弄醒了，結果是你在摳我的腦殼。我坐起來了，你的手還在那裡摳。」睡夢中頭皮發癢，手竟摳到與我睡通鋪頭頂頭的楊樹芳的頭上去了。徐靖華說：「你的故事可以上笑話一百則。」

我一貫深惡痛絕有了丈夫又同別人私通的女人，包括從電影上認識的安娜・卡列尼娜。但是，對於這位個子高高，面貌清秀，沉默寡言，犯了與情人私奔殺人罪的楊樹芳，我卻怎麼也擺脫不了她是良家婦女的印象，一反常態從內心裡同情她。她出身貧下中農，愛上了地主的兒子，私奔時，被比自己大二十歲的復員軍人黨員丈夫阻擋，她的情人向他腰間戳了一刀，儘管傷勢不重，已經痊癒，地主兒子仍以反革命階級報復殺人罪，判處死刑。

臨刑提走前，地主兒子拉直嗓子一再喊話：「楊樹芳，你一定要把肚子裡我的兒子生下來！」她果真為他生了一個兒子，然後來這裡服她二十年徒刑。

文革前，隊長們帶我們三隊女犯去看過幾次男中隊的文娛表演，儘管內容都是「東風壓倒西風」、「帝修反一天天爛下去」等等老框框節目，我們還是看得興趣盎然。印象最深的是對口詞「大動蕩是大好事」，兩個男犯在舞臺上從這頭蹦到那頭不怕累，很有一翻上竄下跳興風作浪、不把世界搞個稀巴爛誓不罷休的勁頭。

我們也有一次被隊長安排去男隊表演，大家興奮地趕排了幾個節目，平時國慶、春節自演的那些水平太低，拿不出手。當時正值越戰，美國兵被我們中國犯人挖苦諷刺得一文不值，快板詞「豆腐將軍飯桶兵」，活報劇式的歌表演「美國使館挨炸」等等，還有些其他歌舞，很是「百花齊放」了一下。

臨去一隊前，我囑咐一個同我很要好的女犯，幫忙尋找我的父親坐在哪裡，我想看他。起初，我倆躲在後台，透過幕布上的孔隙在密密麻麻清一色的光頭裡尋找父親，一無所獲。上臺表演合唱時，我用眼睛四下掃描，也不見父親蹤影，心裡很納悶，要是他離開了省二監，母親接見時一定會告訴我。後來才知道，上面根本沒讓他來，因為我要表演。

記得當時，和與我共演「老倆口同年五十八」的女犯化妝的時候，為了增強效果，我拚命揚起眉毛，用毛筆把出現的皺紋填得粗粗長長的，遺憾的是，皺紋出現得很少，只好胡亂地在自己額頭上製造幾條。我倆互視，一個年輕的老公（我），一個年輕的老婆婆，兩人忍不住掩面大笑。

那個時候，我們是多麼年輕啊，監獄也窒息不了我們年輕的心。年輕的心，盛滿了單純與輕信，盛滿了歡樂與無知，對人間對人們充滿了善意與誠實，充滿了理解與寬宥，承受不了憤懣，容不進仇恨。年輕的心，是晨星，灑下第一線光明；年輕的心，是火炬，照亮黑夜的長路。我們不會像五十八歲那麼老，我們將永遠永遠年輕。

隊上的犯人，特別是年輕的，主要是刑事犯，都喜歡找我玩。儘管監規不允許犯人串組，由於我被安排做一些全中隊的事情，與各組常有聯繫，所以，他們總能找到機會同我說話。有時問幾個生字，有時講兩句笑話，有時只是笑臉相迎，打個招呼。有人哭泣，他們會到我的監房把我拉走，齊家貞十三年都不哭，你囚年有啥子理由哭。驚恐萬狀，發現一條小青蛇盤睡在汪能芳的枕頭下，快點把齊家貞喊來幫忙打，因為我有「打蛇呀，打蛇呀，蛇怕我們，我們不要怕蛇」，領導大家用扁擔打死一條大蛇的記錄。有人吵架不可開交，最方便的是找我去息怒評理，大家都接受。有人喜歡咬我的耳朵，說三道四，閒言雜語，「齊家貞的耳朵都聽起繭疤了」，有人認為。其實，這個耳朵進，那個耳朵出，最討厭說人長短，「來說是非者便是是非人」，我根本不聽。

沒有多餘的書報可念，我反覆背誦一紮撿到的殘破不堪的成語字典。

儘管，我像個負心郎，絕情地拋棄了我曾經愛過的和曾經擁有過的一切，我再沒有想起過居禮夫人，我再沒有想起過我的學校和書本，我再沒有想起過我的理想和夢，好像它們從來就不曾存在過。我驚異自己的背叛，驚異自己的墮落，但有一件事，它還活在我心裡，那就是畫美女。只要有時間，我全用在畫美女上了。在繪畫的時候，我已經忘記自己犯人的身份，忘記自己生活在監獄裡。那些正面的、側面的、長髮披肩的、捲髮飛揚的、深情含笑的、凝神沉思的，穿著不同的漂亮衣服，戴著各種項鏈的美女們，天使般地簇擁著我，我沉浸在無比的歡樂之中。

我還在鋼筆上用鋪蓋針刻女娃娃，刻好之後，從牆上刮一些石灰塗在上面，美麗的小天使就栩栩如生，躍然筆上了。

很快，許多女犯愛上了我的小天使，紛紛要求我為她們繪畫留念，有的人要我畫很多，接見時作為禮物送給家人。不少有鋼筆的，筆桿上也有我的作品。我來者不拒，拿起筆就畫，拿起針就刻，出在我的手上。十幾二十年以後，我舊友重訪，再次欣賞到被珍藏的我的舊作，她一位朋友在美女下寫了幾個字：「天真可愛的小女子，瞪著眼睛在想什麼？」我不得不為這些自己畫的天使的美麗俏皮、充滿情趣而贊嘆不已。

一天，張隊長把我叫到隊部，她開門見山地問：「齊家貞，你學過雕刻的呀？」我丈二金剛摸不著頭腦：「沒有呀！」她問：「那你啷個在鋼筆上刻娃兒。」原來如此，想起我的小天使，我像個充滿慈愛的母親，心裡樂融融的，趕忙介紹我九歲起養成的這個嗜好。她問；「那你的雕刀是哪裡來的？」我說：「我沒得雕刀，我是用針刻的。」她似乎不大相信，我幾乎想當場為她表演一番了。她沒再問，接著說：「不要忘記自己的身份，集中精力，加強改造。」

幸好我判決書上沒有一條偽刻公章罪，否則沒這麼輕巧。後來知道，有個女犯送鋼筆給家人，隊長發現上面刻的娃娃。

美麗的天使離我而去，我回到不美麗的現實。

第二十章
懺悔之心永無寧日

有一件事使我的靈魂深感不安，我永遠有揮之不去的內疚感，那就是我對監獄裡大力提倡的「檢舉揭發，立功贖罪」的響應。

「檢舉」這個東西自四九年「解放」以來，被推崇到了極至。爹媽大義滅親，子女舉報父母，丈夫揭發妻子，老婆交出丈夫的日記，親戚朋友同學同事鄰裡相識，彼此彙報，相互檢舉，人人當特務，人人被特務監視，人人自危，人人施虐。大家奉行不渝，習以為常。

我家自「解放」開始，一直處於被監視被審查被彙報的地位，那不是人過的日子。這種以眼耳鼻嘴感官領先，摻雜進去各自大腦的猜測想像臆斷以及個體的心性品德情感，盤根錯節形成的監視網，極盡歪曲，能量空前，聞之喪膽。我個人作為孩子也難以倖免，稍不留意動輒得咎。小學，我被強迫檢舉父親貪污；高中，同班同學檢舉我講的悄悄話，同情坐過牢的父親；離開學校，我最好最敬重的朋友原來是特務（恕我留後記敘），專門派來檢舉我。一切都是這樣地見不得天日，暗中進行，人性扼殺道德淪喪。我深惡痛絕一切大大小小的檢舉，有話就說，有屁就放，不要背地裡整人。

坐牢之前，我沒有檢舉過一個人。

坐牢之後，我變了：看守所裡受審，我被迫出賣我的父親我的朋友——幾十年後，天津作家楊顯惠告訴我，「我一面看你的書，一面想，幸好當時我不認識齊家貞。不然，我也坐牢了。」

勞改隊勞改，我開始檢舉人，做自己曾經切齒痛恨的事情。

儘管我們可以為自己辯解，在監獄裡，個人無權選擇，一切都是強迫意志。然而，我們也不得不承認，具體落實到每一個人身上，個體人品的差異就顯露無遺，我們無法推諉自己個人的責任。吳桂英從來不檢舉人，胡薇薇寧願自己坐小監也不，她們為什麼能做到？之所以監內監外全國一盤棋的「檢舉機器」得以運轉，長盛不衰，難道不是由於有多不勝數的個人的投入？

我在揭發檢舉別人時，常常是啞巴吃湯圓，心裡有數——當然，無論如何，那只是五十步笑一百步罷了，參與了「檢舉機器」的運轉，手腳就不乾淨！

只對我一個人講過的話，無他人在場，我從來守口如瓶，不向隊長包括犯人透露。那位勇敢地向林方表達愛慕之意的馬麗清，滿刑前幾天拉著我去鍍鋅車間男犯的洗澡間洗澡。我不安地說：「不行，這個澡堂是專門給退火組男犯用的。」她說：「怕啥子，門一栓，哪個曉得裡頭是男是女。」比起平時在廁所裡一面緊張地洗澡一面擔心腳下有「地雷」，這裡的條件好多了。馬麗清手腳麻利地剝掉衣服，我第一次見到一雙如此美麗渾圓豐滿堅實的乳房，忍不住想讚美兩句。可是卻詞不達意地說：「你身上的肉好多呀！」她滿不在乎地答道：「吃了媽媽的飯，要長給媽媽看。」我問：「你馬上要滿刑回去看媽媽了，有些什麼收獲。」不料她扔出這樣一句話：「嘿，越改造越反動。」我吃一驚，改惡從善的地方，怎麼會越改造越反動，此話在當時聽來是很可怕的，大可以提著它去隊部立功。

陳本純以反革命造謠罪判刑五年，她是「解放」前老軍閥陳蘭亭的女兒，丈夫姓王，也在坐牢。五八年大躍進，毛澤東到「重慶鋼鐵廠」視察，重鋼選派技術最冒尖的她的丈夫向偉大領袖作煉鋼操作表演。把這個無上光榮的任務交給了他，他興奮到極點，也緊張到極點，結果表演失敗，被以反革命破壞生產罪判刑八年，在沙坪壩「新建機械廠」勞改，還是幹老本行煉鋼。

陳本純帶著兩個年幼的兒子探監，兒子奇怪父親為什麼戴頂帽子，大兒子順手把帽子揭掉，原來爸爸是個光頭。三歲的兒子拍手歡唱：「白沙，白沙，你啷個不開花？」五歲的兒子接唱：「光頭，光頭，你啷個不接（娶）愛人？」唱得他們的爸爸很尷尬。他語重心長地對妻子道：「本純啊，你一定要教育好他們，要不是因為你，因為兩個娃兒，我根本不想活了。好幾次面對火紅的鋼水，我恨不得跳下去算了。」他囑咐當時才二十四歲的陳本純：「你一定要守住感情，你要有個變化，我就完了。」

陳本純告訴我她丈夫長得一表人材，兩人感情誠篤，結婚當晚她喝醉了，丈夫沒有碰她。她說：「我在外頭，他坐牢，等到他快釋放回家，我又進了監牢。現在，可以放心了，我們是真正的患難夫妻了。」坐牢是罪有應得，哪裡能說是患難。已經建立起勞改話語系統的老犯齊家貞，提醒新犯陳本純說話要小心，莫再用「患難夫妻」之類的詞句了。我說：「你看你叉開嘴亂講話，啥子東西要漲價了，啥子東西又要憑票供應了，結果反革命造謠破壞罪挨了五年。鍋兒是鐵打的，你要汲取教訓。」

兩年半後，丈夫帶著兩個兒子來探陳本純的監。半夜，她把我弄醒，從蚊帳裡塞給我一個用大手帕包著的東西，那是她丈夫送來的，她演啞劇似地要我吃。我拚命表示不要，她扔下走了，我只好起床，把東西塞回她的蚊帳，她發現我開始生氣了，才沒有再堅持。和鄭明秀在看守所發生的一樣，我固執地認為，當犯人之後，如果連「吃」也要偷偷摸摸，這種人可憐得不要活了。

這些沒有第三者知道的事，永遠不會有第三者通過我知道。

這類的例子還很多。但也有例外，我主動檢舉過我們三隊的鄭明秀，把她在看守所對我講話的一部分寫成了檢舉，因為我不滿意她裝瞎。我還檢舉過獄外的朱文萓，說她想尋找在台灣農林部工作的父親和「解放」前與父親一起出走的哥哥，是為了報復她在公共汽車上那一聲令我傷心的「嘖」。當時，台灣同美國一樣，不要說那裡的人，連那裡的一草一木都是敵人——誰能料到，三十年後，我幫朱文萓託人在台灣打聽到她父兄的下落，儘管兩人都已亡故，但她幾十年的牽掛總算有了結果。

何應秀發現嚴永德在她自己的衣襟和毛巾上繡了個「王」字。這是在懷念她的討了四個老婆的軍閥丈夫王纘緒。一個軍伐男人討了四個女人已經令我火冒三丈，而當二老婆的嚴永德居然留戀這樣的「男人」，沒有志氣，給女人丟臉，令我更加瞧她不起。我把繡字的事報告了隊長，隊長要小組開會批判她。

小組發言熱烈，這個說「你的王纘緒五八年帶了大量剪報，划船偷渡去香港，打算叛國投敵。他自以為得計，正在鼓勵划船人加油，被海上邊防軍人當場抓獲。這麼大的事情，事前不同你商量？你是他最得寵的老婆，你還不過問？你一貫說王纘緒的事你一點都不曉得，要是這是真的，政府啷個會以反革命包庇罪判你十年？」那個講「你和王纘緒騎在人民頭上作威作福吃的是山珍海味，穿的是綾羅綢緞。你假惺惺地對我們說你和王纘緒最喜歡吃的東西是鴨腳板（紅苕藤葉子）煮稀飯。你想騙哪個？你這種人好虛偽。」我則主要批判嚴永德作為一個女人不自尊自愛，甘當小老婆至死不悟，提醒她厚顏無恥的反動感情只能招來滅頂之災等等。嚴永德坐在那裡，半瞇著眼睛，不改她佛似的面容。或許平靜表情的下面，她正咬緊牙關忍受「因為你被捕，所以你有罪」這種「媽生外婆」的推論，和使用不倫不類的「階級分析」中傷嚴永德私人的感情。

我還做過一件事，後悔莫及，我永遠不原諒自己。

歐文芳從我到二監起，一直在蹲小監，直到六五年尾放到我們小組裡。她長臉窄鼻，眼皮腫脹眼射兇光，個子特別高大，腰桿板直僵硬，她年約四十，是我們中隊唯一一個留披肩長髮的犯人，這在當時社會上也因太時髦而少見。有人說歐文芳原是「裕豐紗廠」的特務，是否因此入獄，無從查考。

度過十多年階下囚的日子，歐文芳身上仍有盛氣凌人的威風，不可靠近的芒刺，可以想像她當年是如何的不可一世。她從來不同小組的人講話，也根本不理睬「五固定」，想走就走，想來就來，害得她的「五固定」屁滾尿流地攆著跟她，因為一旦歐文芳出了事，要拿她前後的「五固定」是問。沒有人可以同她講理，一來她四季豆不進油鹽根本不聽，二來她講的話同她寫的文章一樣，沒人能懂。我經常在猜想，歐文芳可能自己發明了一套語言，我們聽不懂她，她也聽不懂我們。

她有時候也講話，同她身邊我們看不見的人，用我們聽不懂的語言聊天，時而還兩手攤開聳動肩頭爆發出由衷的大笑，「呵呵，呵呵」，只是她冰冷的眼睛笑的時候也不友好。我有點怕她，對她避之唯恐不及。

那年冬天，歐文芳用桃紅色的鋪蓋面子給自己做了一件新棉襖，完全不用剪刀，用牙齒咬，用手撕，看她瞪著眼睛咬緊牙關撕布的模樣，內心裡的無限恨意一目了然。新棉衣除了尺寸稍小，穿在身上有點緊繃外，整體看來很是像模像樣的。在穿藍黑色的犯人圈子裡，歐文芳的紅棉襖熠熠生輝，走到哪裡哪裡亮。

她大約是想借紅色除霉氣壓邪，但我更相信，歐文芳已經瘋了。

一天，隊長交給我三、四頁歐文芳寫的東西，要我翻譯。寫的是中文，卻要人用中文翻譯，這很費解。歐文芳的字寫得不算好也不算差，筆劃工整清晰，行矩合乎規格，也打有標點符號，每個字都認得，就是不懂她在講什麼。我遞給小組幾個識字的犯人傳看，大家都搖頭。

星期日，我坐下來靜讀，數遍之後豁然開通，吹糠見米，我讀懂了它。該文要不是有標點斷句，它簡直就是文字的隨機排列，不表達任何意思。原來，除了嚴重的信口開河文句不通外，它還夾雜著超乎尋常之多的錯別字、同音字、近形字，這就把本來一塌糊塗的文字攪和得更加難以辯讀了。

具體內容我已經記憶不清無法詳述，只講得出我當時的感覺。

總體而言，是歐文芳謳歌她的家鄉——大巴山。我從她寫的材料裡，第一次聽到大巴山這個地名。她用極其直白樸素的語言，描述了大巴山美麗如畫的景色，她家巨大的住宅和周圍的田園。記載了房間的佈局，傢俱的陳設，財產的豐厚，甚至帳房的帳本、記事簿都提及了。透過這幾張紙，我感到了這位大巴山的女兒對家鄉家庭家人的深情懷念，我見到了一個和我們平時認定的冷漠兇悍截然不同的歐文芳，一個充滿柔情和人性的女人。

外在表現與內裡真實竟然可以相差十萬八千里！

我把這幾張紙逐字「翻譯」出來，交去了隊部，當時我很為自己的「聰明」得意，也滿意自己沒有辜負隊長的信任。

但是，很快我就後悔了。根據她寫的情況，歐文芳的家庭可能是個大地主或者大官僚。一個在這種家庭長大的女兒，懷念她的家園把她的家產一一記在紙上，這就是不甘心失去了的天堂，就是變天帳，就是準備有朝一日反攻倒算。由於歐文芳平時絕不與人交談，也絕口不說有罪無罪之類的反動話，很難抓住她現行反改造的把柄。因此，這篇「翻譯」幾乎可以肯定會被上面作為她加刑的根據。

如果說另外什麼人被加刑，我報告隊長我寫過檢舉，那是因為她做的事講的話發生在大庭廣眾之中，人人皆知，大家都檢舉，我也「落井下石」「牆倒眾人推」，免得說我不靠攏政府，同情反改造。但是，歐文芳不同，這篇「翻譯」我本可以不費吹灰之力，撒一個天衣無縫的小謊：「我也看不懂」，何樂而不為呢。我幹麼要逞能出風頭，討好隊長，害了她也害自己。

歐文芳後來的情況，因為我離開了她不得而知，或許她並沒有公開加刑，但是一直關在牢裡。我對這篇「翻譯」始終耿耿於懷，每當回憶監獄裡的日子，它就跳將出來要我面對，我終生心無寧日。

對於監內像「吃香的，拉臭的」難以逃遁的「檢舉」，我的心被搓揉扭曲分裂。我但願自己是個逐漸成熟內心勇敢的人，在任何情況下，從來沒有幹過一件檢舉人的事情。

批判揭發別人是痛快淋漓的，別人批判揭發自己的時候感覺就截然不同了。每年的年終總結先在小組讀，然後大家七嘴八舌提優缺點。優點聽起來當然很滋心潤肺，多多益善。但缺點呢？「驕傲的尾巴翹得高，以為只有你一個人改造得好」、「還不是半夜吃桃子，按倒軟的捏，歐文芳你就不敢惹」、「認為隊長信任你，你就可以不遵守五固定，經常到處竄，跟別個小組的人說悄悄話……」，不一而足。不管話輕話重，事大事小，聽起來都感到刺耳。

六五年國慶節前監舍大搜查，所有女犯集中在外面操場聽讀報，我那天讀的是省公安廳專門給犯人辦的「新生報」。料不到我把「改惡從善」讀成了「改善從惡」。別的字可能讀錯，這個犯人的座右銘說過百遍千遍，彷彿和尚唸「阿彌陀佛」唸得順口順心，怎會出錯？我腦子從未閃過一次「改善從惡」的念頭，這個詞竟眼睜睜從我嘴裡吐了出來。寫檢查，受批判，怎麼也找不出讀錯的思想根源。要說是因為讀報不專心，思想開小差，一則這不是思想根源，二則這不合乎事實，因為我讀報一貫是一心二用，眼睛看報嘴巴讀，腦子自由地瞎轉悠，從未出過差錯。最後，熱心的徐靖華幫我找到了根子，她說我對改造成為新人的無產階級專政心存懷疑，說我初來勞改隊時看見裡面的人很復雜，擔心自己要學壞，「改善從惡」四個字就是這樣來的。

我真講過這話嗎？縱然講過，也並非很在意，轉身就忘得一乾二淨。徐靖華的說法我接受了，像是給年輕人配了副老花眼鏡，因為是「眼鏡」，所以就戴上了。這件事情算是過去，寫了檢查不再追究了。

從此以後，我對凡是「越南必敗，美帝必勝」、「打倒毛主席，劉少奇萬歲」、「敬祝偉大領袖毛主席無壽無疆」之類前後顛倒呼錯口號和筆誤寫了反標，受批判加刑的犯人以及被捕入獄的原「人民群眾」，我百分之百明白他們的無辜，既無作惡動機更不存在所謂的思想根源，這和跳舞專家該出左腳伸出了右腿，開幕典禮上司儀宣佈現在閉幕，五歲的孩子指著父親說「你是一隻披著羊皮的狼」，一樣無罪責可究。

最令我難忘的例子是一位姓石的小學教師，滿頭早白的頭髮，每一根都是為學生付出心血的見證。她正派忠厚，說話粗聲大氣，生性膽小怕事。五七年丈夫被打成右派，嚇得她趕緊離婚，不再「抱住階級敵人的大腿不放」。她把媽媽從鄉下接來同住，幫忙照看一雙小兒女，被指責為窩藏「逃亡地主」，只得把母親趕回農村，單身一人忙裡忙外。文革開始，她滿腔熱忱帶領學生上街宣傳，把「要文鬥，不要武鬥」領呼為「要武鬥，不要文鬥」。在兩派革命組織召開的千人大會上作檢討的時候，她又再次「放毒」，繼續鼓吹「要武鬥，不要文鬥」，與江青同志的偉大指示對抗到底。石老師說：「看見這麼多人在下面呼我的口號，要砸爛我的狗頭，我駭得魂不附體，再三囑付我自己，不要說錯了，不要說錯了，結果越怕越錯。」判決書上說她為右派丈夫和地主母親鳴不平，對社會主義有刻骨仇恨，以反革命造謠罪判刑十年。我經常見她眼睛紅紅的，我想，她一定因為想念兒女悄悄哭過很多。

我到勞改隊哭過三次，前兩次哭的理由不值一提。

第一次，是我剛來勞改隊不久，我們去二監大門口右側的堰塘清除塘底污泥。水已經吸乾，暴露出厚厚一層沼澤似的黑泥土，由女犯們一筐一筐抬到岸上。黏稠的污泥無處不在：籮筐裡外、繩索扁擔，弄得不好臉上身上全是。它還老是幫我脫鞋，我得不斷放下筐子拔上我淺幫網球鞋的鞋跟，又不敢打赤腳，怕玻璃之類的碎塊。同我連槓的耐心很好的吳來香，發現我抬的時候，身子老是往外躲，深怕沾上污泥，影響她不好走路。她忍不住說道：「齊家貞，你不要這樣怕髒怕累嘛！『裝龍像龍，裝虎像虎』，勞動就像個勞動的樣子。」她抱怨道：「真是的，變了泥鰍，還怕黃泥巴糊眼睛？」我覺得極其委曲，我不是怕髒怕累，是怕把媽咪才送來的一條新長褲弄髒了。我一聲不吭地哭起來，眼淚滴滴嗒嗒落個不停。吳來香覺得很奇怪，為這樣的小事傷大心。

還有一次，是在監內搞搬運，徐靖華走最前，我是最後。徐平時不出外勞動，留在隊上為幹部們編織毛衣，這個愜意的工作，使她長期養精蓄銳，可以臨時出來猛衝猛幹一天，大大積極表現一下，不擔心第二天爬不起來，我們則是天天擔抬，需要綿力堅持。由於徐靖華衝得太快，後面的趕不上，一個比一個掉得遠，隊伍像手風琴似地拉得很開，等到她放下挑子歇氣的時候，我們才由此及彼像手風琴似的一點一點閉攏。誰知，我剛放下挑子，氣沒歇一口，「手風琴」拉開，徐靖華又開始衝鋒了。我被她拖得皮耷嘴歪，最後吼開了：「啷個的喲，不要人歇氣嘛？」她在前面應回來：「勞動捨，是沒得那麼舒服喲。」「你的勞動才舒服」，我不示弱地回答。「莫要平時說得漂亮，具體幹的時候就退縮了。」這句話氣得我哭了起來，徐靖華眨巴著那雙經常害眼病，也經常沾著眼屎的眼睛，笑嘻嘻地對我說：「哭啥子喲，有則改之，無則加勉嘛！」她最大的特點，就是越生氣越笑，罵人的時候也是一張笑臉。我一面哭，一面小聲罵她「皮笑肉不笑」，「假惺惺的」。直到收工後，告了隊長，把上面兩句形容她的話又重覆了一遍，氣才消了下來。

徐靖華報告人檢舉人的本事超乎尋常，女中隊人人皆知。哪怕你講話嚴絲密縫無空子可鑽，你還是被她逮住，她「歪起屁股都要狙一剸（刺一針）」。徐靖華有特異功能，可以從普通正常的話語裡嗅出嚴重的反動思想，提著「反動思想」立即去隊部邀功圖賞了。可以說，如果我沒有進過勞改隊，我永遠不可能相信世界上居然有這種人存在！

徐靖華「解放」前是四川省某縣中學的國民黨童軍教官，她向特務上司揭發了該校教師駱雋文的真實身份——共產黨川東地下黨員，導致駱雋文被捕。一「解放」，徐靖華和駱雋文兩人均被關押，一個以歷史反革命論罪，一個反革命叛黨罪，均判無期徒刑，服刑十年後，又都被減為有期徒刑十五年，刑期從減刑之日算起，一對國民黨共產黨的難兄難弟。徐靖華、駱雋文教書的中學校長藍碧英受他倆牽連，分到歷史反革命八年刑期的「羹」，三個人都在省二監服刑，三個人都是省二監的知名人士。

徐靖華在小組眨巴她長期發炎的眼睛發言：「頭天晚上，我看見駱雋文和他的老婆手挽手走在街上，心想，你倆口子還親熱耶，明天就要拜拜了。」多年後，我與駱雋文均出獄了，成為忘年之交。他告訴我，被國民黨逮捕，他本來下定決心，一字不吐視死如歸。可是當老虎凳的磚頭一塊一塊加上去，真的要拿命交的時候，想起愛妻和一雙兒女，想起自己這麼年輕才二十多歲，他動搖了，留戀生命不想死了，堅持不住革命節操坦白交待了。他說他是被他上級吐的，他的上級又是被上級吐的，許多事國民黨早已掌握，不說沒辦法混過關。但他盡可能地保留了一些能夠保住的秘密。駱雋文的妻子同他離了婚，她曾把兒子扔在路邊，希望能被政治條件好的人家收養，誰知兩歲的兒子不見了媽媽大聲哭喊，她飛也似地從躲著的石頭背後跑出來，緊緊抱住兒子趕快回家。她離婚多年後仍然不改嫁，文革中被人指責「還在等待反革命丈夫」、「假離婚」，只得嫁了人。一雙兒女長大後，來監獄探望父親，悄悄對爸爸說：「媽媽的箱子底下有一張大相片，是你戴著方帽子照的。」駱雋文和他後來的妻子侯菁成為我最好的朋友，但是徐靖華卻完全相反。

徐靖華的虛偽令人極為反感，這個快四十歲的女人，喜歡裝笑臉，笑不出的時候她假笑乾笑，真笑的時候，看起來還是像假笑。她好像長著八隻眼睛，隨時在尋找窺探彙報立功的機會，挖空心思想減刑。最有名的例子是四隊時，男女犯住在一幢大樓裡。有一天下學習後回到寢室，女犯們亂嚷著在爭論什麼，一個女犯招呼道：「不要太鬧了，隔壁是男犯。」婁淑亭回答：「怕什麼，隔牆如隔山。」徐靖華馬上去隊部彙報了。她說：「偉大領袖毛主席在談到中國和阿爾巴尼亞的偉大友誼時說『中阿兩國遠隔千山萬水，但我們的心是連在一起的』，婁淑亭說『隔牆如隔山』，這是對毛主席這番話的惡毒攻擊。」這種任意聯想，牛嘴驢唇的分析，連幹部都感到好笑。我們經常見她站在隊部門口彙報事情，那怕是最風平浪靜的日子，她也有說不完的問題需要檢舉。

徐靖華在勞改隊數年後，又曾調回看守所一段時間，大約是有事情需要調查，與魏小薇關在一個牢房，管理員叫她倆縫補勞改服，吃三餐，兩個人都長得泡酥酥的像個大棉花包。她倆時常吵架吵得不可開交，劉管理員煩透了，當時，正好我也關在看守所，便叫我去幫忙評評理。我很不理解，這麼兩個快四十歲的成年人，怎麼會為生活小事弄成生冤家死對頭。徐靖華喜歡挑刺立功，隊長一開門，她便報告，什麼魏小薇用線不節省，補的疤質量不負責，又不虛心等等。魏小薇偏不信邪，是個牛角也要搬伸的角色，她說徐靖華無事生非，誇大其詞唯恐天下不亂，專整人，兩人就吵起來了。魏小薇告訴我，有一次徐靖華揭開馬桶，探頭查看魏的大便，以弄清她說的拉肚子是否確實。

後來，我進了勞改隊，徐靖華要一個農村婦女陶宗群在飯堂裡把褲子脫下，檢查她的月經是否真的來了。那個長滿蝨子喝紅苕稀飯出洋相的農村女人，被徐靖華卡住脖子把吃進嘴裡的東西吐出來，因為她違反監規，接受了一個吃不下飯的病人的饋贈。她同新來的犯人聊天，問長問短，勾引人講心裡話，然後跑隊部檢舉。她提別人意見，鬥爭人的時候非常嚴厲積極，但是生活考核時，她學習時間打了瞌睡，那怕有三人出面證實，她還說：「齊家貞，把它記錄下來，寫徐靖華本人沒有承認。」多數犯人恨她又畏懼她。但是，有的年輕犯人不睬禍事，惹氣了乾脆罵她「黑心肝，狗特務」、「開黑名單的」。

別看她在隊長面前立正姿勢標準，雙手指頭貼在褲縫上，一副畢恭畢敬的樣子，並非每個隊長都欣賞她。一次，不知為何，譚中隊長發脾氣大聲呵斥她。徐靖華站得更直了，天真地眨巴著眼睛咧嘴笑，把譚隊長惹得更火了。她指著徐的鼻子說：「徐靖華，你不要搞錯了，莫要用國民黨那一套來對付共產黨！」後來譚隊長叫小組開會提她意見幫助她，大家嗯嗯啊啊說不出個所以然。她積極靠攏政府，大膽檢舉揭發，是監獄裡的要求，她警惕性高監督性強，時刻與壞人壞事作鬥爭，是政府的號召，她不正是因為這些才獲得減刑的嗎？說不定還會再次獲得減刑。至於個人品質上的問題，高，可以很高；低，可以很低，在監獄裡，它更加煙籠霧罩難以捉摸了，政府從來不對犯人提品德方面的要求，常常鼓勵不擇手段「立功檢舉」，徐靖華有冠冕堂皇的理由為她自己辯解，我們無能把這類問題提上桌面。總之，給她提意見，就好像判斷她的為人，似是而非，難以出口。

所以，徐靖華依然故我，碰她不彎。星期日我與其他小組犯人一起做縫紉車間清潔，她和其他人做監外大掃除，只要有機會，她便躲在外面窗下偷聽我們講話，或者進來躲在磚柱後面假裝打毛線，聽我們為什麼又說又笑。中午吃飯的時候，有時我端著碗到食堂外閱讀報架上的「重慶日報」，假如有另外一個人也站在那裡看報，她就一定走出來在附近什麼地方監視，因為看報時講的話題，一定重大。她見隊長喜歡我，想在我的身上立大功。我看不起她，但是奈何她不得；我不要火不流尿，她也奈何我不得。知道我體力不好，上次挑東西她的作為，不排除是故意的。但是有何證據，她完全可以倒打一耙，說我是妒嫉誣蔑她。

不管怎麼講，這兩次哭的理由實在是不值一提。已經成為犯人了，幾句話有什麼不能忍受的？「一條牯牛都蝕了，還捨不得那根牛尾巴？」

不過，第三次我哭，那是真正傷心的哭。

我和呂祖群吵架。我覺得她資產階級思想嚴重，夏天出門勞動非戴草帽不可，深怕曬黑了不好看，已經集合好了，她要趕回房間拿草帽，讓大家等她一個人。那天，她穿的一件白麻布衣，裡面沒有背心（當時不大興戴胸罩），兩個黑乳頭釘在那裡，很不雅觀。我提醒她穿這樣薄的衣服讓男的看見不好，應當穿件背心。她光火了，說我多管閒事：「男的看，叫他不看呀？喜歡看多看幾眼。」怪不得別人告訴我，她背著自己丈夫和公安局一個男人打算偷越國境，男的判十五年也在省二監勞改，她是五年。我回嘴說她不知羞恥。她說：「你知羞恥又啷個？三十三歲滿刑出去，落了坡的太陽，得意啥子？」

我是個生性愚鈍粗糙的人，可是這句「落了坡的太陽」一箭中的，擊中了我的要害，踩到了我的痛腳，它打開了我沉睡的感情的閘門，使我傷心得不得了。想起太陽落坡時慘烈的無奈，想起太陽落坡後無盡的黑暗，想起太陽落坡後人生的無望直到走進墳墓，想起年輕的齊家貞竟然也會成為「落了坡的太陽」，那麼我的媽咪爹爹呢，他們將會怎麼樣呢？我第一次想到十三年，面對十三年把我從「初升的太陽」變成「落了坡的太陽」的現實，我突然感到極度的可怕和無比的悲哀，我不停地哭，想起那句話又哭，想起那句話又哭，陣雨似地一場又一場，好像要把我活了這二十多年來該哭而沒有哭的損失全部哭回來。

那時候年輕，做事有勁道，說話有勁道，哭也很有勁道，哭得很響很響，哭了很久很久，誰也勸不下我。這是我一生中空前的也是絕後的一次透心透肺的哭泣。

第二十一章
一個長兩隻「翅膀」的男犯

那次，我責怪父親犯了錯誤，害得我接不了見。我認為在監獄裡，任何反抗都是徒勞的。但是，父親恰恰不這樣認為。

宣判十天後，父親被解押到「省二監」，關在高牆電網、崗樓林立，警衛最森嚴的中隊。那裡關的都是反革命、殺人、放火強姦等重刑犯，刑期一般都是十五年以上，包括由死緩、無期改判為有期徒刑的人。

他所屬的那個「城堡」很大，犯人很多，分為一、六、七、八四個中隊，父親在第一中隊。和他第一次勞改的「重慶公益磚瓦廠」相比，現在的級別高得多，管理也嚴格得多。

一隊是翻砂車間，生產馬達，其他幾個隊是元釘和拉絲車間，元釘銷路很好，還出口到東南亞國家，拉絲車間則把拇指粗的盤元一遍一遍地拉細成八號、十號……直到比頭髮還細的二十六號、二十八號細絲，運到我們所在的四隊鍍鋅包裝後，交由「重慶市五金公司」包銷至全國。四川省第二監獄的勞改產品一律以「新生勞動工廠」的名義掛牌銷售。

父親那個隊的犯人年年月月在裡面勞動，難得有機會出大門。

在省二監的圈子裡，我碰見過父親一次，那是剛到勞改隊不久，我出外當搬運。彭玉書指著對面一個男犯問我：「那個犯人不斷轉過頭來看你，我看他長得像你，是不是你老漢（父親）？」我望過去，毫無疑問，是的，他們搬運鋁錠，正在歇氣。父親還是那樣瘦，正把一件褶好的爛統絨衣墊在肩膀上，這樣扁擔挫骨頭的疼痛就能減輕一些。監獄幹部時常嘲笑知識分子擔東西彎腰舵背的醜態是「蘇秦背劍」。我望著父親「蘇秦背劍」的背影走遠了，他有點掉隊，沒有再回頭看這邊。

大家都知道我們父女雙雙坐監，主動為我通風報訊。鄒春梅外出回來說：「喂，我看到你老漢的，他和幾個犯人拉板板車出來倒渣子，我們正好在一隊門口歇氣。你老漢膽子大，走過來問我認不認得齊家貞，為啥子她沒有出來，我告訴他齊家貞在四隊打包組，不同我們一起，他嘆了口大氣走了。看得出來，你老漢很心痛你。」

八月下旬，「二監」在一隊舉辦「犯人技術革新成果展覽」，組織各隊犯人前去參觀，展示共產黨改造罪犯成新人勞改政策的英明偉大。許多女犯都參觀了，就是沒讓我去，因為父親在那裡。彭玉書看了回來悄悄告訴我，「我看到你老漢的，他在翻砂車間磨焦碳粉，打個光巴胴（赤膊），全身上下都是黑粉，一張臉只看到兩個白眼珠在轉。」看看旁邊沒人偷聽，她接著說：「今天是謝幹事帶我們去的，她在你老漢面前站了好久，盯著他一言不發。我覺得她是在想，『你啊你，好好一個知識分子不當，到監獄裡來磨碳粉。』」

其實這位性格直爽快言快語的謝幹事本人，要不是被打成了右派，怎麼會好好的老資格會計不當，下放到中隊跟在犯人屁股後面上坡下坎跑趟趟，不是一樣的身不由己？

如果上面要召開全監大會，地點一定是在一、八隊裡面，那些重刑犯們，更加有腳無路，足不出戶。

那次，我們去一、八隊看露天電影《三打白骨精》。聽到這個消息，犯人們高興得跳了起來，長期都是《地雷戰》、《地道戰》、《南征北戰》打發我們，我們看得已經背得出每個鏡頭每句台詞。興高采烈的女犯們排隊前往，按照常規，途經轉彎處的崗樓時要報數，一個剛從農村來的老太婆，一輩子沒有開過這種洋葷，前面的報三十八，她也報三十八，報到最後與總數不符，被警衛命令「站住，重報」一連三次，那個老太婆還在發傻跟著前面的報，教也教不會。大家深怕取消看電影回隊學習，恨不得把她的腦袋扭下來。幸好她後面的女犯急中生智，報第四遍時，不等老太婆開腔，就接報三十九，再報一個四十，算是混了過去。

男犯們已經黑壓壓一片等在那裡，我們在隨身攜帶的小凳上坐好，不少女犯東張西望找連案或者過去的相好，有的只為看稀奇。我低頭望著地下，光頭男人有什麼好看的。突然，我看見一雙大腳，一雙穿著黑色圓口勞改布鞋的大腳站在我的面前，我一眼就認出這是父親。大腳一動不動耐心地等待，他要我抬起頭來看他。我被他的大膽嚇掉了魂，雙眼死盯住那雙大腳屏息靜氣紋絲不動，深怕抬起頭來他會對我講話，給隊長當眾呵斥還要寫檢查。大腳猶豫地轉了四十五度，大約準備走開，但是，馬上又轉了回來，固執地再作一次嘗試。還是沒有回應，終於，他失望地離去。大腳在我腦海裡留下深深的記憶，就像在尚未凝固的水泥地上踩下的永恆的腳印。父親日記裡責備他對祖父母未盡孝道說：「父母愛子女如牛毛之多，子女愛父母無牛毛之長。」這正是在說我，譴責我的膽怯與無情。

父親這次膽敢衝進女犯群中達數分鐘之久，創省二監記錄，他被嚴格監督起來。後來的許多年裡，我無數次去過一、八隊看電影或者開大會，無數次搜尋過父親，再也沒有見到過他，他被安排上班，或者坐在難以發現的角落，兩旁的犯人像狗嚴格把守著「門」。

多年以後，我瞭解到那次禁止媽咪接見我們的原因。

六三年四月十九日判刑之後，父親對共產黨的夢做到了盡頭。公安局胡作非為，檢察院形同虛設，連本應主持公道的法院也橫不講理寫出如此無中生有的判決。自己的覆水之冤能靠這樣的體系這樣的壞蛋上訴得直嗎？解放後突如其來而又持久不斷的奇恥大辱把他從三十七歲鼓搗到五十歲，到頭來年輕的女兒被葬送了，自己不明不白又被判刑十五年，能活著走出牢門嗎？父親的不可測度的痛苦和與日俱增的憤怒，已經忍受到了極限，它要爆炸了。

與其在監獄裡拖天混日等死，不如挺而走險求生，父親決定越獄，以生命作賭注為自由作一次最後的拚搏。

從拿到「彩照」開始，父親就不停地思考著越獄逃跑的計劃。他打算分兩步走，第一步尋機從省二監潛逃出來；第二步去上海、蘇州找他的舊友幫忙逃到深圳，從深圳游泳偷渡到香港，做一個真資格的亡命徒，做一個名符其實的「叛國者」。他充分意識到無論在第一步還是第二步的過程中，他都可能被崗哨（因為他決定拒捕）或者被邊防軍擊斃。對此，他心甘情願死得痛快，餘生就此結束。父親一生中無數次面對生死大關，死亡已經不是太可怕的事情，現在過的日子生不如死，使父親更加無畏。何況，萬一這次父親成功，跑出了國門，他要用他的吼聲讓全世界善良正直的人們，像上帝一樣伸出援手，拯救這不幸的一家，他齊尊周將會得救，他監獄裡年輕的女兒和監外受罪的妻子和四個兒子都將得救，他覺得這是他唯一的機會，唯一的出路，值得一試。在這個希望的鼓勵下，他毫無懼色地坦然地等待母親接見日子的到來。

入夏以後，為了躲避肆虐的蚊蟲，犯人們睡覺時紛紛張起小帆船似的「蚊帳」，這種「蚊帳」是他們自己的發明，用勞改隊發的棉布被套做的。儘管它密不透風，睡醒後大汗淋漓，人像是從水裡撈出來，較之於付出鮮血餵養吸血蟲，出點臭汗其實算不了甚麼。

母親來接見的頭一個晚上，趁大家已經入睡，父親躲在「小帆船」裡寫信，外面的人看不見他，他也看不見外面的人，既無干擾也很安全。信上，父親請媽咪為他準備好一副假髮，一副眼鏡，一套普通市民穿的藍布中山裝，簡單的換洗衣服，少量的鈔票、糧票，與他五八年申請出國時準備帶的東西大不相同。父親深深出了一口氣，小心地把信摺好放進勞改褲的口袋裡。其實，勞改褲沒有口袋，是犯人自己用一塊小方布三面封口縫上去，權作放草紙用的。他安心地睡去，迎接天明。

命運給父親安排了另外一個去處——他被關進了小監房。

當父親走近一生中第一次住進去的那排小監房門前時，乍一抬頭，怎麼？它並不陌生，似是以前到過的地方，他驚異之極，這才想起，一兩天前，父親夢見一隻老虎被拖進一排小屋中的一間，那排房屋的形狀大小高矮他記得一清二楚，同眼前的一模一樣。事情既早有預兆，已提前安排，神命難違，父親無話可說，只得束手就擒，他相信「盡人事，聽天命」。

到底是怎麼回事呢？

原來，第二天家屬接見前，父親伸手檢查褲袋裡的密信，哎呀不好了，口袋是空的，信不翼而飛。他正在徒勞地搜索全身回監房翻找之時，被隊長叫去了隊部。信，擺在辦公室桌子上。至今沒有弄清，信是自己從口袋裡掉出來被人撿到交給隊部，還是隔「帳」有耳，聽見父親窸窸窣窣的寫字聲，趁他熟睡之機，偷走交上去立功的。反正，母親來接見的時候，父親已經關進「老虎籠」裡了。

多虧有人利用父親立了功，「不是猛虎不下山，不是蛟龍不入海」，父親書呆子氣十足，又與世隔絕十多年，他根本跑不出省二監，就算逃出監獄離開了重慶，他過去南京上海一幫故舊朋友，也在這十幾年裡被整肅成泥菩薩過河自身難保，或者被嚇得膽小如鼠，不敢對他伸出援手了。父親閉門造車，一廂情願製定的逃跑計劃，只能使四川省第二監獄的高牆電網下或者南中國的邊境線上白白地增加一具屍體。算得了什麼？十具屍體，他們五雙就數了。所謂「連二杆（小腿）扳不過大腿」，是不得不正視的事實。

小監房專門整治頑固不化的反改造。房間很小，只有一乘二平方米，名符其實的「可容一人居」。房內空無所有，犯人睡在地上，門角落放一個農村用的糞桶，因為沒有蓋子，也因為陳年累月不曾洗涮乾淨，整日臭氣熏天，一盞昏暗的小燈賊眼似地在天花板上吊著，房間特別低矮，站立起來感到憋氣，坐著或者躺下好過一點。三餐飯從風門洞遞進去，數日一次寬大犯人出來倒馬桶順便走風。「老虎」在囚籠裡關了四十天，他沒有整日在籠子裡狂躁不安走來走去，伺機衝出，而是把這次坐小監看作是上天特意的安排，以便他靜下心來，無所畏懼地把越獄逃跑的前因後果、思想動機和盤托出：他對十五年刑期大呼冤枉，判決書上寫的罪行根本不成立，在一萬多字「交待」的最後，父親寫道：「所謂反革命集團的舊罪既不成立，我本不該入獄坐牢，何來越獄逃跑的新罪之有？」他堅決要求徹底查清該案，對他無罪釋放。

按照監獄裡的常規，凡是判了刑坐牢的人，只要喊冤叫屈一律被認為是不認罪服法抗拒改造，都是罪上加罪，輕者挨鬥，重者加刑。對於越獄逃跑者，無論是企圖未遂還是再次落網，他們都絕不手軟，嚴懲不貸。省二監的獄吏們常常用多次逃跑的犯人汪洋作為例子殺一儆百，我已經能具體想像出他不斷逃跑，不斷被抓回，不斷加刑，從原始判決的三年一直加到死刑立即執行，被槍斃在省二監總部大樓旁牛皮菜地裡的情景。老犯們路過時總說：「汪洋就是在那裡啃牛皮菜去了。」

出乎意料的是，在放父親出小監時，隊長對他說：「你寫的材料我們看了，我們會交上去，把事情調查清楚後再告訴你結果。你要相信政府實事求是的政策。」或許，這是共產黨幹部又在彈濫調，他們像留聲機一樣重覆這類的話語，不過，也不排除，是父親義正詞嚴寫的材料太有力太具體，字字如雷地為自己作了辯護，他們無法不這樣講幾句。後來，也確實有公安幹部來監裡與父親談過兩次話，表示要負責為父親複查清楚。

四十天小監，除了寫出的所謂檢查材料之外，父親真的透徹地清查過自己的靈魂，他反省出幾樁沉重的罪孽。

首先，父親想到為他而死的父母。在祖父母病重期間，他沒有親伺湯藥於榻前；在他倆彌留之際，他沒有前往，滿足二老見獨子一面的最後願望；二老逝世，他未親視含殮，披麻帶孝躬送道山；直到已為人父，仍未上墳跪拜，焚香三柱。他說：「我不孝之罪，罪不可恕，念及至此，淚如泉湧。」

還有，剛從上海南洋模範中學畢業出來的父親，風度翩翩的英俊青年，成為許多年輕女性理想的愛慕對象。但是，父親目不斜視，不為所動，一心為創造美好的前程努力。某夜，他從西藏路「金榮電影院」看完電影出來，忽然間，背後一個年輕妓女拖住父親的手臂拉生意，父親火冒三丈，覺得受辱，轉過身子對準她一腳踢去。父親後來對我們說，活到這麼大的歲數，主動出手打人，一生中這是僅有的一次。他說，人家窮家女子，出門掙飯吃，我拒絕她，走開就行了，為什麼打人，我對此一直懺悔不已。

後來父親在杭江鐵路當列車長時，一次查票，發現一名小男孩無票乘車，儘管小孩向父親哀求，讓他坐滿剩下的五六個站到南京找他的親戚，父親照章辦事仍然無情地命令他在列車前方站下了車。父親說，當時正值嚴冬，外面冰天雪地，這孩子衣衫爛褸單薄又身無分文，被我趕到那個舉目無親的荒野小站，什麼命運在等待著他，凍死餓死也是可能的啊。

一九四七年，父親在南京鐵路管理處當處長時，瞭解到某火車司機偷煤，監守自盜，那還得了，父親一怒之下把他開除。後來父親告訴我們，當時有人為這個司機求情，司機保證不再重犯，家裡有老婆和三個孩子要養，請父親高抬貴手，父親不加考慮堅持原決定。父親說，當時國共混戰，工作非常難找，我開除了他，就是砸爛他一家人的飯碗，本來就在飢餓線上掙扎的他們，之後的情景就更是雪上加霜了。

他還反省到另外一件事。四二年抗戰時期，父親在貴陽任職，他託人替一位不相識的司機安排了工作。當時由於交通運輸困難，城市的物價遠遠高於農村，特別是農產品。這位司機對父親感激不盡，第一次跑車遵義，回來的當晚便給我家送來一些大米肉類等食物，母親一再推辭，因盛情難卻而收了下來。父親回家得知後，覺得助人解難是自己的為人之道，並非為了圖報，這個司機剛找到工作，家裡更需要這些食品，便雇了一輛三輪車，和媽咪一起到司機家，不由分說把所有的東西全部還給了他。從此，這位司機銷聲匿跡，他或許認為父親是官，看不起他小開車的，他高攀不起，甚至認為禮物太輕，父親沒看得上眼。父親說他太重公義，在人情世故上往往失之偏頗，傷害了人。

父親從五一年初開始，自己不斷身處逆境，飽嘗生活艱辛，深知養家糊口之不易，這次被投入小監，趁機靜下心來反省出自己做的幾件錯事，他對自己的責備越來越重，越來越不能自諒。

放出小監後，監裡給父親安排了一個最能洗滌反動靈魂徹底脫胎換骨的工作，為鑄造車間磨焦碳粉。每分每秒從研磨機裡飛揚而出的黑粉，不僅靜電似地附著在父親從頭到腳的每一寸皮膚上，每一個毛孔裡，而且它們無孔不入地鑽進眼睛鼻孔耳朵嘴巴，深深地呼吸進肺裡。幾層紗布做的、數日才換一次的口罩又髒又黑，戴在嘴上，也是聾子的耳朵——配盤的。父親擤出來的鼻涕是黑的，吐出來的痰是黑的，流出來的眼淚是黑的，他像一座黑色的塑像，生活在黑粉的世界裡，只有兩只轉動的白眼珠才表明這是一具活的生命。從犯人和隊長們視父親勞動之地為禁區，不到萬不得已絕不靠近可以得知，這個工作是如何地骯髒可怕；從研磨機上覆蓋的厚厚的碳粉和機器四周地上踩出的清晰的腳印，可以測量出父親給碳粉侵害的程度。至於衣褲枕頭被蓋，沒有足夠的肥皂也沒有足夠的精力，永遠洗不乾淨，黑炭灰永遠在那裡幸災樂禍地發亮。父親對此只有聽天由命，除了忍受，斷乎沒有別的出路。

儘管如此，父親出小監後的心情較之以前輕鬆了不少，他不必再為越獄之事殫精竭慮，他翹首等待澄清案情釋放回家。

善良與輕信也是一種屢教不改的「惡習」。

父親在等待，等待從小監房出來時隊長的許諾，等待釋放回家。一星遠方閃爍的燈光或許只是幻覺，已足夠引誘一顆無望無助無奈的心。

像耶穌釘在十字架上，父親被釘在那架生產黑粉的機器上繼續贖罪。夏天，他赤膊勞動，讓爹媽給的皮肉受苦；冬天，他穿得像破叫化子，僅夠禦寒。他省節每一分錢，每一寸布，為的是不增加母親的負擔。對於一個有強烈責任感的男人，甚至不能憑借自己的勞動養家活口得仰仗親友代勞，父親心中的淒愴苦澀羞辱無法用文字描述。

從小監房出來兩年零八個月之後，父親的等待有了結果。

六六年初的一天，二監王連輝幹事來到一隊把父親喚到一邊通知他：「我代表政府向你宣佈，經過政府複查，你女兒齊家貞的事，你確實不知道。」

父親到底知道不知道我的事情，一直是他案子判刑的關鍵，假如他知道，不管參與不參與，判決書上的「鐵證如山」多少還有點影影綽綽；假如他確實一無所知，那麼，判決書上的每一句話每一個字，都是徹頭徹尾的無稽之談，都是公檢法團結一致作假整人。事情就是這樣簡單，非此即彼，一點不含糊。前面已經說過，從逮捕我的那天起，王文德事無鉅細問遍了所有的問題，連雞蛋裡都問出了骨頭，偏偏不問「你的事，你父親知道不知道」。他們統一口徑，監察院、法院來人也不提，我理所當然地沒有正面否定。正如「三加二等於五」，我沒有必要聲明它不等於六，它不等於七，它不等於……，除非有人問「等不等於八？」勿庸置疑，我將很乾脆地回答，「不」！

直到六六年初的一天下班後，我正在洗頭，犯人傳話譚指導員叫我去，我頂著水淋淋的頭髮慌慌張張從坡下趕上來到了隊部。譚大淑先問我一些其他的事情，母親呀弟弟呀，然後問我祖父的名字，我不明白隊長為什麼要瞭解這些早就死了的人，四位祖輩老人我全都未曾謀面，父母提過他們的名字，可我根本沒有印象。我這個孫女當得很慚愧，除了講得出祖父的姓，下面就哼哼啊啊出不來了。還好，指導員對此沒有太在乎，她轉了個話題接下去問道：「你犯罪的事情，你的父親知不知道？」這才是今天的主題。

不明白，在父親竭力申辯下早就該弄清楚的問題，坐了四年半牢的今天才提到議事日程上來，真是天眼大開。我第一次有針對性地為父親作辯。

我告訴譚指導員，我兩次去廣州事前父親並不知道，從廣州回來後，我嚴格遵守莫斌、湯文彬對他們的事情保密，連父母親也不例外的要求，什麼也沒有告訴父親。我說：「我的事，父親完完全全不知道。」指導員叫我寫成材料交給她。

後來，就出現前面講的代表政府的宣佈。父親大喜，近五年的冤枉黑牢已經坐了不提也罷，總算盼到了事實被澄清的一天，判決書上所謂的「指使策劃」、「出謀獻策」、「證罪確鑿」、「供認不諱」，以及由此而來的「死心塌地」、「罪行重大」、「情節極其惡劣」所判處的十五年重刑也就順理成章地「太陽出，冰山融」，該他收拾行裝把家還了。

不料，王幹事接著說：「但是，你思想反動，刑期仍維持原判。」

天哪，太陽出，冰山不融。事出有因思想反動，竟判刑坐牢——被強姦生了孩子，責怪此女作風敗壞？「有錯必糾，有反必肅」，原來是有錯不糾，錯了還有錯了的道理；無反也肅，寧願錯殺一千，也要一肅到底。父親怒火萬丈，甚至生出一種仇恨。

第二天，王幹事又找到父親，講話態度平和，甚而至於是客氣的。他說：「政府對你沒有什麼要求，只是希望你轉變立場。」言下之意是要父親承認子虛烏有的罪惡，然後政府開恩赦罪，為他改判，以體現共產黨勞改政策的偉大正確。施罪者強要受害者認錯道歉，豈有此理！父親後來說：「我實在弄不懂，無罪怎樣認罪。」父親拒絕這樣做，絕不向暴政低頭，哪怕它將帶給自己某些好處。

從此，父親轉入沉默頑抗的階段。後來他告訴我們：「我當時是這樣想的，過去幾十年，經過事實的考驗，我已經過了『貧賤不能移』、『富貴不能淫』這兩個大關，現在，我正面臨『威武不能屈』最後一關，能過這三關，我便成為完人。我一定要闖過最艱難的第三關，這就是我在監獄裡長期頑抗的精神支柱。」

父親成為省二監的知名人士，監獄長等頭號人物在全監大會上數次指名道姓批判齊尊周不認罪，不接受改造，要帶著花崗岩腦袋去見上帝。我在下面聽得面紅耳赤，坐立不安，父親本人卻是泰山崩於前而面不改色，藐然視之無動於衷。他，作為一個知識分子，口袋裡從來沒有一支筆，從來不寫一個字，從不彙報自己的思想檢舉所謂的壞人壞事，年終總結的時候，他用一張巴掌大的草紙，匆匆數行畫滿了事。監獄裡號召犯人靠攏政府積極改造，實際上就是靠攏隊長，說別人的壞話，向隊長討好賣乖。父親在監獄這麼多年，除了領口罩工具要隊長簽字之外，他沒有一次主動找過任何一個獄吏，非但如此，他們在什麼地方，他就兜彎路繞開走，像躲避瘟疫。他說老婆不離婚，孩子來探監，我有什麼思想好向他們彙報的。

私下裡，父親有他出氣的孔道，三五個「臭味相投」的受冤者，背後經常放肆咒罵上至土匪頭子毛澤東下至他的「小土皇帝」們，揭露共產黨的天下是騙來的和他們江湖大盜的本質。父親的眼力很好，選擇的交談對象都能裝得很規矩，從來不會說反動話，也絕不出賣別人立功。所以，這類的「地下活動」甚為安全，未被拿獲過，父親沒有因此受批判寫檢討甚至加刑。

在勞改隊，一到嘈雜熱鬧的吃飯時間，犯人們會看到一幅獨特的與鬧哄哄的吃飯氣氛格格不入的圖畫，那是父親繪製的。

吃飯時間一到，除了他本人，整個世界蕩然無存。面對那份飯菜，父親心神專注，態度嚴肅，好像在舉行一個人的聖餐。他靜靜地不慌不忙地反覆咀嚼每一粒米，每一縷菜，慢慢地喝下每一口湯（用豆瓣醬和豆腐乳自製的，每餐一大盅），花費一兩個小時，只作這一件事情。不管春夏秋冬烈日當空刮風下雪，不管別的犯人吃飯如吃藥（炸藥），一炸而光，不管周圍馬打死牛牛打死馬，父親的聖餐照樣節奏徐緩，獨自進行。此時，即便有人在他身邊扔下一顆炸彈，他也不會受到驚擾。他對吃飯高度的投入，非凡的認真，冷靜得像在解高等數學，悠然得像放電影的慢鏡頭，證明他的吃飯已經不光是口腹的享受，而是靈魂與精神的參與了。

日常生活中一件微不足道的吃飯小事，被父親神聖化了。儘管犯人們無法理解齊尊周為什麼對「吃」如此地超凡入聖，無論如何，他們對父親多少年如一日的「吃相」深深感動，肅然起敬。

和所有的男人一樣，父親喜歡漂亮的東西，但是他絕不浮躁虛榮，他知足常樂。父親為自己美麗忠貞的妻子驕傲，為五個可愛活潑的子女自豪，他喜歡穿得整齊乾淨美觀，特別重視頭髮，沒有油，用水也要把它梳理得服服貼貼。他一生煙酒茶不沾，連應酬也不通融開戒。工資一發下，轉個身便如數交給母親，好像錢要燙手。他沒有一個人花錢的習慣，即使母親給了他數角零花錢，很少有機會轉移進別人的口袋。吃飯的時候，只要端上桌子的東西，他一律感謝，一律喜愛，一輩子沒有嫌過飯生飯熟菜鹹菜淡，好像他缺乏味覺功能。自從家裡有了五個小強盜，他從來筷下留情，等我們席捲而去，他才來收拾殘湯剩水，撿食桌上地下掉落的「粒粒皆辛苦」。母親單獨給他開小灶，他堅持有福同享，讓我們五個孩子排隊，輪流餵給，分而食之。直到他後來十五年刑期「大功告成」後，小強盜長成了大人，父親仍然拚命把盤中物省給子女們，除非威脅他：「你如果不吃，下一餐我們只好倒掉！」

這位生活十分儉樸，對飲食口福之事看得很淡的人，怎麼會變得「以食為天」壓倒一切了？

和浮腫得不能直立爬著前去受審相比，父親的浮腫病好了許多，至少沒有現實的生命威脅，但是他並沒有完全擺脫飢餓，並沒有完全消腫。

長久以來，他沒有真正吃過一餐飽飯，沒有獲得過起碼標準的營養，永遠在「差一截」的狀態下「拖天混日」。儘管母親對他的健康狀況十分擔憂，盡力送來一些食品，但這是杯水車薪，無濟於事。父親知道得很清楚，他營養的來源只能依靠監獄裡每天提供的食物，他必須千方百計不讓一星半點的營養丟失浪費掉，能做到這樣，相對而言，就使有限的食物成倍增加了。

父親的牙齒不好，長期的監獄生活使他四十歲起大牙就逐漸脫落，剩下的幾粒也已經搖搖欲墜，連犬牙也開始鬆動，食物咀嚼的重任責無旁貸地落到門牙上。試想臼齒推磨的功能交給兩片刀似的門牙去完成，這是多麼的艱難費時呀。特別有段時間，監裡吃包穀，做種子用的那種乾包穀，如果用磨子拉成瓣之後摻水和大米一起蒸來吃，情況會好一些，但是，整罐飯都是乾包穀，哪怕浸了一夜再蒸熟吃，對父親來說，它們全是貨真價實的石子。父親吃下去的是「石子」，拉出來的也是「石子」，原封不動。這是多麼大的浪費呀，父親不得不吃得更慢更認真了。

為了把浪費營養的可能性減低到零，於是，就出現了前面提到的那幅令人動容不已的「吃飯圖」。

父親不惜血本地花氣力「吃」，他也盡其所能地下功夫鍛煉身體。鍛煉，已經帶給父親豐厚的獎勵，他擺脫了少兒時期的羸弱，以強健的體魄迎戰人生的風風雨雨。今天，在這非常的環境裡，他必須作出非常的努力。

從上海讀中學起就開始的冷水浴，現在堅持到了省二監。夏天辦到它當然是不難的，但是寒冬臘月，北風呼嘯，冷水沾在身上人要跳起來逃走的情況下，父親也照洗不誤，他不允許自己貪圖安逸的念頭有一次可乘之機，他咬緊鋼牙堅持，冷水一遍遍從頭頂上淋下來，慢慢地變成溫水從腳板底下流出去。五十歲了，他只當自己才二十。他全部的憤怒與仇恨都化成了力量，鍛煉身體！他嘗試一切辦法，報上說「甩手療法」好，他每天甩手，恨不能把手甩斷；盛傳「冷水療法」有效，他大盅大盅喝冷水把自己灌成水葫蘆。星期天休息，他堅持繞球場跑步，一圈一圈又一圈，直到大汗淋漓，累得要死才停止。後來，他每天中午一個人在籃球場上赤腳打籃球。重慶的盛夏，驕陽似火，室外三合土五十度以上的高溫，他雙腳在滾燙難熬的地上來回奔跑，腳底板上燙滿了「果子泡」，最後變成一板厚厚的繭皮，終生未退。

平時不大與人交往的父親，每天到打籃球的時候他從不缺席，這位中學時代的籃球隊長，勇猛不減當年，同生龍活虎的年輕人一樣奔跑跳躍，搶球投籃。有一次，「咚」一下，他被人重重撞倒在地，頭被擊得「噹」地一響，觀看的犯人心想，這下完了，這把老骨頭摔散架，爬不起來了。少頃，父親一躍而起，摸摸腦袋又疾跑如飛與「敵人」戰鬥了。在籃球場上，父親常常被撞得頭破血流，鼻青眼腫，他根本不在乎，認為這是鍛煉身體必付的代價，甚至視其為獻給他的獎章。

為此，犯人們私下議論，有人說父親在發神經，有人說他是吃了飯沒事幹，也有人說他像《紅岩》小說裡的華子良。

幹部們在辦公室裡看著父親發瘋地鍛煉，他們也在研究這個人到底要幹啥？一個姓馬的幹部，對當時全監聞名的「小赫魯曉夫」林方說：「你看齊尊周這副樣子，他如果改造好了，我手板心煎魚給你吃！」主管父親學習的何幹事對身邊的犯人組長曾祥麟說：「你看齊尊周思想深處在想什麼？是堅持反動立場，要和共產黨頑抗到底。」顯而易見，為數眾多的二監幹部不會對上述評論表示異議。

是的，完全正確，他們說對了。在他們管理犯人的歷史中，像齊尊周這樣，在共產黨的監獄裡長期堅持使用近乎殘酷的方式鍛煉身體，磨礪意志，以示自己錚錚鐵骨、傲視強權的人格和不屈不撓反抗到底的決心，這樣的漢子，恐怕是為數不多的。唯其如此，獄吏們才那樣一針見血地指出父親的「要害」。父親說：「暴政是屈服不了有骨氣的人的，我的性格很獨特，壓力越大，則反抗越強，我自己也莫可奈何它。」元朝劇作家關漢卿自白是「叮叮噹噹的銅碗豆，越炒聲越洪」，無獨有偶，借用此話來比喻父親，可謂十分貼切。

「吃飯」的寧靜與「鍛煉」的瘋狂像兩隻鼓動的翅膀，從兩種行為本身最通常的意義出發，飛向父親既定的目標：活下去，和共產黨比命長，伸冤雪恥。

父親沒有公開對抗，那是自取滅亡。但是，他的消極反抗是出色的、成功的、全監盡人皆知的。事實證明，在四川省第二監獄裡父親如願以償，他闖過了「威武不能屈」的第三關。

在監獄裡，父親因瘦骨嶙剛，雙頰凹陷，顯得有些蒼老，但是他雙目炯炯有神，腰板挺直，昂首闊步，走路生風。特別是精神狀態之好，許多年輕犯人都望塵莫及。父親對同監犯人若即若離，不理不睬，在權威的幹部面前他絕不低三下四卑躬屈膝。凡能節省精力心思的地方他慳吝得一毛不拔，既不觀察別人想啥幹啥，也不費神指責可惡而又可憐的小人，置身事外，不聞不問。學習會上他盡量當啞巴，萬不得已非發言不可，他既不公開叫囂自己無罪，這太容易成為共產黨加刑的把柄，他不會這麼傻；也不肯昧著良心謊認自己有罪，這太褻瀆真理，委曲自己，於是就含含糊糊，拿解放前參加過國民黨之類的陳年老帳說幾句話搪塞，大帽子底下開小差混過去，既戴不上帽子也抓不住辮子。當時一個姓李的獄吏說：「齊尊周是個猜不透，摸不著的人。」

他對父親過獎了，父親沒有這樣的本事使自己如此地莫測高深，不然，他早就接受友人的勸告，做那種心裡明白，表面糊塗內方外圓的乖巧人了。他實際上是個非常誠實透明，內方外也方的人，是四九年以來，他對共產黨從完全信任到感覺徹底受騙之後，學會的一點生存技術。動物尚且懂得用保護色躲避危險，更何況人類。

父親從不主動發言，但是有一次，他主動了。不鳴則已，一鳴驚人。

當時學習「雙十條」，進行社會主義教育運動。後來才聽說「前十條」是劉少奇兩口子搞的反革命陰謀，「後十條」是毛澤東反擊他們加上去的。反正，我們這些階級敵人，聽了無數遍文件，還是不知所云如入五里霧中，只曉得是在號召幹部洗手洗腳，輕裝上陣，與我們無關。不過，上面似乎很重視，派了好幾個廠幹部下來推動學習，父親所在的一隊還有四川省公安廳的來人到學習會上聽犯人發言。

父親認為機會到了，他講話了。他語音哽塞地說道：「我年紀大了，坐十幾年牢沒有關係，但是我的女兒齊家貞，她這麼年輕就判了這麼重的刑，我請求政府把她放了，剩下的刑期我來幫她坐。她聰明好學，上進心強，待在監獄裡是很大的浪費，放她出去，她可以將功贖罪，為人民作貢獻，對國家和社會都是有好處的。我誠懇地希望公安廳幹部考慮我的請求。」小組的犯人聽了心中竊笑，這個瘋老頭，牢，哪裡有幫坐的，又在異想天開了。公安廳來人對父親發的這個與「雙十條」沾不上邊的言，木無表情，置之不理。當然，這種請求是不可能被考慮的。

父親後來提到「解放」後的無妄之災給子女身心及前途造成的損害時，他心情沉重地說：「作為父親，內心的隱痛難以言述，真所謂『蓮子心中苦』（「蓮子」取諧音「憐子」，憐惜憐憫子女，心中苦痛）呀。」那雙出現在我面前的固執的「大腳」和此次要求替我坐牢的「發言」，都是憐子之情滿溢而出的一點點而已，更多的則被他強忍於心底裡了。

舐犢情深，山高水長，可憐天下父母心。

第二十二章
把殺頭先說成割掉一隻耳朵

從六五年底起，我發現隊上僅有的「重慶日報」突然熱鬧起來，從批判歷史名劇《海瑞罷官》，鬼戲《李慧娘》和電影《早春二月》，《舞臺姐妹》甚至《青春之歌》等等的文章裡，刀光劍影可見，稍後的批判《三家村雜記》、《燕山夜話》已經直接點出鄧拓、吳晗、廖沫沙等人的大名，言詞相當直露尖銳。不少有趣的小文章「落下即實地」、「一個雞蛋的家當」、「健忘症患者」被分析為攻擊矛頭直指黨和社會主義。可是，我的注意力像把篩子，把批判文章中上綱上線罵人揍人的字句篩走之後，留下的是那場戲，那部電影那些雜文的本身，目不暇給，美不勝收。他們越批判，我越想看，看得拍手叫好，奇怪自己這麼好的東西過去為什麼沒有注意。

於是我一個人悶在心裡忙死了，忙著欣賞批判文章中被批判的文章，「觀看」批判文章中被批判的戲劇和電影，「結識」批判文章中被點名的全國知識界的知名人物，一生中第一次這樣大開眼界，心中充滿了好奇與激情。我當然不可能聽見後面掩蓋的磨刀霍霍，更想不到我認為是妙趣橫生的「文化大革命」，實際上是一場政治大革命，一場把殺頭先說成割掉一隻耳朵的革命。

我們開始學習一些越聽越糊塗的「提綱」、「通知」、「大字報」等等。報上開始出現寫得越來越大的大紅通欄標題，右上角每日刊有毛主席相片和他的一段語錄。

外面文革狂熱升級，所有犯人，除極少數特殊情況外，一律不再外出勞動。三隊組建了縫紉車間，約有四五十個縫紉工，由我通盤負責，整日這裡要裁片，那裡缺配件，錐子不尖，剪刀不快，梭心不夠，棉線告罄。這個人針碼太稀，那個人不提回針，還有一個手指頭被機針扎了進去。我忙得暈頭轉向，還要我負責修理縫紉機。過去，縫紉機有問題，去廚房找潘方秀，她曾在老鞋廠學過機修，直到她滿刑前數小時，隊長們才突然想起指派我接任，潘方秀不著要領地交待了幾句，便拍拍屁股走了，留下這個對機械一竅不通、笨不堪言的我，在一片跳線斷針，挑線桿不動了，腳架散了的呼喊聲中手足無措。我像一個一下子生了五個嬰兒的母親，在大哭小喊聲中急得要發瘋。

六六年六月二十三日端午節，早上，每人一個鹹蛋下稀飯，中午，廚房自己包的粽子，每人兩只，過得很開心。下午兩點多，隊長叫我到飯堂隔壁一個堆了些雜物的房間去有事。當時，車間在做棉衣，我正把棉花從捆子裡扯出來，按大中小號棉衣的需要，稱成小捆。雪白的棉花髒極，我戴著大口罩，灰塵和短毛仍然刺激得我不斷地打噴嚏。就這樣，我兩個黑鼻孔，滿身白毛，走進了小房間。房裡坐著一個穿黃軍大衣三十來歲的年輕男人，儀表不俗，態度平和，我惶惑地望著他，不認識他是誰。他自我介紹是較場口派出所我家現在的戶籍，姓王，就是說以前那個姓陳的「姜疤」戶藉給換了。

王戶藉開門見山地問我父親解放後記的三本日記的去向。我奇怪他們怎麼會知道父親記了三本日記，既然清楚這事，數字準確，為什麼還要問它們在哪裡。

這次不是空穴來風，父親確實寫有三本日記，我粗略地翻過，主要記的是解放後他的所見所聞所歷，其中不乏共產黨聳人聽聞的罪行和他對報章雜誌上一些文章的看法與評論。日記的很大部分是父親對「世界政府」的熱烈嚮往，他個人對世界政府的組成及運作的一些構想。這三本日記於五八年初，父親託亭中舅舅帶去藏在上海，當時父親正在申請出國，如果護照下來，他將經上海南下，可以把它們帶走。五八年夏，有人從上海來作「外調」，我認為日記的事敗露了，嚇得以為父親又要坐牢，哭了一場。

這次，王戶籍專程來二監盤問日記的下落，我是很認真對待的。我想，父親壓根不知道我的所謂反革命集團的事，他們尚且栽誣他是幕後指揮判他十五年，對於這些白紙黑字，全是父親一筆一畫親自寫的直戳他們痛處的日記，他們就絕不會像對待父親自以為是「護身符」，半個字不罵共產黨，解放前的那十幾本日記那樣視而不見，聽而不聞，他們完全會惱羞成怒因為這三本日記而槍斃父親。

我的看法後來被女隊長的談話證實，這個泡粑臉薛隊長，用她憤怒得發歪的嘴和豎了起來的小眼睛對我說：「看了你父親這三本日記，任何人都會氣得發抖，一本就夠資格槍斃！」

我的腦子轉了一個圈，斬釘截鐵地回答王戶籍：「我不知道。」並且下定決心，就是加我五年十年刑期，就是打死我，我的答案也是不知道。「坐監坐監，越坐越奸」，齊家貞居然學會「腦子轉一個圈」，並且很誠實地撒謊，「我不知道」，「我不知道」！

出乎所料，和王文德不同，王戶籍聽了我的答覆，並沒有兇相畢露、並沒有咄咄逼人，相反的，他對我說：「你的父親也說不知道。」我驚奇得不得了，這個人太好了，他無異給我們串了供，父親也沒有認帳，我倆的口供一致，我完全放了心，高興得差點笑出聲來。我甚至還壯起膽子問了他一個問題：「請問，我的媽媽是不是因為我們的事在地段上受管制？」這件事，每次媽咪來看我時，我都想問，一來怕她難過，二來就算有這回事她也不會告訴我，有害無益。所以它一直悶在我心裡。王戶籍答：「這要看你媽媽自己的態度怎麼樣，態度好，沒必要管制，態度不好，當然免不了。」此話答得很官腔，說了等於沒說。不過，我還是很感謝他幫忙串供，不管是有意還是無意。

數月後，幹部姜兆陽從廠部來三隊追問我日記的去處，這個人長得獐頭鼠目，很有些王文德的兇味，我已經拿定主意，問死也是個不知道。他憤憤地說：「你要相信，紅衛兵的幹勁是很大的，他們掘地三尺也要把日記抄出來。」我心想，那你就準備加我的刑吧！

這次我大無畏了一下，天沒有垮地沒有塌，我嘗到了甜頭。

我不得不想，如果在這樣的認知基礎上被審，齊家貞是否有足夠的勇氣抵擋甚至藐視王文德的粗暴辱罵、訛詐欺騙、威脅恐嚇，下定決心，你就是判我重刑槍斃我，我也不出賣朋友，不出賣我父親和我自己。齊家貞能夠做到嗎？

無法完全確定。

至少可以肯定，我不大可能出賣得如此輕易、如此徹底、如此不惜胡編亂造胡說八道。蝌蚪與青蛙，毛毛蟲與蝴蝶有親戚關係，可是並不等同。

六六年初來了一個新犯，左事務長領著她到我面前：「她叫李顯榮，你們組的。」不用問，是個反革命。當時三隊近半數犯人正在為勞改局做犯人棉衣褲，我給新犯找了個小板凳，安排她做最後一道工序——合縫。我問：「你做過針線活嗎？要不要找個人教你一下。」她那雙大而明亮的眼睛從長睫毛下抬起來，驚疑地看著我：「啥子？我不是來這裡做事的！我是上面派來專門調查你們犯人的。」她講得那麼肯定，我都有點迷糊了。正好事務長轉了一圈過來，我報告說：「李顯榮說她不是來勞動的，是派來作調查的。」事務長呵斥道：「打胡亂說，還要繼續反革命呀？」李顯榮急切地辯駁道：「我不是反革命，我是來反光的，檢查這裡辦得好不好，向上面反映，我很快要回家。」「回屁的個家，叫她做！」事務長邊說邊朝外走。

我注意到李顯榮那雙粗實均勻的長辮子居然沒有受刀剪之苦，大約是碰上一位不可多得的惜花人了。她長而厚的留海恰到好處地與整齊的眉毛相遇，頗有三十年代女大學生的神韻。她是農村來的，長年山風的吹刮，面頰殷紅，皮膚粗糙黝黑，眼角魚尾紋密而且深。我相信留海一定遮住了許多皺紋。面孔，不再年輕，但仍然好看；人，看似活潑，又有點老氣古板。

李顯榮同一般農婦不同，她特別愛美，衣服乾淨整齊，頭髮梳得一絲不亂，整個人清清爽爽，做事利索從不偷懶，就是一再強調自己不是犯人，是在當調查員，直到有一天……

那天晚上，大家，特別是包括我在內的幾個年輕犯人，對李顯榮的發言感到憤怒。快上床睡覺了，我聽見李顯榮的五固定何應秀在吼：「李顯榮，你是不是，還要說這是千真萬確的呀？」李不示弱地答道：「當然是呀，我的兒子是史達林死了投的胎。他是五三年三月五日生的，那天史達林死。」偉大的史達林竟成了微不足道低賤犯人李顯榮的兒，令人忍無可忍。我吼道：「你今天的毒還沒有放夠呀，還在繼續放。」女犯們都為未曾謀面的史達林的偉大身份蒙羞鳴不平，一齊怒吼起來。李顯榮寡不敵眾眾怒難犯，不再開腔了。她盤腿坐在床上，眼望窗外明月，自言自語道：「月亮出來路幽幽，想起壞人多憂愁。哪個開會鬥爭我，罰他二世變豬牛。」咦，這個女的真還有點明堂，文化沒多少，出口成章。我不由得對她的才華感到驚詫，同時也壓不住一股被人咒罵後的怒火：「好哇，好哇，李顯榮，你狗嘴裡吐不出象牙，真會罵人哩。」何應秀特別闊大的額頭氣得亮亮的：「你這個傢伙才是豬狗，比豬狗不如。」一片討伐聲起，李顯榮四面受敵孤軍奮戰。

此時，窗外一聲怒吼：「李顯榮，你要做啥子！」

我們認出黑暗中的剪影是三隊最高權威譚大淑中隊長，她的眼睛在黑暗中閃出怒光，她的嘴唇更加包不住往外爆出來的牙齒了。譚隊長喜歡悄無聲息地在牆外巡視，靜聽犯人們在非正式場合下的各種交談，今晚她肯定聽了好一陣了。

吼聲懾止住了嘈雜，大家回過神來，認出是中隊長大人，好像來了救星，我們爭先恐後狀告李顯榮，她褻瀆偉大的史達林。為了不使自己太高，李顯榮跪在床上揚著頭向窗外的譚隊長申辯道：「隊長，我兒子真的是史達林死了投的胎，他是史達林死的那天生的。我想他得要命，我要回去看他。」

譚大淑厲聲吼叫，我覺得她好像氣得雙腳在跳：「像你這樣裝瘋賣傻不好生改造，你坐滿九年，我還不得放你，要你一直坐到死。莫想回家看兒子！」

譚大淑一句話治好了李顯榮的瘋病，為了回去見兒子，她兒子不再是史達林投的胎了。李顯榮把屁股移到另外一把椅子上，一夜之間，完成了從調查員到女犯人的轉變。從此，我們小組多了一個發言的積極分子，人人為此大飽耳福。

她責備自己，我好要不得喲，攻擊人民公社，我說公社化過後，大家不想勞動，只想吃現成，我編些歌謠唱：「早三桿，晚三桿，走攏吃桿坐堂煙，摸到鋤頭就下班。」還說「上班摸腦殼，吃飯端斗缽。」公社化過後，我說大家都不勞動，只曉得「敲鐘吃飯，蓋章拿錢」。自然災害的時候，我攻擊公社領導帶頭偷集體的糧食，我說：「公社書記擔挑挑，大隊隊長背包包，公社社員撿叼叼（指掉在地上的穀穗），不偷不摸餓得牙齒打敲敲。」我還說「橋歸橋，路歸路，沒得土地租來做」，我的意思是把土地還給地主，農民租地種，我好反動嘛。還有，我好壞呀，思想裡頭不曉得裝的些啥子東西。我說，我要同毛主席拜堂，毛主席是駙馬，我是公主，公主配駙馬。在我的房間裡，我把我的相片掛在毛主席老人家像的旁邊，掛得一樣高。我在公共汽車上對別個說，毛主席是我的丈夫，我嫁給他了，我是他的夫人。毛主席是偉大的領袖，是我們的帶路人，這種話不曉得啷個說得出口來，我好不要臉呀。要不是政府挽救我，我不曉得要變得好壞。

看來，李顯榮九年的刑期就是這樣來的。

這個女人真了不起，幾句打油詩描繪出公社化後農村的真實狀況，這個女人真勇敢，敢於愛上中國獨步一時的皇帝。這個只念過幾年小學的農村婦女，第一年的年終總結是用七字一句的數百行長詩表達。可惜後來她繳械投降了，也繳走了她自由的思想，再也唱不出她自己的歌謠。

從記錄片中，我們看到批鬥「三家村」、「四家店」頭子吳晗、鄧拓、廖沫沙的情景，監內後來彎腰九十度，坐噴氣式飛機批鬥人的方式就是從這裡學到的。毛主席八次接見紅衛兵，提著他飯瓢似的帽子在天安門城樓上向下渾灑，不斷呼喊「人民萬歲」，成千上萬的紅衛兵歡呼雀躍，熱淚橫流的場面，令我深受感染。

弄不清文化大革命究竟要幹什麼並不要緊，革命人民尚且是「理解的要執行，不理解的也要執行，在執行中加深理解」，犯人則只要照著報上背，準不會出錯。為了表示對「破四舊」、「立四新」的擁護，我寫信提醒媽咪，把留給父親的最後一套西裝、一條領帶、一件白襯衫、一雙尖頭黑皮鞋、一包美國剃鬚刀片，這些「封資修」的東西交出去，同時在給隊長寫個人思想彙報時，也提及了此事。當然，我迴避了那三本日記。

六七年大年初一上午，隊長發給我們紅彤彤的《毛主席語錄》，人手一冊，它與外面革命人民的語錄不同，只有一百條，是專門針對犯人編輯的。文革開始以來，革命人民人人《毛主席語錄》不離手，爭相購買紅寶書四卷，文盲也認購一套。我這個蹲久了監獄，極度缺乏精神糧食的老犯也心嚮往之，希望讀讀到底是什麼真理講不完，寫了四大本。

後來，在鬥爭犯人中，不斷揭發一些人對毛澤東思想、「毛主席語錄」正學反用，「打著紅旗反紅旗」，比如使用「凡是敵人反對的，我們就要擁護，凡是敵人擁護的我們就要反對」，「下定決心，不怕犧牲，排除萬難，去爭取勝利」之類的語錄，都可分析出別有用心、反動到底的思想來，想想自己犯人身份，讀毛著、學語錄的熱情就低落了。所以，語錄發下來，我放在一邊沒太當回事，加上那天大年初一，我花了不少時間同其他小組長一起清理房間，把躲在房間裡想孩子想丈夫悄悄哭泣的女人們趕出來，參加打乒乓、打籃球、擊鼓傳花等文娛活動，我帶頭玩個痛快，別的一切都不去想它。

晚飯後，犯人們注意到是譚大淑接班，正在那裡議論著什麼。她們非常聰明，會算哪天該哪個隊長值班，要是春節晚上輪到美麗溫柔善良的唐正芳隊長，我們的日子肯定好過多了，至少她知道我們活得可憐，不會讓女犯們節日期間還和尚念經政治學習兩小時。

不幸，今天是譚大淑，她從辦公室朝下喊話：「帶好語錄，全體在飯堂集合！」馬上有犯人敏感地說：「肯定是抽我們背語錄。」我一聽，慌了神，今天一天耍得忘了形，哪裡想到要翻一下偉大領袖的語錄。我這隻「帶頭羊」必須永遠帶頭下去，彷彿汽車開上了高速公路，不到時候是出不來的。

我急得要命，從大家把飯堂桌子疊到牆根，到各小組縱隊集合坐好，到指導員像讀豎版書那樣一個「字」一個「字」豎著「讀」，挨個把犯人抽起來背語錄，我都在抓緊時間一條一條地背，抽到我這個第三十八「字」時，我居然磕磕碰碰不無遺漏地背了四十一條，包括平時唱的語錄歌和一些挺長的相當拗口的語錄，資本主義「日薄西山，氣息奄奄，朝不慮夕」什麼的。帶頭羊帶了頭，我如釋重負。從此，我們每天讀語錄，背語錄，背老三篇，有的人還背「矛盾論」、「實踐論」。背得越多越時髦，背得越多表示你改造得越好。

一天，沒有出工，集中在飯堂讀報。十點鐘休息，大家你爭我搶向廁所跑，出口的狹路上，一個男犯埋頭朝裡鑽，我正要上前制止，發現他紅格子襯衫下面兩只肥碩的乳房，才相信她走對了地方。她在我們小組，姓張，名字我忘記了，是重慶郊區的農民，現行反革命五年。被紅衛兵剪掉了資產階級的辮子之後，又在她頭上胡亂地剪了一通，粗硬的短髮亂草似地參差不齊，一張肉少骨頭多布滿雀斑的臉，加上一對正在哺乳脹得其大無比的乳房，看上去半男半女像個怪物。

每天清晨犯人出工前十分鐘，要坐在寢室裡「天天讀」，張某某識字不多，念不下去，我把聲音放大，示意她跟著我讀。好一陣聽不見她的聲音，抬起頭來，發現她正在扮鬼臉，嘴巴打開了又費力地合攏，合攏之後又不得不打開，她是在拚命忍住笑。這麼嚴肅的時刻，她究竟在幹啥，我不得不責問，她乾脆笑出聲音，回答說：「我看你們一個個坐在這裡，像哈（傻）雞巴錘錘一樣。」接著是一串放肆的笑聲。我怔住了，她使用這麼下流的語言形容學習毛主席著作，這簡直是褻瀆，太反動囂張了。不過，我沒有向隊長報告，我不說下流話，也絕不重覆別人說的，是另外的人去彙報的。隊長可能考慮到她剛來，揭發不出別的問題，為了這一句話開批判會，勢必讓女犯們有機會把這句話重覆來重覆去，反而成了笑柄，只是把她叫上去單獨作了警告。

很多年之後，我結了婚，當我知道張某某罵的那句下流話是怎樣一幅圖畫後，再回想當時我們一個個雙手捧著「小紅書」，直挺挺坐著讀語錄的模樣，我覺得這位普通的農家婦女創造的那個比方，從內容（傻）到形式（雞巴）是如此無與倫比的精彩與精當，世界文豪也應自愧莫如。

文革在外面搞得雞飛狗跳，鬥爭打擊「走資派」和一切「牛鬼蛇神」，相比之下，監內倒真的有點像隊長說的是犯人的「防空洞」了。

事情很快起了變化，「防空洞」的安全感被兩記耳光擊碎。

我們小組的龔芬梅是個天主教徒，將近五十歲，終身未嫁，她長得眉清目秀，臉上無時不掛著微笑。講話做事文質彬彬謙恭有禮，埋頭苦幹不聲不響。她與吳蘭珍、釋龍妙一起給犯人補衣服。也許是我沒有膽量去破壞這位女士的沉靜，也許是她與任何人等距離交往，婉拒了我接近的意圖。我幾乎沒有同這位「帝國主義傳教士的走狗」單獨講過話。

那天，龔芬梅被譚大淑叫到監房屋簷邊，譚厲聲質問她為什麼向犯人宣傳上帝。龔芬梅微微笑著溫和地回答：「我不是有意宣傳，是她問起我，我順便解釋了兩句。」譚拉大嗓門，脖子上青筋冒了起來，訓斥道：「你要清楚，你這是在繼續進行反革命活動。你是不是以為，現在外面有點亂，你可以乘機為你的上帝撈點什麼？」見龔芬梅望著她輕輕搖頭沒有講話，譚大叔接著問：「像你這樣，十年刑期坐滿之後，你出去還信不信你的上帝？」龔芬梅平靜地回答：「說句老實話，我還是要信奉上帝的。」譚大淑掄起她的手，一記耳光對準龔芬梅刮過去，龔的眼睛眨了一下，臉頓時刮紅了，但是，笑容仍然完整地留在臉上。

我驚愕極了，這是第一次看見隊長打人。而且，這位一貫無聲無息的龔女士竟有如此的勇氣和定力，面對強權講真話，對自己的信仰表現出絕不動搖的忠誠。

第二個挨耳光的是王大芹。

那天，放她出來倒馬桶，和往常一樣，門一打開，她就風箏般輕飄飄地飛了出來，只顧尖著嗓子唱她的歌，不理睬李恆芳叫她提馬桶。正好譚指導員在那裡，大約是認為偉大的文化大革命一點沒有觸及到王大芹，這個死角她今天要碰一碰，於是就威嚴地喝令王大芹站住。在這個判了多少年刑就反了多少年改造，就坐了多少年小監，事實上早已瘋了的王大芹心裡，天堂地獄、幸福災禍、達官權貴卑賤小民，全是一樣的等於零，她才不理會誰在叫她哩，咿咿唔唔地還在唱。指導員發怒了，用手指頭朝她一指，大嚷一聲「王大芹」，三步並作兩步衝上前就是一記響亮的耳光。王大芹的身子往後仰了一仰，愣了一下，咧嘴笑起來。然後哭訴道：「你是不是在喊王大芹？王大芹是我，我的名字叫王大芹。」她嘴湊近指導員，急得要命，話也結結巴巴起來，說了一串胡話，最後一聲口號：「殺人不用刀啊！」哭著跑回她的窩裡去了。指導員繼續對牛彈琴：「還在裝瘋，文化大革命是觸及每個人靈魂的革命，看你有沒得好下場。」

犯人們大惑不解，這位沙威式的共產黨忠實鷹犬，不善言詞，重視實際，為人正派，對犯人還算公平，頗有威信的幹部，怎麼走邪變樣打人了。

和男隊相比，女犯的日子似乎太好過了一點，於是有一天，鬥爭的帷幕在女隊拉開。

隊長需要靶子作實彈射擊，可是乾灰裡長不出綠草，女犯中的反革命相當膽小，沒有人跳出來說反動話當鬥爭目標。於是，先向刑事犯中普遍存在的「耍小圈」下手。

人，生活在人群之中，有人群就有友情。犯人也是人，也需要友情。小圈，就是朋友，就是友情。但是，監內不准許。

批判「耍小圈」的鬥爭會由隊長掌握，通常是我作記錄，整理後把材料交上去。這些糾到前面雙雙對對的小圈，揭出來的事實大同小異，一般都是兩個人買一樣的牙刷，戴一樣的圍巾，不放過任何機會講悄悄話攏談案情，共同回憶作案時的幸福日子，花錢買東西贈送給對方，互相遞條子以示親密，約定滿刑後如何再相會等等。在批鬥期間，他們受到更加嚴格的監督，於是，常常會亮出對方的禮品，一隻別在頭上的髮夾，一塊擤鼻子的手帕，已足夠表示「此情不移」，「永保忠心」。

批判者使用的語言也相當接近：「眉來眼去」、「勾勾搭搭」、「像在談情說愛」、「像兩口子一樣」、「打情罵俏」、「爭風吃醋」、「第三者」等等。經常使用的毛主席語錄是：「世界上沒有無緣無故的愛，也沒有無緣無故的恨」、「凡是反動的東西，你不打它就不倒」、「凡是錯誤的思想就要批判，不能讓它自由泛濫」、「要用階級鬥爭的觀點分析一切，批判一切」等等。

在這類批判會上我格外反感有人使用男女之情的詞句，比如「眉來眼去」、「爭風吃醋」等玷污監內被禁止、事實上極為高尚的友誼——人類心靈中一種不可或缺的，清潔劑。我常常利用整理材料的「特權」，把這類髒話剔除掉。

當時，有一個長期留在隊上做清潔工的老太婆，下班後，常常愛咬我耳朵，告訴我她看見在廚房上夜班，白天睡覺的歐某、余某兩個人在帳子裡打滾亂摸亂搞，然後更加小聲地說一些在她嘴巴裡打轉轉的，我根本聽不清楚也聽不懂的話。我不明白這個老糊塗嘟嘟囔囔講些什麼，更討厭她講話時那副不正經、賊眉賊眼的樣子，只當她在放屁。

後來我才懂了這個老太婆講的是什麼。

第二十三章
被一個女犯熱烈愛上

想不到，我這輩子，第一個瘋狂追求我的竟是一個女人，一個有丈夫有四個孩子的女人。我當她是好朋友，她卻當我是她意中的情人。朋友也好，情人也好，反正監獄內一律不允許，我說人前落人後，批判別人「耍小圈」，自己卻莫名其妙地扯進了更加嚴重「小圈」圈子。

我這才發現，在監獄的環境裡，友情如果用一種相當頑強的，忍不住非表現出來不可的形式出現時，這種「友情」多數已經產生變異，它更像是「愛情」，一種變態的扭曲的愛情——就像從深深的石縫裡或者持續的大風中掙扎出來的樹變成了螺旋形，非比尋常地不正常了。我不得不承認，那些人在批鬥會上使用的我反感的詞句或許是準確的。

她叫段淑貞，比我大九歲，糧店售貨員，「自然災害」貪污糧食，判刑八年。她眼睛細小，鼻樑平坦，長得很一般，但是小嘴巴薄薄的兩片嘴唇很豐滿，線條特別精緻好看，細而整齊的眉毛像是眉筆精心畫上去的，所以，多看一會，她相當地別有情致逗人喜愛。儘管我倆都是組長，一起開會，星期天檢查房間和公共地段的清潔，因為她不多言多語，不招惹是非，很不引人注意，我沒有同她交談過。

那段時間，我正遇上修縫紉機危機，一個自詡聰明能幹的高中畢業生，想搞什麼原子核物理尖端科學，結果連個小小的縫紉機都修不好，有啥屁用。車間多餘的縫紉機都用上了，有問題的機器一部接一部排在機修桌上，像傷兵等候「醫生」救命。晚上，我睜著眼睛睡覺，面前出現一台縫紉機，冷冰冰地站在那裡，奈何它不得。我決心從學習使用螺絲刀、搬手開始，利用午睡和星期天休息時間，抱著這坨鐵反覆琢磨，一件一件拆下它的零件，一件一件還原回去，研究這一百多個零件間的相互關係，它的啟動原理。掉了近十斤肉（要多少紅苕稀飯才補得回來喲），認識到「勞動偉大」、「勞動改造人」的真理，信服了「卑賤者最聰明」，自己則是狂妄無知，一文不值的。我基本上渡過了這個難關。

段淑貞的縫紉機斷針，經我「修理」後，斷針的毛病倒是治好了，但是又開始跳針，剛離開她不到五分鐘，她又把我叫了回去，我其實對自己修的機器一點沒有把握，但是又不願公開承認。我說：「你這個人怎麼這樣囉嗦呀，哪會又跳起針來了？」她說：「我看見你把墊在梭床背後的兩塊砂布甩掉了，它就開始跳針了。」我沒好氣地擋回去：「它又不是神布，貼在那裡保佑你不跳針？」不理睬她，走了。「神布」之說既令她啞口無言，又引起她對我的興趣，她後來告訴我。等我基本懂得修理縫紉機之後，我才發現那兩塊綠豆大小的東西真的是「神布」，只是太厚，引起斷針，完全去掉，導致跳針，應當換成薄一點的。

李恆芳滿刑走了，段淑貞頂替她看小監，終日坐在小監房門口結毛線，很少做別的勞動。一個晚上，我正要上床，被她叫去作記錄，小監的朱玉蓮正在歇斯底裡大發作，破口大罵毛主席。

提起朱玉蓮，她好像已經在小監房裡安營紮寨很久了，具體的案情無人知曉。李恆芳告訴我，在四隊的時候，政府曾經把她丈夫接來重慶，希望通過他勸導朱玉蓮接受改造，他們常常聰明地利用家屬親情使反改造改變態度，以體現革命的人道主義。那天，隊長叫朱玉蓮梳洗乾淨去隊部接見。約五十歲的頭髮花白的朱玉蓮，大鼻孔朝天，皮膚因長久不見天日而特別白淨，嘻嘻哈哈從小監房出來經過球場，踏上幾步梯坎，看見蹲在部隊門前屋簷下的丈夫，她幾步衝上去，揮起拳頭雨點般地朝他頭上打去。嘴裡怒罵道：「你個狗×的，男子八叉的，蹲在地上縮起，像個烏龜！」嚇得她丈夫抱頭鼠竄，話也沒有說一句就回了家，從此沒再來過。我問朱玉蓮：「為啥仔你把丈夫打跑了？」朱玉蓮扯開她肥厚的嘴唇答道：「我才不要這個烏龜男人耶。」接著是一串難聽極了的下流話。

一天，李恆芳給我一封朱玉蓮的家信，隊長擔心她會把信扔進馬桶裡，讓我念給她聽。哪一個犯人不想家不盼信啊，「家書抵萬金」哪。我高興地到了朱玉蓮的風門洞口：「喂，朱玉蓮，你屋頭給你來信了，我讀給你聽。」我滿以為她會開心地洗耳恭聽。誰知，朱玉蓮瞪大眼睛，用她沙啞的嗓子憤怒地喊到：「拿給我，拿給我！」一面從風門洞口伸出一隻手搶信。我嚇得連忙後退，更加相信她要信的目的是為了把它扔進馬桶裡。我站得遠遠的，她絕對夠不著了，便開始大聲念，希望她會乖乖地靜下來聽。孰不知她更加聲嘶力竭地狂叫要我還信，引來無數人圍觀。突然，在數秒鐘的寂靜之後，女犯們一陣騷亂，哇哇大叫往後退。原來，朱玉蓮拿她的飯碗從馬桶裡舀糞朝外面潑來。她的首要目標當然是淋我，可是第一碗「米田共」卻落在離她最近的看客身上，我站在外面走廊的一根磚柱旁，身子迅速一側，躲到磚柱後面，第二碗灑在磚柱上，幾碗大糞之後，沒有人再待在那裡。我把信還給了李恆芳，對朱玉蓮的行為很不理解。李恆芳後來告訴我，朱玉蓮對她說既然是家信，就應當交給她，別人憑什麼讀她的信，她說「看人家信，挖目斬手。」我不瞭解朱玉蓮的過去，也不清楚她有無文化，只知道她舉止野蠻粗魯，語言污穢不堪入耳。每當她亂罵時，隊長總叫我去記錄。其實，她出口的話很少有什麼意思，只是髒話的大集錦，聽得我心驚驚地全身起雞痱子，我相信，在這裡我獲得朦朧的性啟蒙教育。想不到這個「出口成髒」的女人，她的靈魂裡卻有如此強烈的尊嚴感和不可侵犯的自尊心。

那晚，段淑貞陪我作記錄，朱玉蓮用她一貫的沙啞嗓子罵道：「火鉤毛澤東，門板毛澤東，石塊毛澤東，雞公毛澤東，錘子毛澤東，菜刀毛澤東，褲兒毛澤東，桌子毛澤東，椅子毛澤東，茅廝（廁所）毛澤東……」罵了幾十個不同品種的毛澤東，她把一個物品加在毛澤東名字的前面就是一句罵話，有時候得要幾秒鐘想出一個新的名堂，再繼續罵下去。這些話雖然分析不出任何具體的政治含義，但當時已是「世界人民心中最最紅的紅太陽」的毛澤東，已經是神，那裡能和塵世俗物相提並論，朱玉蓮的罵話不光是一種不可容忍的大不敬，簡直就是頭等大罪了。她像這樣罵毛澤東已不是第一次，也並非最後一次，彼此雷同，沒有花樣翻新。

記錄完了，我站起來打算回房睡覺，段淑貞把我留住，她說她想同我聊天。

她告訴我，她交朋友有三個條件，一是要長得好，二是要有文化，三是要受大家歡迎。她認為我符合這三條，她很喜歡我。我心想，這個人太有趣了，交朋友還先有條件，用心去碰撞就夠了。她說她同情我的母親，失去了丈夫同時又失去了獨女，心裡不知有多麼悲傷。她說她可憐我，年紀輕輕就當犯人，青春年華在牢裡葬送，失去了個人的一切幸福。她說她出去勞動，看見過我父親，一看就知道他是個好人，好人才會有這樣個好女兒。她表示她比我早滿刑六年，出去之後一定要去看望我母親，把我的母親當成她的母親，那怕賣野力也要在經濟上給予她幫助。

儘管，我不願意任何人可憐我，我按照自己選定的路走，再多的苦難是我自己的決定，我並不可憐，也拒絕接受別人對我的可憐；儘管，我交朋友從來不帶功利觀念，不指望任何人給我任何好處，好幾個犯人臨走前問我要地址，想通過母親送東西給我，都被我婉言謝絕。但是，段淑貞的這番肺腑之言溫暖了我的心，她的一片盛情好意，我深深感謝，甚至有點受寵若驚了。

那晚，對於我，有一顆友愛的心向我靠近；對於她，似乎已經與心上人定了情。

車子在兩股軌道上奔跑。我並沒注意她見到我時容光煥發滿目含情，直到一個星期日，我們檢查葡藤下的落葉是否收拾乾淨，段淑貞趁無人注意，用她的手摟住我的腰，我像觸了電全身一顫，接著感到很不自在，努力要掙出她的手臂。

事實上，我掙不出這雙柔軟的手臂。

無論我在哪裡，她便出現在哪裡，用她那雙並不美麗但是盛滿深情的眼睛注視著我，有時甚至是在哀求我。我手足無措，不明白她要求什麼。要知道，在監獄裡面，友誼也是嚴格禁止的，每個犯人只是海灘上單顆的沙粒，彼此不沾靠，冰涼的海水沖刷過來夾擠在沙粒之間。「沙粒」感到冷，需要溫暖，但是又懼怕溫暖，因為它帶來麻煩。這就是我當時的兩難境地。

我希望我能使段淑貞快樂，以表示我對她的感激，我又必須裝得若無其事，以避免別人逮住我的尾巴。我扮演著一個陽奉陰違的角色。

陸文燕滿刑走了，後來的赤腳醫生尚未抓進來接班，我權且掌握醫務室鑰匙，有發放紅汞、碘酒、眼藥膏、紗布的大權。當時，有一個名叫丁鼎勛的「勞改釋放犯」醫生，每週來隊上看病開處方，由醫院把藥送來，我負責一日三次或四次發藥。段淑貞經常來醫務室，她的眼睛老是紅紅的，好像哭過。她總是讓人家先拿，只剩下我倆時才叫我給她點眼藥。我站在她面前，她坐在矮凳上，雙手摟住我的腿，仰起臉滿懷柔情地望著我，眼淚順著面頰無聲地淌下來。

她已經如願以償有了我這個朋友，應當快快樂樂地過日子，為什麼反而比過去更加鬱鬱寡歡，無病呻吟。但是，我從來沒有花時間同她多講話，一來隨時有人進來，怕別人聽見，二來我擔心問她一句，她冒十句、百句，那就好像把小瓶子裡關了一千年的妖怪放了出來。所以，我什麼也不問，只是說你別這樣，我的眼藥水怎麼點。她使勁地輕輕掐我的腿，把身子拐幾拐，可愛的小嘴唇嘟著。我不明白，也不詢問。

那天清晨正要出工，女犯們突然唇紫面青一個接一個倒下，來不及抬醫院。原來是吃了蒼蠅晝夜光顧下做出來的鹹菜，食物中毒。我事先當然不知道，只是不喜歡這個鹹菜的味道給別人吃了，所以成為為數不多的好人，幫助醫生們在病人中忙來忙去。段淑貞發得不重，她希望我留在她身邊照顧她一個人，那怎麼行，我做不到！由於藥物有限，廚房又熬了一大桶解毒的中藥，西藥有糖衣是甜的，中藥則苦得難以進口，有的人發西藥，有的人發中藥。我覺得段淑貞是我的好朋友，她應當「吃苦在前」，我發給她中藥。孰不知，我們的觀點正好相反，她認為憑我倆的關係，我應當優待她發西藥才對。我奇怪為什麼她會這樣想，同她發生了第一次爭吵，友好是偷偷摸摸的，爭吵也是偷偷摸摸的。我紅著臉捍衛我的原則，她且戰且退，最後歪著腦袋笑了，我打了她肩頭一下算是我贏了。

一天，在監內運磚，臨時急需勞動力，我去了，段淑貞也去了。當晚，她找到機會同我講話，小聲但是十分用力地說：「怪不得你一直對我這麼冷漠，今天我才明白了，原來你另有心上人。」我不明白她在講什麼，追問道：「啥子，你在說啥子？」她重覆了最後一句「你另有心上人」，不等我回過氣來，她接著講：「你不要犟，我看得很清楚，你停下挑子在前面歇氣，歇氣就歇氣，每個人眼睛都朝前看，你偏要轉過臉來看她，那才叫舒服喲。是不是？」我火了：「她？哪個她？」段淑貞生氣了：「你還要問我？高年華。」她大聲地把名字吼了出來。我火冒萬丈，七竅生煙，罵道：「你混帳，你當我什麼了？當我是個男的，一個花花公子，喜新厭舊？你在幹啥子，執行一夫一妻制呀？講些什麼鬼話。」她一邊流淚一邊嘟噥說：「那你就光明正大呀，為什麼鬼頭鬼腦背著我幹？」

我男朋友都沒有交過一個，一輩子沒被人這樣侮辱過，她講話實在太傷人，我恨不得奔上去刮她兩記耳光，從此拉倒。但是，見她不斷擦眼淚，我的手沒有舉起來，就是舉了，也不可能打下去。

小時候打架不算，長大後，我還從來沒有打過人，更不要說打一個喜歡我的人。扳扳手指頭數一數，從小學到中學到社會兩年到監獄這五年，有沒有一個人像她那樣對我說貼己知心溫情的話，有沒有一個人對我的母親、我的父親、我本人表示過那麼巨大的同情和好感，有沒有一個人說過我的父親是好人？沒有，一個也沒有。除了翻白眼歧視、欺侮人、看笑話，與己無關不勞心之外，有誰像她那麼真誠友好直率平等地待我，我的心從來沒有這樣被感動過、溫暖過。我們從小接受的家庭教育除了誠實忠厚謙讓之外，就是「受人滴水之恩，當以湧泉相報」，段淑貞對我的那顆心，我報答都來不及，無論如何我都不能傷害她。

我壓住怒氣慢慢對段淑貞解釋，我們不是夫妻，不是一對一的關係，我們是朋友，是好朋友，有諺語說「一個敵人不算少，一千個朋友不算多」，我願意交多少就交多少，這與你不相干，也絕不影響我們的友誼。只不過，這裡面不允許交朋友也不是交朋友的地方，你是我唯一的「小圈」，我沒有別的「小圈」，也不打算有。最後我說：「你不要發神經，疑神疑鬼的。」段淑貞的眼睛露出笑意，問我：「那，高年華呢？」我答道：「什麼高年華，矮年華，沒有一個是。」她真的笑了，用食指定住我道：「那，你給我下保證。」我講的都是真的，有什麼不敢保證的，為了不同她沒完沒了地糾纏，我說「我保證，我保證。」一面逃也似地走開了。

段淑貞提及的高年華，是個明目皓齒，唇紅膚白的可愛女子，比我小一兩歲。年幼時她父母雙亡，參加「友誼商店」工作後，夥同其他幾個年輕人集體偷竊，集體分享，她年齡最大，成為集團首犯，判刑八年。她天性溫和善良，笑口常開，露出兩排潔白整齊的牙齒，特別沒有辜負造物對她的厚愛。因為她討人喜歡的好性格，老有人找她耍「小圈」，又因為她嘴緊，不肯出賣人，老是被動，老是被鬥。我看她成為「首犯」，也是因為不肯吐人，別人都說是她是她，也就是她了。挨鬥之後，隊長安排她到了段淑貞小組，「五固定」在表現好從來不耍「小圈」的段淑貞身旁。從此，兩個人腳跟腳走一起，只要有高年華的身影，就有段淑貞那雙緊盯的眼睛。

段淑貞有了我的「保證」，等於握了尚方寶劍，覺得她更有權要求我兌現「一對一」的諾言，不管雙方的理解有何差異；覺得她更有權指責我破壞「一對一」的規定，不管確有其事還是捕風捉影。她的毛病有增無減，我不在的時候，她以淚洗面，碰到我的時候她無端指責，眼睛裡充滿了哀怨。我完全不得安寧，無論在何處，小監門口、醫務室、飯堂、廁所，任何地方，甚至半夜三更，我坐在大馬桶上，她都跟蹤而至。我發現她見到我時眼睛閃出的欣喜的光芒，但是，耳朵聽到的卻是重覆又重覆的責備：「眼睛不老實到處亂看」，「對高年華頻送秋波，感情向縱深發展（當時報載文化大革命朝縱深發展）」等等，不一而足。我先是氣得五臟六腑要炸，然後是滿心的莫可奈何，最後是忍辱屈從再次退讓。我珍惜她的好心和感情，我懼怕鬧出事來別人說我口是心非。

共產黨關住了我的身體和我的思想，段淑貞管住了我的眼睛。

眼睛這個東西太活，隨意性又太大，它老是要轉，看東看西看空無，腦子也管不住，假如命令它不看什麼，那完全是白搭。當時有人風傳高年華是段淑貞的「小圈」，因為，她倆如影隨形。段淑貞把她盯得那麼緊，我碰到了「形」，就一定要碰到「影」，就一定看到高年華。儘管每次看到段淑貞我馬上就命令自己的眼睛不准看高年華，指令還沒來得及下達，眼睛已經自然地掃了過去，而且常常還是先看見高年華，然後才是段淑貞，我懷疑自己真的有點問題了。

為了安撫段淑貞無端產生的妒忌心，我對自己「劃地為牢」，並且改變個人的作息時間。

早上，我遠離可以碰見大堆人的地方，在犯人活動的邊緣面對葡萄藤刷牙、洗臉、倒水，收工洗澡以及其他可能碰見人的時候，我都選擇衝在前面，不然就掉在最後，總之，千方百計錯開「影和形」。平時，從監房進進出出，我總保持眼睛看地，幾次同迎面而來的犯人撞個滿懷。

最要命的是犯人們早飯後出工前上廁所鬆包袱這件事，出工前不完成這件要務，出工之後你才知道「水火不留情」的霸道，因為常常是時間不對頭，或者是附近沒有廁所。所以，到勞改隊不久，不管你過去的習慣如何，你肯定要「改邪歸正」，在飯堂「迎新」之後，接著去廁所「送舊」。時間緊張，人流集中，加上通往廁所的破石梯，瓶頸似地卡住川流不息上上下下的人群，來往的人低頭不見抬頭見，有太大的危險看見高年華了。我想來想去，只有一途可走——「改正歸邪」。

我乾脆提前完成任務，半夜起來解決。前面講過，晚上不能去牢門外上廁所，在我們口字形的監房內靠牆的那邊，放著一排大馬桶，一個小組一個。通常情況下，沒有人願意在這裡幹「大事業」，一來坐得太高不習慣，二來黃湯半桶相當搗蛋。頭幾次，我很吃了點苦頭，「炸彈」一下去，黃湯憤怒四濺，弄得你整日噁心。後來，我發現靠牆的花圃種了幾棵南瓜，扇子大的南瓜葉可是好盾牌。每次，我先摘一兩張「盾牌」扔下去，便無風無浪平安無事。可是，南瓜葉長不贏我，到後來拳頭大的，甚至「氣死疙瘩」的小南瓜也為我捐了軀，無南瓜葉可摘，我以樹枝代替，效果固然不佳，卻不無幫助。

人們說「心中無冷病，哪怕吃西瓜」，我心中沒有冷病也怕吃西瓜，說不清楚自己得了什麼病。我這才體會到，世界上涉及到人和人的心理、感情的事情，形形色色，盤根錯節，千差萬別，哪裡能夠一概而論，哪裡能用一個公式解釋。

我的這番苦心，並沒有換來段淑貞的信任，反而是無窮無盡更加固執的猜疑責備，她害的是一種更加無可救藥的病。

我的忍讓已經接近極限。那段時間的勞動很不固定，做完單、棉衣之後，又做過一批勞保手套，間或也出三隊搞監內搬運。後來幫七隊圓釘車間釘木箱，兩人一組配合完成。段淑貞沒毛衣活做，同高年華一組。我負責發料，檢查質量，收集成品，登記產量。

我同高年華從來不是小圈，只是隊長安排我們一起唱唱跳跳表演過節目，平時見面點頭笑笑打個招呼友好地相處。現在，為了段淑貞，我憑白無故突然不理睬高年華，照面不打一個，連公事也迴避，實在不講道理，心中時時為高年華抱屈。由於她是隊上有名的小圈大王，也算是一種反改造，對於加在她頭上的任何監督，她都隱忍在心，從不抱怨。儘管如此，段淑貞還在得寸進尺，把高年華越盯越緊，甚至心懷仇恨，我氣憤她以監督反改造的名義假公濟私，開始找機會為高年華出氣。

那天，我到段淑貞處收成品，她用做好的木箱堆碼成一個小「房間」，把高年華關在裡面，過路人只能看見她的背。我朝裡望了一眼，段淑貞幾乎是在耳語：「毛病又發了，往裡頭看啥子？」一個好端端的高年華，因為我的緣故，在監獄裡還要低人一等，被人寸步不離地這樣管著過日子，無論她明白就裡還是蒙在鼓裡，我同段淑貞在合謀欺侮一個女犯人，我的心已經不能再忍受。

我決心從那雙「柔軟的手」裡走出來，段淑貞的那句話打開了門，我的「毛病又發了」。

我不理段淑貞，朝裡面大聲說：「喂，高年華，你坐得太矮，釘東西好費力呀，不如站起來做。」我走進去用木板幫她搭了個高矮適中的工作臺，示範給她看，「你看，鎯頭這樣敲下去，多輕巧。」她笑了，露出一口雪白的牙齒。

從此，我自由了，我的眼睛高興看哪就看哪，南瓜葉子長得快長得慢關我屁相干，段淑貞認為我是「癡心妹」還是「負心郎」全部滾它媽的蛋，我才不愛管。

世界上好多事，順著走行不通，最好試試「反其道而行之」，常常旗開得勝。以為是很難很難的事情，其實很簡單，「落下即實地」。早曉得這樣，該向王文德試試，不怕你，你又能怎麼樣！

我同任何人都正常地交談，我舒心了；段淑貞失去了對我的專利，更加傷心，更加深信不疑我是朝三暮四見異思遷的壞東西。

這倒不要緊，我已經不在乎，要緊的是她還執迷不悟，仍然陷在泥潭裡，甚至拒絕與丈夫和四個孩子接見。她是怕她走了，留給我與「新情人」眼目傳情的大好時機。我實在忍無可忍了，不顧一切地對她吼話：「段瘋狗，馬上去接見！」命令她跟著隊長去監門口會見家屬。其他犯人看笑話，說風涼話：「外矛盾，內團結」，「撒煙幕彈」。

六八年底，段淑貞滿刑的頭一夜，她坐在房門口哭。有犯人來叫我，「快點，齊家貞，你的小圈哭得傷心得很，她捨不得你，去勸她幾句吧。」提起她，我就生氣，難以壓抑冒出來的火氣，她把一段好端端的友情扭曲成了什麼樣子，我成了怎樣一個「被侮辱與被損害」的「男人」。

我怒氣沖沖地走到正在流淚的段淑貞面前，大聲武氣地說：「段淑貞，你十六歲就嫁人，你壞得很，不要臉。」我一點沒有作同她告別的準備，人家要走了，我怎麼罵人講出這樣的話。她揚起細眉毛望了我一眼，一言不語。我接著說：「明天，你就要回到人民隊伍去了，不要以為滿了刑就船到岸，車到站，你就改造好了。你差得懸遠，資產階段思想還嚴重得很，不繼續加強改造謹防二進宮，吃回鍋肉。」這時，段淑貞居然抬起淚流滿面的臉，滿懷感激地回答我：「謝謝你，齊家貞，我一定記住你的話，繼續用毛澤東思想改造我嚴重的資產階級思想，不辜負你的希望。」

她真的沒有辜負我的希望，滿刑留隊數年回家後，她的「資產階級思想」自動退出歷史舞臺，又變成了丈夫的好妻子孩子們的好媽媽了。後來，我們見面重新成為好朋友，我給她的「臨別贈言」，成為我們永久的笑話。

不明白這段「小圈」怎麼會在她滿刑以後才爆發。隊長叫我去隊部，稍一暗示，我就知道「紙包不住火」，只得和盤托出，然後在大會小會上受批判作檢查。犯人們說我「當著隊長一套，背著隊長一套」、「說人前落人後，鍋鏟落在灶背後」，說我「口是心非，陽奉陰違……」。那時候，我太年輕，努力想做一個好人，是不是個好人，又太依賴於別人的判斷與評價，最怕別人當面講我壞話，像上面提的這些，一聽，手指頭腳趾頭都抓緊了，緊得出汗，心跳得咚咚響，努力用勁忍受，很是痛苦。其實，對於我與段淑貞耍「小圈」的揭發，她們只是揭出了與其他「小圈」相似的現象，真正的故事現在才由我揭了出來。後來我曾問過「第三者」是否瞭解內情，高年華笑起來，露出潔白的牙：「真的呀，我啷個不曉得？」

被批判的小圈們是幸運的，只是在前面罰站，如果下面有人呼喊「啄起，九十度！」只要幹部不吭聲，你盡可以抬著頭立正或者稍息，開我批判會的時候，隊長對我更寬大，甚至就坐在自己的位子上，沒有到前面「照相」。

第二十四章

磨骨頭養腸子的女囚們

文化大革命給我們增加了多說幾個「英明、英明」、「偉大、偉大」的機會，那幫為王為寇者，在黑屋子裡打架，架打得翻江倒海，可是外面的人聽得清看不見，莫衷一是。八屆十二中全會打開了電燈，毛澤東勝，劉少奇敗，誰勝誰敗對於犯人都一樣。九大召開，林彪當接班人寫上黨章，我們又鼓躁一陣「擁護擁護」，王也好，寇也好，誰上臺我們都說擁護，照常吃我們的犯人糧。

文革最現實的好處有兩個，一是有幸看到了毛主席夫人江青一手創製給八億人民的八個樣板戲，我們看了三個：「紅燈記」、「紅色娘子軍」、「智取威虎山」。好像想女人成疾的光棍，「母豬也是雙眼皮」，比起看「地雷戰」、「地道戰」，我們是在過盛大的節日了。

再有，文化大革命帶給我們許多唱歌的機會。對於我這個愛唱歌的人，那怕許多我喜歡的歌監內不許唱，那多不勝數的毛主席詩詞歌、語錄歌，以及填上歌頌毛主席新歌詞的優美悅耳的民歌，使我照樣解饞過癮。當時唱得最多的是《大海航行靠舵手》，它雄渾有力，熱情昂揚，很適合我的嗓子，我百唱不厭。起音碰到去男隊看電影或者開會，面對他們此起彼伏的歌聲，隊長總是要我出來起音和指揮三隊女犯唱。起音倒還勝任，指揮則是獻醜。

這樣的時候，我們是很相信毛主席的「無產階級文化大革命形勢大好，不是小好」，以及林副主席總結的「文化大革命的成績最大最大最大，損失最小最小最小」。儘管我對毛主席叫知識分子「夾起尾巴做人」感到一絲侮辱，但這是轉瞬即逝的。

不要以為「啄九十度」是輕鬆得像做廣播體操一樣的活路，恰恰相反，堅持到十分鐘就無異於受刑了。

中隊開會批判我們小組的余令儀，一個矮胖的沒有彎彎腸子講直話的女人。她的衣服從來沒有穿伸抖過，不是口袋耳朵似地翻出來，就是裡面衣服的下擺露一截，再不然長衣袖從裡面拖一段到外面當抹桌帕，內裡的長褲腳掉出來蓋住鞋幫。大家叫她「縣一級幹部」（現一截幹部），她笑而受之，不當回事。除了兩只大茄奶和兩瓣大屁股之外，她身上時時「異軍突起」，一團紙，一坨布，甚至一雙臭襪子。蓬亂得像棕兜的頭髮從來不梳順，五官不錯的臉老是塵埃滿佈。總之，是個十分邋遢的女人。但是，她最樂於助人，反改造的忙她幫，正改造的忙她也幫，喊到她幫，不喊到她也幫，心腸很熱。她從來不認罪，一貫「借發言之機訴共產黨的苦」；最愛像匹野馬四處亂竄，沒有遵守「五固定」的愛好。她對什麼事都漫不經心、無所其謂的態度，令人懷疑她不是來這裡坐監，而只是找到了一份新的工作。

她「訴苦」說：「我一直沒得工作，有時在街道運輸隊當搬運，有時幫別個倒垃圾，東一鎯頭西一捧捶地混飯吃，磨骨頭養腸子。後來，為了參加街道工業，我把家裡的長板凳和值五、六十塊錢的老虎凳都捐了出來。」小組愕然，余令儀有「老虎凳」？她趕忙糾正：「說錯了，說錯了，不是老虎凳，是老虎鉗。結果街道工業成立起來了，沒得我的份，說我出身不好，表現也不好。還要我好好？家頭的東西都捐出來了？他們說東西是我捐的，不還給我，我想不通，到派出所找戶籍評理，戶籍說我要潑，我不依教跟他吵。他說，好好好，我給你安排個工作，結果把我送到東風農場集改！集改回來，我參加地段的義務勞動，和革命群眾在一起，我做得周身汗淋淋的，不得錢心頭也高興。戶籍表揚我，說我『改造有進步，要繼續努力』。要你來表揚啊，我馬上不安逸，我說『你啷個不在我腦殼上刻反革命三個字嘛？你莫要當眾臊我的皮』。出身不好的人活起都造孽。」

從余令儀激憤的情緒和連珠炮似的講話，已能大部分猜到她十年反革命是怎麼來的了。

像小攤販賺分分錢起不了渣，被揭發出來的余令儀的問題全是成不了形的小事、舊事，會開得很沉悶，無精打采的，直到何應秀起來揭發了一些新鮮事。

她說：「余令儀沖殼子（吹牛）得很，她有起錢來吃雞都要剝皮，窮起來連灰都舔不起，天一句地一句的。她說『後頸窩的頭髮，摸得到看不到』，你現在鬥別個，二天，別人還不是鬥你。還說『槽內無食不要豬拱豬』，叫我莫管別個的閒事，大家都是犯人，何必互相檢舉。她各人坐了牢還閒事管得寬，給犯人當媒婆。她拉攏王文飛、何吉玉，對她們說『莫著急，等我出去了，給你們介紹個男的，包你滿意。』」

會場一下子被這件事刺激得來了精神。何吉玉不愛開腔不得罪人，大家注意力集中在王文飛身上，她嘴巴嘰嘰喳喳的。許多人豎起頭朝下巴有點往裡縮，長得還算好看的王文飛望過去。余令儀拼命用她嘶啞的嗓子辯解：「哪裡是做媒嘛，我是叫她們安心改造，莫要擔心……。」

不知是誰大叫一聲「把王文飛抓出來」！不由分說，王文飛身旁的兩名女犯像得了令箭，立即劊子手般迅速地將王文飛推上「殺場」，站在了余令儀旁邊。興趣盎然的人群中，數人同時叫道「啄九十度」、「噴氣式」，見隊長沒有說「不」，幾個人上前把余令儀和王文飛的頭硬是按了下去。於是，三隊女犯開了這個戒。

余令儀「解放」後當了許多年的五類分子，酸甜苦辣都已嘗遍，已經是個「三斤油也炸不泡的老油條」了，等按她頭的犯人走開了，她的腰不顯形地一點一點直起來，只做了個低頭啄腦的樣子。王文飛年輕沒有經驗，人家按她到九十度，把她雙手扳到身後舉起來做成「噴氣式」，她真的保持著這個姿勢。不一會，這個才二十二歲的年輕人，站在冬天的戶外，額頭上豆大的汗珠竟滴滴噠噠打在地上發響，淌了一大灘，實在令人稱奇。要不是我坐在前面親眼所見，很難想像這麼一個小小的彎腰伸臂動作竟會有如此厲害的整人的效果。

文化大革命在外面越搞越狂熱。我通過報紙，瞭解到官方最願意讓人看到的部分，我也跟著忙了起來。八三四一部隊軍醫用毛澤東思想武裝之後，創造了人間奇蹟，小小銀針打開了聾啞禁區，使啞巴開了口，呼出了世紀最強音：「偉大領袖毛主席萬歲」；使瞎子重見光明，見到了最紅最紅的紅太陽。我問家裡要了「毛澤東選集」四集紅寶書，讀了之後，覺得道理服人，中國的仁人志士們什麼都試過了，都失敗了，只有社會主義能夠救中國，只有毛澤東思想能夠救中國。我從不直呼毛澤東的大名，一定稱呼「毛主席」以示尊敬。我從內心裡不滿余令儀叫他「毛老頭」，認為她狗膽包天。我把每天從報上讀到的毛主席語錄工工整整地抄在筆記本上，背熟後往自己身上套，活學活用。外面老百姓「狠鬥私字一閃念」，我們犯人更應該狠挖自己的犯罪根源，我發言時除了積極運用大家熟悉的毛主席語錄之外，還不斷從毛著中尋找新鮮而恰當的語錄批判自己。

我說了就辦，言行一致地落實在行動上。最髒最累的活我爭著幹，洗廁所我第一個跳進糞坑，掏水井我站在稀泥最多的地方，廚房分配給小組額外的罐罐肉，我一律放棄，從來沒有按輪子領過。犯人平時不用的東西打包後集中堆碼在監房一角，多數人不願意把自己物以稀為貴的財產壓迫在最下面，既受潮也不方便拿，我從來都是把自己的包首先放下去。在縫紉車間，我反對任何人浪費公家財產，哪怕一根線，我也不允許。陳光華（反革命八年）原是小學教師，據說是《紅岩》小說中雙槍老太婆的孫女，我替她修縫紉機，為了搶時間出產品，她移到我的機器上做。機器重得踩不動，剪刀有缺口，錐子太鈍。她說：「我以為齊家貞用的東西，肯定是全車間最好的，因為都是她在管。」

我寫信要求母親給我寄銀針，我要像解放軍軍醫那樣先在自己身上做試驗，再為大家辦好事。我請母親寄一包黑染料給我，好把我那件淡綠色的裙衫染黑，杜絕頭腦裡美的慾念。可是，銀針沒有寄來，市場上買不到；染料郵局不許寄，怕把別人的信一齊染黑。

沒有染料，我自己動手，把襯衫上那束深綠色的機繡花一針一針拆除，它有腰身，所有的腰折也被我放開。「解放」後長期潛移默化接受的苦行僧思想和對美麗事物的鄙棄，此時大有活動之機。

自修理縫紉機以來，我下班後洗手，一貫是先在一塊大沙石上把雙手翻來覆去滾磨一遍，把油垢磨掉，才打肥皂洗。肥皂不定期供應，數月才有半塊，經不起用，同時這樣也省錢，手皮子磨了自己又長。我的看上去像在油裡浸過的圍腰和那件兩塊前襟像油板的小棉襖，就沒有福份洗了。由此我得了幾個渾名：「賣油匠」、「殺豬匠」、「大眾叫化子」，我還挺喜歡這幾個雅號。

可是夏天一來，穿上我上面提的那件拆掉了花，拆掉了折的淡綠色裙衫，和胡薇薇送給我的那件白底粉紅花的短袖襯衫，我立即變了樣，立即成為大家「攻擊」的對象。「哎呀，叫化子，啷個捨得不披你那件破狗皮呢？」「嘿，啷個眼前亮了喲？」「喔，賣油匠變成個花姑娘了。嘖嘖！」我給她們笑得不好意思起來，但心裡是不無歡喜的。

隊長找給我幾根銀針，有個女犯借給我一本《赤腳醫生手冊》，上面有人體穴位圖和打銀針的要領，我便不知天高地厚地學起解放軍軍醫來了。我開始在自己身上扎針：足三里、合谷、後溪……甚至肚臍眼，長長的針我毫無畏懼地扎下去，弄清穴位，尋找針感，然後犧牲中午休息時間為犯人扎針。她們排隊等候，有肩背痛、關節痛的，有失眠的，還有月經不調的等等，她們說還管用，扎了又來，只可惜沒有啞巴讓我顯神通。寫到這裡，我感到後怕，慶幸當時沒有扎死人。

假如有人給你畫了一副洗不掉的眼鏡，久而久之，你會認為自己的眼睛不管事，多虧這副眼鏡，否則你什麼也看不清。

和所有的時髦人一樣，我做了好事，也找一段相關的語錄「對號入座」，把功勞歸給偉大領袖毛主席。頭髮長得茂盛，給帽子記功。

外面人民搞三忠於四無限，向毛主席早請示晚彙報，我們則在早飯、中飯、晚飯前，一日三次向毛主席請罪。集合在操場上，面對部隊門上高懸的一幅毛主席大畫相，由我舉起那本犯人的「毛主席語錄」，領呼「敬祝偉大領袖毛主席萬壽無疆！」緊接著，其他犯人揮動語錄高呼：「萬壽無疆！萬壽無疆！萬壽無疆！」我再呼：「敬祝林副主席身體健康！」大家接著呼「永遠健康，永遠健康，永遠健康！」然後我宣佈：「現在，請罪開始。」於是，每個人低頭垂手作認罪狀，操場一片靜穆。

就像做氣功，越要求腦子清靜無為，它就越是雜念叢生。在請罪的一兩分鐘裡，本應反省罪孽，請求寬恕，可我的腦子卻天馬行空，無所不至。為了把思想管住不出格，同時為了掌握時間，我給自己發明了一串經在心裡叨唸：「爹爹萬歲，媽咪萬歲，家忠家仁家信阿弟我自己萬歲」，這個發自內心的經，我唸

「一家七口，再次齊聚」，是齊家每個成員特別是母親刻骨銘心的美夢。

的時候，思想一點不發岔。反覆七遍之後，我高聲喊：「請罪結束。」像戴了手錶，每次請罪的時間一樣長短。於是，大家哄的一聲作鳥獸散，捧自己的那罐飯去了。

我唸的經，意思一望而知，是希望全家身體健康，安然無恙。在所有數字中，我對「七」字有特殊的感情，因為我家有「七」口人，再則「齊」又與「七」字同音，我的經反覆唸「七」遍，是希望齊家七口，再次齊（七）聚。「精誠所至，金石為開」，我暗盼這每日三次的祈禱，有一天會所求成真。回顧小時候媽咪星期天，「做油炸花生米（給我們）下泡飯，每碗發七粒，添一碗飯再發七粒」的往事，母親發「七粒」，而不是八粒也不是六粒，其實也是希望齊家七口齊聚。這個刻骨銘心的家庭團聚夢，追隨了我們每個成員的一生，直到它徹底破碎。

對於犯人，「吃」是為了生存，生存還是為了「吃」，「吃」是我們唯一現實的享受。現在，當我們飢火中燒格外需要「享受」的時候，卻要先向毛主席請罪，那怕僅僅是兩三分鐘的耽誤，也是很艱難的事情。尤其是此時此刻廚房的飯菜已經做好，飯桶、菜桶像一對可愛的胖夫妻立在我們面前，引誘大家向他倆撲過去。因而低頭請罪的時候，離我們更貼近的「胖夫妻」無疑比高高在上的毛主席畫像更具體、更真實、更有魅力。所以，與其說是在向毛主席請罪，不如說是為飯桶而請罪，對此，大家心照不宣。正如我自己，如果不是今天寫出來，沒人知道，我這個表現好的領喊人，在那幾分鐘裡膽敢自作主張胡思亂想。

報上宣揚「寧要社會主義的草，不要資本主義的苗」，表現出他們把意識形態的鬥爭提到怎樣的高度。於是，老百姓「自然災害」後逐步豐盛起來的餐桌又開始匱乏，犯人們也在劫難逃，餐餐吃雜糧。正當在一隊的父親吃包穀拉包穀之時，三隊女犯屋漏偏逢連夜雨——我們居高臨下，滿懷羨慕地遙望山下男犯中隊時而出現的一挑一挑的菜肉擔進廚房——三隊女犯已經與肉食絕緣，鄧明琴司務長貪污。

這位對我進行單獨教育時表示過惋惜，給女犯訓話要求女性自尊自愛的個性剛硬的鄧明琴隊長，曾經贏得過我的尊敬。但是有一次，她生氣地警告某些女犯：「不要以為你們的鬼把戲混得過去，難道我們的眼睛是吃屎的？」用「吃屎」這樣的語言形容自己，實在太失體統，著實把我嚇了一跳。現在，她竟然貪污犯人的伙食費和糧食，這簡直是喪心病狂，比起罪加一等的貪污軍餉的行為更加不可饒恕。

犯人，其實不是人，他們只是有腳無路，有嘴無語的勞動力，一群任人駕馭聽憑宰割的畜牲。一日三餐給多少吃多少，給好吃好，給壞吃壞。食物放在面前，不是你的，拿在手上，不是你的，吃進嘴裡，不是你的，吞進肚子裡才是你的。情況就是這樣，毫無保障。否則，政府發放的糧票以及按照定量給的伙食費，怎麼會跑進鄧明琴司務長的腰包裡？

犯人無權表達內心的七情六慾，也不能呼號飢寒飽暖，任何一種情緒的流露都可認為是不接受改造對抗政府，都可能會帶來麻煩甚至嚴重的後果。在人生旅途遇上了意想不到的牢獄之災後，大多數犯人都抱著「但求無過，滿刑走路」的態度過日子。因此，當我們一下子又感到肚子整日空撈撈，餓得發慌，腳疲手軟，似乎面臨第二次「自然災害」時，幾乎沒有人開腔說話。我們愁眉苦臉地端著越來越輕的罐罐飯以及幾片切得薄得透明的僅僅蓋住罐底的萵筍，不敢詢問到底發生了什麼。

在這樣的情況下向毛主席「請罪」，犯人們內心到底嚮往著什麼就更加不言自明了。

還好，數月後，每日三次不勝繁瑣的負擔——「請罪」停止了。左桂修替代了鄧明琴事務長，罐罐飯恢復了定量。

26年後（1997年夏），我重回四川省第二監獄。
前排左二起：鄧明琴、唐正芳、齊家貞、原監獄長夏鈺欽。

第二十五章
熊強，牟光珍找你！

三隊批鬥犯人的方式升級了。

這次，不是批鬥「小圈」，而是批鬥名副其實的談情說愛了。我因為在房間裡替小組一個犯人寫「外調材料」，沒參加批鬥會，可是耳朵搭過去，斷斷續續聽到一些揭發。

女主角是廖汝秀，在四隊時愛上了一個姓唐的男犯。他倆之間眉目傳情、傳遞書信、唱情歌戀愛的事一直沒被發現，直到這個男犯滿了刑到了就業隊，廖汝秀利用外出勞動的機會，扔給他的條子被同組女犯撿得，事情才爆發出來。

廖汝秀一點一滴地坦白交代敘述事情的來龍去脈，很誠實很認真。我可以想像她講話時嘴唇如何蠕動，眼睛怎樣眨上眨下，面部一片無所謂的表情，她不認為自己做了多大的壞事：什麼時候講過什麼話，唐男人講什麼，自己講什麼，哪月哪日收到什麼條子，自己回了什麼條子，唱過什麼情歌，歌詞怎樣，表達自己怎樣的心意等。問題在於廖汝秀除了知道談情說愛是監規不允許的之外，她講不出自己錯在哪裡，為什麼愛上一個男性為他唱了情歌就是資產階級思想嚴重。犯人們說她沒有認錯，反而在津津有味地宣揚她的錯誤，特別是當有人用猥褻污穢的語言批判她的時候，廖汝秀不能接受不能忍受了，她和那個人吵了起來，隊長制止她不聽。那還了得，一致要求打擊廖汝秀的囂張氣焰。

聽見飯堂傳出的吼聲：「把廖汝秀紮起來！」我放下筆，趕緊跑到飯堂後面看看究竟出了什麼事。廖汝秀站在前面，勇敢的臉上帶著幾分傲慢。此時，在隊長首肯下，有個犯人從廚房拿來一根長繩扔在廖汝秀腳下。隊長問她：「你還兇不兇？」她爭辯道：「哪裡是我在兇嘛！」下面群情激憤吼起來：「還在頑抗，端正她的態度。」「紮起來，收拾她的嚼筋。」

我倆的眼睛相遇了一次，我相信她看到了同情與責備。我同情她為美麗的愛情付出代價，我責備她不該與隊長頂撞。

隊長沒有吭聲，便有兩個犯人衝上去，熟練地用繩子在廖汝秀的身上操作起來，人成為反弓形，雙手被盡可能高地吊到脖子背後。廖汝秀慘叫一聲，我感到她的手折斷似地疼痛。此時，要是有人注意到我的表情，那一定是滿臉的驚訝。我驚訝這兩個人如此按部就班駕輕就熟地綑人，好像他們上輩子就受過綑人的專門訓練，今生只等有機會大顯身手。我驚訝一根簡單的繩子，可以被人做成這種花樣摧殘折磨人，人類的智慧竟可以邪惡到這樣難以置信的程度。

那是六七年夏天，廖汝秀穿的短袖子，兩小時後鬆了綁，每個人都可以看見，她的兩個膀子與蓮藕無異，被繩子纏過的地方藕節巴一樣細縮，其餘部分腫得胖藕一樣往外冒，上面還布滿鮮蠶豆大、亮晶晶的果子泡。我一輩子無法忘記這個情景，無法忘記內心的驚懼。

後來廖汝秀繼續不認錯，與隊長頂嘴，「山中無老虎，猴子充霸王」，她被當作三隊的典型，戴上手銬腳鐐。監內開大會，隊長不給下刑具，讓廖汝秀拖著沉重的腳鐐去。聽見三隊的鐵鐐聲，男犯們驚訝地抬頭尋找聲音從哪個女犯身上傳出，廖汝秀神態自若不卑不亢，我突然想起《紅燈記》裡那個「臨行喝媽一碗酒，渾身是膽雄赳赳」的李玉和來。

一年以後，廖汝秀坐滿十二年刑期釋放回家。那天，是我幫她拿行李到隊部的，在那裡我向這位十四歲就開始坐牢，為人正直，善良純樸，看不出一絲犯罪痕跡的二十六歲的姑娘告別。她沒有親人，沒有家，回梁平農村當「向陽花」去了。那段感人的難忘的愛情，後來聽說因為姓唐的男人令她失望而夭折。

王大芹原判四年加刑五年共九年刑期快要滿了，隊長放她到我們小組觀察她的表現，以決定放人還是再加刑。從小監出來之前，隊長命令綑了一次王大芹，想治治她的瘋病，至於綑的理由，對於王大芹來說，那是每天都可以找到的。綑的結果除了不停息的哭訴和「殺人不見血」、「殺人不用刀」、「王大芹被強姦啊」的尖厲吼叫外，沒有任何進展。

鬆綁之後，我試圖幫她把扭曲在背後的失去血色的雙手放回前面來，剛一碰到她，她像觸電一樣尖叫起來，我才明白幾個小時雙手被綑吊在背後，只能讓其一絲一絲自然歸位，否則就是另一次上刑。我勸涕淚橫流的王大芹不要再裝瘋，好好接受改造，滿刑回家同媽媽生活在一起多好。她一面在哭，同時又張開大嘴笑了。她說：「那，你就不懂了，完全不懂了。我的媽媽懷了我一千零二十八年才把我生下來，她是個妖怪，是個大痳子，壞得很。」我叫她不要亂說，她憤怒起來，瞪大眼睛提高嗓門：「你有什麼權利說我？你才亂說，我怎麼會亂說，有人專門指揮我，指揮的人不得錯。」接著罵起下流話來，我趕快停止交談。

據說王大芹的父親是大地主，解放後被鎮壓，母親後來改嫁，為此王大芹對她媽深惡痛絕。入監以後，她母親寄給她一雙布鞋和一個大鋁碗，布鞋她扔進馬桶，鋁碗則被她當作出氣筒，砸在地上千百次，千百次被李恆芳撿起來敲平裝飯給她吃。怪不得我第一次看見她那個布滿坑坑包包奇形怪狀的大碗時，我就相信它是舉世無雙的。

王大芹被安排為我的「五固定」，也就是說從此以後，我與她形影相隨不可分離了。要是與一個正常人當「五固定」，事情並不難辦，但是，碰上王大芹，我就被弄得很慘。前面提到的倒馬桶是一例，更多的是外出擔抬，當然不能讓她一個人挑，你不知道她會自由地挑到哪裡去，挑到河裡去也不一定，必須與她連槓抬，她步子亂踩，有本事專門與我不同步，肩頭的肉都能被她扯裂。輪流的清潔值日等雜事，小組其他人也會幫忙，但主要是我在操心。

一次，我彎腰掃地，她手握掃把站著唱她的歌，我催她往前掃，不要釘在那裡不動。突然，我的頭被重重地擊了一下，眼睛火星四濺，原來是王大芹打我，她連忙道歉，並且懊悔得哭起來。她邊哭邊說：「報告，對於這個被打的女人，我應當怎樣處理。」還向我解釋：「手是我的，但不是我自己要打」等等，我挨了打還要幫她做清潔，還要勸她不要哭，不要請示，一切算了。

王大芹平日不洗澡不洗頭不換內褲，睡在我旁邊，臭得我受活罪。不過，這還好辦，我們採取對付劉伯祥的辦法，幾個人把她挾持著去洗澡，她一路像殺豬似地尖叫，等到脫她衣褲，她更憤怒得無以復加，大叫「強姦婦女啊」、「王大芹被人強姦了」、「這幫法西斯強盜太猖狂」等等，遠處的居民都能聽見。起初，她不肯洗，好，那我們幫你洗，可是，她又不准人碰她，那就只有一條出路，自己動手了。她一邊唱罵我們如何強迫她洗澡的歌，一邊慢條斯理有一下無一下地洗著。她身上瘦得無肉，胸脯除了兩個乳頭，完全是平的，但是並非我想像的那樣髒，要是換了個人，比如我吧，情景不知會有多麼不堪。

真正棘手的問題是她數年不刷牙，打個哈欠，可以衝得我後退幾公尺，她又喜歡把臉湊得很近同我講話，看見她那滿嘴的大黃牙就害怕。然而，牙齒怎麼幫忙刷？白天，可以設法不對著她的臉，晚上睡一頭，哪能避得了。我向隊長請示後，睡到另一頭。誰知，另一頭更糟，且不提她不洗腳的臭氣，她的一年不知道剪過一次沒有的腳趾甲彎彎地朝腳底包過去，裡面藏污納垢髒不堪言。這還不算，我還發現她腳上長了不少癬，左右腳一共三對，大腳趾根部內側一對，腳踝內側一對，膝關節內側一對，最小的銅元大，最大的豬腰大，被她抓得皮翻翻鮮血淋淋，看著這些癬，我全身像有蝨子在爬。和她有癬的臭腳睡一頭，半夜她把腳放到我臉上來怎麼辦。兩害相權取其輕，還是把頭換過來，背朝她睡，睡著了翻不翻身和不和她嘴對嘴呼吸，當犯人，管不了那麼多啦。

反正，王大芹的事，我包下來了，為了她的癬，醫院派醫生來三隊時，我陪她去看病。丁鼎勛醫生原是國民黨軍醫，高個子高鼻子像個洋人，坐過牢現在就業，仍然西裝領帶一副洋派，很是別具一格。

王大芹剛坐下便擠眉弄眼，手翻腳動，丁醫生盯著她感到有點奇怪。他開始寫病歷，問了名字及年齡，王大芹對自己的名字是毫不含糊隨時銘記在心的，但問到年齡時，她尖聲回答：「五十四歲。」丁醫生看看她仍然年輕的臉，問：「什麼？」我答道：「她亂說，沒有這麼大。」轉過頭來對王大芹說：「他是醫生，你要講真話，你只有三十出頭，為什麼多講。」王大芹急了，她說：「好的，好的，讓我商量一下。」於是，她開始向空中報告，商量她的年齡。丁醫生皺著眉頭滿臉不解地看著我，我一句話沒有說，他也不再追問。後來丁醫生告訴我王大芹長的不是普通的癬，不會傳染，是神經性皮炎，所以才對稱地長，這種病主要是情緒，沒有什麼藥物可以治療。不過，他還是開了支擦藥，我叫王大芹自己擦，她根本不在乎，到處亂抹。既然不傳染，我也就不擔心太多。只是我坐監數年來，第一次感到日子真的難過，開始憂慮盤算何日是盡頭。

有時候我也和王大芹擺談，多數是她牛頭不對馬嘴談不下去，但是偶爾，她語言的清醒令人吃驚。我問她在「土建」學的什麼專業，她用一貫的高八度語調嘰喳幾下，猜了半天才猜出來是「給水排水系」。我問她還記不記得跳舞，她笑道：「這怎麼可能，如果他們不指揮我？」我低聲對她唱「跑馬溜溜的山上，一朵溜溜的雲喲……」，想考考她，這支歌叫何名字，她不假思索地答出「康定情歌」。晚上學習，隊長要王大芹發言，她攤開雙手冷笑：「請你告訴我，我可以講什麼？」隊長討個沒趣。我讓她在報架旁陪我看報，她像個鬼東哥（貓頭鷹）東張西望似乎並不關心報上講的啥，卻突然指著批鬥走資派和牛鬼蛇神的文章說：「這又是在搞白色恐怖了。」還有一次，報上報導革命人民搞「三忠於」、「四無限」活動，表示對毛主席的無限深情，王大芹用她尖瘦的指頭戳戳報紙，滿不在乎地笑言：「這是辦不到的，世界上不存在絕對的事物，『無限』就是把事物絕對化，就只能流於形式了。」她一針見血震聾發聵的評語，是我聞所未聞，做夢也沒有想過也根本不敢想的。

王大芹給予我的知識遠遠超過她帶給我的麻煩。我透過她的話包括罵人的話，看到了真理的光輝，它在我一片混沌的心裡閃亮。我發現自己不僅沒有真理的常識，不具備獨立思考的能力，並且也缺乏追求真理的必不可少的勇氣。他們在南瓜裡塑造我，我就是扁的，他們在竹子裡塑造我，我便是長的。我那時確實是毛主席的好孩子，共產黨的乖娃娃。

與王大芹接觸了七年，儘管從我第一次見到她時起，我就毫不懷疑她已經瘋了。然而，通過她偶爾一掠而過的短暫的清醒，我相信，她本來可以是一個相當出色的女性，這不僅從她被精神病摧殘之後殘存的青春，她的五官長相，身材體態，我可以想像她當年在「重慶土木建築工程學院」表演「春到茶山」舞蹈時的豐姿，更透過她乾涸得只剩一星半點殘餘的智慧，還原出十年前的王大芹，這位廣元縣城不可多得的佼佼者、數一數二的女大學生得天獨厚的才智。

九年滿了，王大芹沒有被加刑，至少沒有在三隊當眾宣佈加刑，也沒有被釋放，繼續在勞改隊關押，繼續在勞改隊瘋下去。

文化大革命結束後，她才被釋放回家。八十年代初，省二監幹部張國玲他們到廣元為王大芹平反，她不在家，找到街上，王大芹正在討飯。張隊長說：「王大芹已經瘋了。」

這句話，晚說了二十年。

文化大革命給三隊帶來不少新犯，來一個新犯，多一些新鮮，多一點興奮。「啥子耶」周壽英瞪大長年害痧眼的紅眼睛，驚奇地問：「她的名字叫豬眼瞎（朱豔霞）呀？」不幾天之後，她流淚的紅眼睛又忍不住笑了，她問：「哎呀，她爹媽啷個給她取了個這麼好聽的名字，叫燒你公（邵義功）喲？」

朱豔霞的眼睛真的很瞎，帶著一副厚得出奇的高度近視眼鏡，走路一巔一巔的怕摔跤。她是個醫生，文革期間，想找南斯拉夫大使館避難，叛國投敵判刑八年。她在學習會上發言，要求政府原諒她愚昧無知，放她回去。周壽英，這個目不識丁的農村婦女，探問身邊的女犯：「這個豬眼瞎啷個說她是『一類物資』？」自然災害時政府把糧食、油類等重要生活資料列為一類物資。我們都笑話朱豔霞信口開河，她叫我們不要次次洗澡都打肥皂，保護人體自然分泌的油脂。

有人告訴我，那位瘦弱纖麗的邵義功，皮膚雪白嘴唇殷紅，原在長江航運局做事，文革中非常活躍，到處張貼大字報為她被整的父親喊冤叫屈。八屆十二中全會結束，劉少奇正式以大叛徒大內奸大工賊的罪名從中央除名，那個晚上，邵義功在看守所裡，用她悅耳深情的歌聲高唱毛主席詩詞「我失嬌楊君失柳……」，為劉少奇鳴不平。淒厲的歌聲劃破了牢房的靜寂，震動了每個犯人的心，獄吏趕來制止無效，給她帶上手銬腳鐐，她繼續放聲高歌。

新犯越來越多，隊長組織了新犯組，由我帶著他們集中學習監規紀律。我發現經過文化大革命洗禮進來的犯人相當地有特色，雖為犯人，卻無犯人的晦氣與壓抑，他們絕大多數伶牙俐齒能說會道，一副見多識廣、滿不在乎的派頭。他們趾高氣昂、充滿自信，連走路都是虎虎有聲神氣活現的。談到為何犯罪，大言不慚地回答「破壞軍婚」、「偷扒」、「詐騙」，反革命乾脆說成是「造反」。通過他們，我可以感到文化大革命是怎樣地觸及並且改變著每一個中國人的。

如果按年份來劃分一下犯人，把五十年代初、中期的劃為第一代，五十年代末六十年代初劃為第二代，六十年代中晚期是第三代。各代犯人有相當不同的特點，第一代十分溫良馴順，第二代八分規矩聽話，第三代也就是文革後進來的，則是土地菩薩的孫——凡人（繁人、煩人，不安份守己的人）。

一個講話迅疾行動利索的姓袁的女犯，她說在外面時她每天以買菜為藉口，用筲箕扣住胸前的黑五類牌子，出外看大字報，大字報寫得太熱鬧了，過去當官整人的現在都得了報應，痛快得很。她在學習會上說：「我在電影裡看到偉大領袖毛主席八次接見紅衛兵小將，我哭得要命，我高呼毛主席萬歲萬萬歲。我說，『毛主席呀毛主席，快點來救我呀，我祖宗三代放牛娃出身的金字招牌，現在在挨整呀！』」其實，她是影射現在坐牢也是在挨整，這類話，老犯們是絕對不敢講的。

還有一個楊菊芬，人沒到三隊，名聲已經大噪，大家從張貼的佈告上認識了這位膽量過人敢說敢做的女犯。佈告上講她解放前一貫以賣淫為生，解放後冒充烈屬子女行騙，文革期間數次上北京無理取鬧，攔截中央首長轎車，哭鬧人民大會堂，衝擊中南海首長住地等等，反革命罪十五年。其實，佈告把她美化了，我們見到的才三十多歲的楊菊芬毫無姿色，眼睛暗淡無光，沒有鼻樑，小鼻子像粒算盤珠擺在平面上，她蓬頭垢面，衣衫爛褸，講話拖遝，臉上不帶媚氣，找不出絲毫妓女的影子。何況她解放前才十幾歲，怎麼「一貫以賣淫為生」？她的左手終日像傷員似地吊在胸前、手臂肌肉從肩下開始萎縮，不能動彈，只有小指頭可稍作彎曲，這是外面革命群眾對她大棨的結果。

楊菊芬宣佈，佈告上除了名字和性別是她的之外，其餘的一切包括年齡都與她無關。

剛來不久，楊菊芬就再次出名，她去隊部前哭鬧，說是她的菜罐裡只有三片肉，比別人少得多。阿彌陀佛，她不在我們的組裡。

我組來了個熊興珍，四十剛出頭，說話斯文，面貌慈祥，一位溫柔的女人。

這位家庭婦女拿毛主席語錄塞老鼠洞，逮捕她的時候呼了「打倒毛主席」的口號，判刑十年。那天張國玲隊長到新犯組掌握學習，要熊興珍談自己對罪惡的認識。熊興珍說她拿毛主席語錄塞耗子洞是因為大小正合適，「又沒得啥子用處」；呼「打倒毛主席」口號，是因為那些來抓她的人把她激怒了。言談間仍然流露出對毛主席的大不滿，根本不認為自己有過錯。張隊長生氣了，叫她站起來，命令她向毛主席請罪。

我們在飯堂裡學習，穿過飯堂的窗戶可以看到隊部門前掛的毛主席畫像。於是，叫熊興珍面對窗外的畫像低頭。她低頭，身子卻不露形跡地一點一點偏離毛像，直到轉過去四十五度。發現了這一點，張隊長叫樊雲軒把她的身體扳正，扳正了，她又一點一點偏過去；又扳正，又偏過去。到後來樊雲軒把她身子夾緊扳正，可她的頭非要偏在一旁。樊雲軒又扳正她的頭，熊興珍不說話，像牛一樣犟，脖子給扭起了紅槓槓，頭就是非不轉過來正對毛主席。

張國玲發怒了，叫人把熊興珍綑起來，她逆來順受地任憑兩個人拿繩子在她身上折騰，骨頭咯咯作響，大紮後繼續要她向毛低頭請罪，她堅持把頭歪在一邊，直到滿身大汗，臉色蒼白，人倒在地上幾乎虛脫才鬆了綁。鬆綁後，她睡在地上好一陣才回過氣來，但是她的頭始終沒有正對過毛主席像。

熊興珍沒有發怒，也不曾大叫，只用一個小小的執拗的動作堅持她的全部信仰。我被她如此不加掩飾的對抗精神深深震動。

不能說我對反共反毛的行為有什麼共鳴，那個時候我事實上是擁護毛主席和共產黨的，儘管已經是它們的階下囚。我被熊興珍的固執與堅守震撼、感動，它與日本軍人對寧死不屈殺身成仁的國民黨將領表示傾心敬慕無異。

一九六七年十一月十九日清晨剛剛起床，高大如牛的牟光珍和矮小如鼠的劉伯祥，這兩個大相徑庭又相映成趣的女犯，平時很少湊在一起，幾乎連話都搭不上一句。今晨，一個彎下腰，一個仰起頭，指指戳戳寸步不讓地吵得不可開交。

劉伯祥說：「你沒想，夏監獄長說好了的要娶我當小，花轎都準備好了。」牟光珍氣憤地指著自己鼻子爭辯：「啥子呀？夏監獄長要你，你這個矮殼攥！夏監獄長是要娶我，今天早上我就嫁過去。」劉伯祥的嘴絕不饒人：「放你的屁，你牛高馬大的，哪個男人要你？花轎是來接我的。」「來接我」，「來接我」，兩個女人搶著聲明。牟光珍常年虛腫的臉泛起紅光，劉伯祥的眼睛更加鬥雞眼了。

可憐的有婦之夫，五個兒子的夏鈺欽監獄長，被他或許連面也沒見過，更別提記得名字的兩個女犯爭得魚死網破。我們好不容易才把這兩條絞在一起的「舌頭」分開，硬把劉伯祥推出房間。

轉身回去，我不解地問牟光珍這是怎麼回事。她忙從床頭抽出一本「毛澤東選集」，拍拍書對我說：「齊家貞，你難道不曉得，毛主席教導『敵人磨刀，我們也要磨刀』，他說得好對喲。」又說了些毛主席書上的話。早飯前，牟光珍夾起被蓋在隊部前喊：「報告隊長，我今天早飯在哪裡吃？」大約是奇怪怎麼會有犯人提這種問題，開初沒有人回答，牟光珍又報告了幾次，譚指導員走出來在隊部花台旁背著手答道：「就在勞改隊吃，吃一輩子！」

牟光珍立在那裡拒絕離開，最後連人帶被蓋關進了小監房。

牟光珍在外面時，常常客串京戲，專門演黑頭。我聽她唱過，嗓子雖然有點沙啞，但是，氣足共鳴好，很響亮威風，拿腔擺調的很正宗，加上一米七的身材，演包拯、黑旋風之類的角色肯定到家。她四十五歲上下，估計自然災害前挺胖，後來瘦下來，臉上的肉鬆泡泡的，又好像有點浮腫。她鵝蛋臉單鳳眼窄鼻樑，頗有點觀音菩薩的古典美，年輕的時候一定挺動人。大約是長得太高，人像吃了根扁擔，勞動的時候，彎腰轉身動作很遲緩，懶枝懶幹的，正應驗了有人說的「腰長肋巴稀，必定是個懶東西」那句話。學習會上她從不主動發言，能躲則躲，躲不過則三言兩語交差了事，和她的勞動態度比翼齊飛。冬天，她穿的灰棉襖兩塊門襟油得發亮，兩隻袖口像「打横捶」小孩的閃閃發光；夏天，也很難得看到牟光珍穿一件稍微洗得乾淨點的，看得清紗股的衣服。她不大洗澡洗頭，頭髮經常油得起股股，有時，天氣已經很熱，她還是穿那件棉襖勞動，臉上汗漬漬的，裡面肯定漚得酸臭。收班回來，牟光珍不忙洗澡，抓緊時間坐下休息，先過個煙癮再說。相信，牟光珍也難得鬧水荒。

牟光珍懶洋洋的味道無人可以超越，她懶得勞動，懶得彎腰，懶得洗襪子，懶得講話。棉襖掛了個口，棉花白板油似地亮出來，扣子要掉了，像兩顆眼珠被線吊在胸前，她懶得行針走線補一下，給人的印象，她甚至懶得活下去。

牟光珍真的懶得活下去過一次。

五八年大躍進時，她在重慶朝天門投江自殺，不巧穿的外套因為懶得扣，它鋪開來像把傘那樣把牟光珍托住，被人救上了岸。人們從她口袋裡搜出一張紙條，上面寫著：「劉少奇講的中國婦女翻了身，我就沒有翻身。」為此事，她六〇年夏被捕，後來以反革命造謠罪判刑八年。她的被捕判刑還有一個更重要的原因，因為她原是國民黨有名的軍統特務熊強的妻子。從看的書報得知，熊強是重慶白公館殺害楊虎城將軍的劊子手楊進興的頂頭上司，上司去了台灣，下級沒有走，他改名換姓潛伏在農村，於五七年被公安局逮捕後槍斃。當時報紙、連環畫講的「一個奇怪的農民」就是說的楊進興，是特務頭子熊強傳達的殺楊虎城的命令。過去的丈夫是這樣的背景，她又寫了攻擊劉少奇主席的反革命條子，自然災害時肚皮吃不飽掉了不少肉，發了牢騷，牟光珍當然是法網難逃了。

在三隊，牟光珍一直是消極低調似有若無的小人物，為什麼突然在一個早上，跳出來當了引人注目的反改造，更令人費解的是她坐了六年半牢，只有一年多就滿刑了。

對於犯人而言，「出監」就是理想，就是目標，就是活下去的全部意義，新來的和刑期長的對於即將滿刑的人的羨慕，「你好幸福呀，就要走了」，簡直可以讓要走的人飄飄欲仙。就算出去後仍然背著跳進黃河也洗不清的「犯人皮」，但是釋放在即的企盼中，無論如何心情是興奮和懷有希望的。

牟光珍的滿刑伸手可及，為什麼卻反其道而行之，在「曉霧初開」時斷送光明？

牟光珍曾經兩次提到她過去的丈夫熊強，一次是六二年徐廷澤從台灣駕機起義返回大陸，受到國防部萬兩黃金的嘉獎。難得發言的牟光珍說：「我盼望熊強也駕機起義回國，和家裡人團聚，三個兒子都長大了。而且，一萬兩黃金也是非常可觀的。」過兩天，她接著批判自己：「我的資產階級思想太嚴重，好逸惡勞追求享受，盼望熊強回來首先想到的是自己的家庭和金錢，而不是對國家的貢獻和人民的利益。」

第二次是最近不久，牟光珍初次談到解放前夕熊強離開大陸的情形。當時國民黨政府所有機構向台灣撤退，時間緊急，飛機輪船艙位緊張，普通職工一律不能攜帶家眷，當官的也只准帶走老婆。熊強要求牟光珍一起離開，牟光珍割捨不下他們的三個兒子和自己的老父親，兩難之下，她最後選擇留在大陸。當時，牟光珍以為這只是短暫的別離，不曾想到，它竟然是「趙巧兒送燈台，一去永不返」。倒是熊強考慮得周到，臨走前他要求牟光珍像王寶釧為薛平貴守寒窖那樣守他十八年。他說，我一定回來接你。

有人認為牟光珍瘋了，直覺告訴我，她是正常的。她的一舉一動都在述說，她活得太沒趣太無望了。她「王寶釧守寒窖」的發言，開初沒有人放在心上，直到十一月十九日牟光珍突然的變故「瘋了」，使我對她的發言產生了聯想，四九年到六七年正好是十八年。看來，熊強是一九四九年十一月十九日，離重慶「解放」還有二十一天的清晨離開重慶的。牟光珍一天不差地整整守滿十八年「寒窖」之後，於一九六七年十一月十九日的清晨，她決定不再守下去。

牟光珍進小監後的自白和謾罵，多數是叫我作的記錄，使我對她的情況有了進一步的瞭解。重慶「解放」後，去了台灣的熊強像淹進大海裡的死屍，斷絕任何音訊，這個手不能提肩不能挑的女人，面臨的最大難題是養活三個兒子和一位老人，無可奈何之下，她嫁了人，也姓熊，但是她不喜歡這個熊。她說「這個熊××，每頓吃飯，把腳擱在板凳上，膝蓋骨都要頂到下巴了，老子見不得這副樣子。」她的身子給了另外一個男人，但是，她的心繼續守著熊強，她的日子裡裡外外一定過得非常苦澀矛盾，所以五八年她曾經想用一死來逃避。然而，命運強迫她回來守滿這許諾過的十八年。

牟光珍在小監房裡罵得最多的是熊強——她不罵熊強罵誰？罵毛澤東呀？熊強沒想到他一句輕飄飄的話要求牟光珍守寒窯十八年，簡直比翻越十八座大山、十八條大河還艱難百倍；他也沒想到，一句輕飄飄的「我一定回來接你」的許諾竟然變成一把鋒利的屠刀，最終殺死受騙上當的妻子牟光珍。

牟光珍罵熊強無情無義，在台灣不缺吃少穿，不缺女人睡覺，把她和三個兒子忘得乾乾淨淨，罵熊強不守諾言，不回來接她與她團聚。牟光珍在學習會上說過盼望熊強學習徐延澤駕機起義回國，她並非不知道熊強不是空軍，這根本是在椽木求魚，其實她是在盼望蔣介石反攻大陸成功，但她不能公開這樣講，她罵熊強，熊強有什麼能耐一個人回來接她，那其實是氣憤蔣介石叫嚷多年的「光復大陸」，空雷無雨。事實上，蔣介石錯過了歷史贈予他反攻大陸的最佳時機——三年「自然災害」，當時四川甚至有農民在山坡上朝著東方高喊：「蔣大哥，你好久回來喲？我們餓得著不住要死了喲。快點回來嘛，我們等你。」可是，蔣大哥沒有回來，機不可失，時不再來。共產黨恢復元氣後，又有精力搞文化大革命折騰老百姓了。牟光珍徹底失望，對台灣，對大陸。

時值隆冬，牟光珍睡在小監房的光地板上，其冷可知。但是她每天把棉絮一坨一坨地從被套裡扯出來扔進馬桶，鋪蓋只剩下一個空套子；她又把棉褲拆個小洞，把棉花一點一點扯出來扔進馬桶，棉褲變成夾褲。她整日整夜冷得瑟瑟發抖，自言自語地咕濃：「啷個這麼冷耶，啷個這麼冷耶？」風寒使她失去了胃口，段淑貞告訴我牟光珍幾乎每天剩飯。對於她，從來是飯不夠吃，煙不夠抽的，現在進了小監煙不能抽，低定量的飯還吃不完，這相當反常。元旦前，我把左事務長發給她的內褲從風門洞扔給她，乘機「罵」她兩句：「你這個傢伙不想活了呀，明年還想不想再穿條新內褲啊！」這實際上是我們犯人所能表示的最大人道，希望她活下去。牟光珍驀地抬起頭，驚奇地望著我，不講話，然後把頭埋下去看地板。她在發抖，明顯地消瘦了。我曾私下裡問過段淑貞，為什麼不向事務長為牟光珍再申請一床棉被，段淑貞答她報告過，事務長說新的給她，她還不是一樣又扯爛。

一九六八年二月廿三日上午，全體女犯在四隊參加了對一隊反改造分子江開華的批鬥大會。從揭發批判中得知，江開華出生於根正苗紅的貧下中農家庭，「解放」後參加中國人民志願軍抗美援朝，五十年代中期轉業回江油縣當幹部，但是他資產階級思想嚴重，墮落腐化蛻化變質，惡毒攻擊黨的三面紅旗，因反革命罪判刑十五年。入獄後，江開華自恃出身好，歷史光榮，黨員幹部，拒不認罪，繼續堅持反動立場，污蔑共產黨和毛主席，犯下新罪。在批判會上發言的駱雋文指出：「你，江開華，你是貧下中農不齒的叛徒；你是解放軍隊伍裡可恥的敗類；你是人民不共戴天的敵人！」使用的排比很精彩，火力很強。

回來後，當天下午兩點鐘，三隊女犯集中在操場壩，隊長命令把坐了三個多月小監的牟光珍拖出來接受批鬥。

她蓬頭垢面，身體相當虛弱，勉強堅持著站在我們的面前。「牟光珍沒有站好，態度不端正」，「她裝死狗，繼續反改造」，「要她啄九十度」，犯人中傳出憤怒的喊聲，馬上有人站出來幫她糾正姿勢。有人踢腳，有人扭手，有人揪頭髮，不是演戲，全部動真格。她像一綑沒有重量的乾草被推左搡右，不時發出「哎喲，哎喲」的叫聲，頭髮一簇一簇扯落在地，寒風把它們揉成球滾到遠處。

「熊強特務」在女隊出夠了風頭，每個批判牟光珍的人都非提到他不可，除此而外，幾乎揭發不出什麼能夠上綱上線代表三隊反革命水平的問題。有幾個人開始用拳頭發言，拳頭打在她背上發出空響，擊在頭上發出悶聲，耳光刮在臉上發出清脆的聲音，隊長未加制止。我內心對打人很反感，對隊長事實上的慫恿很失望，我們不是相信林副主席講的：「毛主席的話，水平最高，威力最大，句句是真理，一句頂一萬句」，相信用毛澤東思想的「顯微鏡照妖鏡」一定能批倒批臭一切錯誤反動的言行，為什麼允許打人？當然，我不知道監內打人，實際上是外面打人、朝死裡打的運動的延伸。

我們的思想方法和行為規範，在共產黨二十年如一日「階級鬥爭」的喊叫下，被教育成這樣：如果你耳朵有點癢，你恨不得用鋤頭把它挖通，如果你肚子有點痛，你決定用火藥把它炸爆，以顯示你徹底革命。對自己尚且如此，對別人怎麼會手軟。怪不得整人的運動一開始，還沒弄清為什麼，大家便蜂湧而上，落水狗咬落水狗。

第二天上午，牟光珍又被解出小監，昨天吃的拳頭在臉上一一顯了形，眼睛周圍、顴骨、額頭上青包疊疊，一雙眼睛血絲滿布。譚指導員站在小監門口，對牟光珍變了形的臉，鬼一般嚇人的模樣無動於衷。她叫住牟光珍訓話：「牟光珍，現在只是觸及了一下你的皮肉，這是很不夠的，文化大革命是一場觸及靈魂的革命，你要徹底挖出靈魂深處的反動根子，才過得了關。」牟光珍「噢，噢」連聲應答，連連點頭。

批鬥了兩個多小時，又把她拖了回去。

第四天，再拖牟光珍出來批鬥時，她的模樣令人毛骨聳然，整個人委頓如泥，四肢難舉，幾個打手上去按她的頭要她啄九十度，剛碰到她的頭，她就跌了下去，提起來，又馬上跌下去，花不少時間還端正不了她的態度。我以為張國玲隊長會讓牟光珍回去，過幾天再提出來鬥，臨時讓我們讀報學習或者隨便找個

出獄26年後，我重回四川省二監與獄友姜書梅和當初的女隊長合影。
左起：張國玲、張隊長、唐正芳、陳隊長『齊家貞、姜書梅、鄧明琴。

其他犯人鬥鬥，混時間做個過場算了。誰知，隊長見狀很生牟光珍的氣，命令把她大紮起來，吊在籃球架的橫樑上。

這個可以移動的籃球架是用厚重的枕木做的，非常堅實。牟光珍的雙手吊在背後，腳尖剛好觸地，頭無力地垂下，因身體四面懸空，她時而左，時而右地轉悠，看到這幅恐怖的圖畫，我想起過去看電影和展覽裡控訴國民黨殘害共產黨的情景。當時，正好有兩個二隊搞農業的男犯，先給葡萄整枝，後來轉到隊部前弄花圃，他們看見吊在籃球架上披頭散髮猶如死人的牟光珍，內心的震駭不言而喻。

起初，牟光珍自言自語咕噥過幾句與批判內容毫不相關的話：「唉，我心花怒放，心花怒放」，弄不清她是什麼意思。稍後，一個平時同她較接近，時而有幾句悄悄話好講的呂××，（名字我忘記了），因為許多人一再點名說她同牟光珍是「小圈」，現在穩起不揭發，包庇反改造，是一丘之貉，逼得她站起來發言。她揭發牟光珍懷念反動丈夫，懷念腐化生活，有人高叫：「這些都是眾所周知的事情，要交待你兩個背後講的！」她接著揭發：「牟光珍不滿文化大革命，她說文革把國家搞得亂七八糟，她又攻擊偉大領袖毛主席和林副主席，在電影裡他倆走在一起，牟光珍說毛主席和林彪是二鬼上路。」正揭到這裡，牟光珍突然答腔了，她說：「啊，呂××，這句話是你說的喲，一個人要有良心喔。」之後，她再也沒有發出過聲音。

三個多小時後，批鬥會結束，幾個人粗手粗腳把牟光珍從樑上放下來，她的頭直沖沖地撞在籃球架四稜四線的枕木上，發出「砰」的響聲，卻毫無反應，完全失去翹首縮頭本能的保護性反射。她早已昏過去了。兩個人架著她的胳膊，像拖一條死狗把她拖回小監。

之後，有人來找我借大扳鉗，那是車間修縫紉機腳架用的，說是隊長喊給牟光珍上腳鐐。

且不提我們當時根本不敢想到的，甚至腦子裡根本就不存在的「人情」、「人性」、「人道」這類資產階級概念，只就牟光珍已經奄奄一息，甚至失去知覺這一點而言，批鬥她，並且後來還給她戴上腳鐐，這簡直就是在拍打一只沒有氣的籃球，吃力不討好，有什麼興趣？

獸道橫行，人道喪盡呵！

當日傍晚，段淑貞告訴我，牟光珍伏在地上，身子沒有翻過一次，連睡的姿勢也沒有改變，開門端進去放在她身邊的飯，又原封不動地端出來，從前天起批鬥回來後就是這樣。我估計她可能是沒有氣力翻身，更無法撐起來吃飯，我問段淑貞向隊長報告過沒有，能不能給她餵飯。趙說她請示過，隊長說等她去。

二十七日下午五時，樊雲軒到縫紉車間問我要扳鉗，說是給牟光珍下腳鐐。我感到安慰，這是要送她去醫院，總不能戴腳鐐住院吧，說實在的，早該送了。我遞給樊雲軒一把，自己拿一把同她一起進了小監。

牟光珍的門大開著，一股尿臭撲鼻而來，她雙腳攤開對著門躺在地板上，我和樊雲軒一人解一隻。牟光珍穿的深咖啡色長統粗襪，戴腳鐐的人襪子穿得越厚對腳踝的保護越有效，這是廖汝秀告訴我的，我覺得替牟光珍帶腳鐐的人想得挺周到。

樊雲軒的先解開，她把牟光珍的腳從箍裡取出來，重重地扔在地板上，「咚」的一聲。我心想，「為什麼你不能輕一點，難道她不痛？」當我解開螺帽，用手拿出牟光珍的腳時，我問樊雲軒：「她的襪子是濕的，要不要給她換一雙才去醫院。」樊雲軒告訴我不必多此一舉，牟光珍已經死了。

我問段淑貞，牟光珍衰弱到這副程度，為什麼不報告隊長送醫院。段淑貞說她報告了幾次，兩小時前，隊長叫陸文燕檢查，陸文燕聽了她的心跳，摸了她的脈搏，說是一切正常。我很責怪陸，她正滿心歡喜準備迎接即將到來的刑滿釋放，對工作如此疏忽，一個垂死的人，怎麼會死前兩小時沒有發現一點徵兆？還「一切正常」，我不相信！

當晚，我要了加倍的安眠藥，仍然通宵未眠。牟光珍披頭散髮滿臉青腫恐怖的模樣，一直在我眼前搖晃，這個情景是如此地難忘，時至今日，它仍然火烙似地印在我的腦海裡。

牟光珍從拉出來批鬥到斷氣一共只有四天，生命竟是這樣脆弱，像一縷青煙，一片浮雲，一剎那間便永遠地消散。人只有一次生命，本應得到最小心翼翼的保護和千百倍地珍惜呵。

牟光珍完成了十八年守候的許諾，沒找到她的熊強，怏怏離世。那位發難的江開華，也只多活了幾個月。他每天在小監房，把報紙上毛主席相片的雙眼挖掉，一共挖了四十九次。最後，他成為「惡貫滿盈」，「不殺不足以平民憤」的反革命，槍斃了。

文革期間，就業隊也槍斃了一個人。他叫張占松，是磚瓦廠老弱病殘組踩泥巴的。有人檢舉，他說毛澤東思想學習了，總結出三個字，「殺殺殺」。他說：「我曾經看見過天上有幾個月亮。」分析他是影射有幾個紅太陽，攻擊毛主席。張占松在扇子上寫了重慶人普遍開玩笑好玩的打油詩：「一扇就有風，騎馬過江東。問君何處去，尋找自由風。」分析「江東」是指台灣，「尋找自由風」是張占松打算叛國投敵。三條罪狀引來死刑。槍斃前，擔心張占松呼喊反動口號，他們用粗繩子勒住喉嚨，他的臉成了豬肝色。

第二十六章
一本日記就夠資格槍斃

社會上革命組織之間因奪權而引起的派性鬥爭，由鐵棒鋼釬相對，升級到真槍實彈的較量，武鬥逐步升級。三隊地勢高，外面槍聲四起，晝夜可聞，已經很有一段時間了。我認為是防備美帝蘇修趁中國文革之機偷襲，廣大民兵在作實彈演習。

一天清晨，隊長尚未叫大家起床，小組犯人已經在房間裡四處走動交頭接耳了。李嘉珩走到我面前叫我快點起來，她說昨天晚上整夜監房周圍槍聲不絕，手槍、機關槍子彈從房頂上呼嘯而過，和電影裡看到聽到的一樣，似乎有人要攻打監獄，大家嚇得睡不著覺。我睡死了什麼也沒有聽見，即使聽見了我相信自己也不會產生她那樣的聯想，我甚至懷疑李嘉珩是在誇大其詞，社會主義國家怎麼可能發生武裝劫獄這等奇事。

上午八時隊長集合我們並且宣佈，外面群眾在搞武鬥，這是革命人民的事情，與犯人無關，要大家安心改造，一切行動聽指揮。萬一有事需要緊急集合躲防空洞，每個人行動要快捷，拖拉掉隊被子彈打死的概由自己負責。後來從專門印給勞改犯人看的《新生報》上瞭解到，果真發生了數起攻打監獄釋放犯人的事件，那些逃跑的犯人很快便全部緝拿歸案。不過，這種事情並未發生在重慶，即使發生，我懷疑自己是否有勇氣衝出去，享受哪怕只能維持數天數小時的自由。對於共產黨，我本來就沒有什麼反骨，幾年下來，我給關得更加馴順了。

我開始擔心「防空洞」外母親和弟弟們的安全。

有了那張用放棄與國外親戚齊惠蘭、齊惠蓉姑媽見面換來的營業執照，母親一段時間內在新華路擺小百貨攤，她每月付幾元錢，把貨架貨物放在附近居民家裡，自己只需背走那個裝有重要物件的破竹簍，其餘的搬進搬出開攤收攤就省事多了。母親清晨出門天暗歸家，整日守在路邊吃灰，夏天冬日、刮風下雨，一年三百六十五天，從不歇攤。一個人守生意，上廁所吃飯諸多不便，為了避免上廁所，她盡量少喝水，肚子餓了，有時帶有饅頭，有時請小孩幫忙隨便買點東西充飢。大弟週三休息，便到攤上陪伴母親幫她料理生意，另外三個弟弟放學後在家裡編織當時很流行的尼龍網袋，完成一個得兩分錢作零用。有時候編得多了，母親便交給老朋友車淑容孃孃的丈夫幫忙賣。其實，他們自己也在賣尼龍袋，他讓顧客自己選擇，選到媽咪的，錢放在右邊口袋裡，選到他自己的，錢放在左邊，裝醬油的瓶子裝醬油，裝醋的瓶子裝醋，從不弄錯，真心實意地幫助媽咪。

文化大革命開始，派出所把五類分子的名單提供給「紅衛兵」抄家，他們氣勢洶洶地來了，這是「解放」後我家第三次被抄，家裡所有的書藉、信件、照片，以及稍微值價的東西，五二年作為父親貪污的罪證和六一年作為父親和我反革命的罪證早就抄得一件不剩。經濟上我家也早已一貧如洗，紅衛兵在這個只有十二個平方米的屋子裡鼓搗了半天什麼也抄不出來，便命令母親把兩床鋪蓋上的化纖被面拆下來，強令母親把腳上穿的尼龍襪脫下來拿走。這雙尼龍襪是敬嬰叔叔從國外寄來的，當時國內的普通革命群眾未必見過這種只有拳頭般大的襪子。同時，治平放學後被不認識的人莫明其妙地揍了一頓，逃到江北興國大哥宿舍躲起來。母親不時被傳喚到段上居民委員會交待思想，向毛主席像低頭請罪。聰明的母親迅速訂出家規，四個弟弟一個不准離家串連，不准參加任何幫派組織，不管它如何美其名曰「革命」。

在文化大革命的旗號下，人們不知所措身不由己地捲進了「造反有理」的洪流，學生不上課全國大串連，坐車吃飯睡旅館不要自己掏腰包，工人也接著停下機器，趁機免費全國遊山玩水都來享社會主義的福，我家四個弟弟全部守在家裡，哪裡也不去。大弟二弟沒有參加任何派別，但有思想傾向，一個是「八一五」，一個是「反到底」，兩人唇槍舌劍為自己的觀點辯護，這個說對方是「反吊起」，那個說對方是「岔口」，攻擊對方惡行壘壘多行不義，有時爭得面紅耳赤要動拳頭打架。母親趕緊隔在中間，「你們要打，先打我，打我吧！」

武鬥期間，很多人都躲在家裡不敢出門，母親認為擺攤的人少了這正是多掙錢的好機會。平時一分錢的針兩分錢的線這類小玩意，守一天也掙不出幾個，大弟除了伙食費和留下很少的零用錢之外，剩下的全部給了媽咪。但是，除了當時在家的小弟弟要養，還有兩個犯人需要照顧，母親決定照常擺攤。新華路武鬥開始了，她搬到離家很遠的體育館去，體育館也成為武鬥陣地，她搬到楊家坪去。楊家坪可是個遠地方了，離我家起碼二十華里，公共汽車像打擺子，一會兒正常一會兒不正常，遇上沒有車的時候，母親走路去。有幾次，路上突然碰到兩派開火，母親進也不是退也不是，心驚膽顫地在槍林彈雨中行走。碰上「八一五」攔截，她說她擁護「八一五」，進入「反到底」的地盤，她說她支持「反到底」。母親運氣好，總算逢兇化吉，沒有出事，鄰居都嘖著舌頭說母親太大膽。

母親什麼派都不是，她認為都是共產黨在背後耍猴戲，要說有派她是不折不扣的「消遙派」，她以完全正常的頭腦和極其冷靜的眼光觀察這場瘋子運動。母親很想知道毛澤東搞得全國大亂究竟要幹什麼以及

文革期間，監外的母親和四個弟弟。左起順時針方向：治平、興國、安邦、大同。

最終如何收場，她始終相信胡作非為欺壓老百姓的政府不可能長久。她希望看到這一切。

學生之間也開始派鬥了，他們從在俘虜的屁股上栽一把水果刀，強迫他繼續跳舞，發展到下零件（割鼻子、割耳朵等），最後使用真槍實彈打仗。與我家一牆之隔的鄰居，一對裁縫夫妻的兒子，廿九中高中部學生被子彈擊斃，再也回不來吃他母親那天為她切好的紅瓢子西瓜了。

這個數代單傳的獨丁丁，小名叫「毛毛」，「解放」前夕重慶朝天門聞名的燒了九千六百多戶人家，燒死近三千人的「九二」火災，燒到他家隔壁就斷了氣，躲過這場大災的驚嚇，家裡人在毛毛腦後留了一條辮子，姑娘比兒子好養，後來又認了個叫化子做乾爹，窮人家的孩子好帶。誰知還是沒有逃過文革中從同學手裡射過來的子彈，他的只有三十幾歲的母親，頭髮一下子全部白光。

在這樣的情勢下，母親放棄了小百貨攤，待在家裡替別人帶孩子，每月十四元。

當時「龍生龍，鳳生鳳，耗子生兒打地洞」的血統論橫行天下，出生不好的人動輒得咎。但在母親嚴格的管理下，四個弟弟恪守母訓，不介入派性不參加武鬥，安份守己地過日子。有人污篾興國藏有手槍、發報機，曾到雲南一帶作過反革命串連等等，大弟嗤之以鼻不屑一顧，廠裡許多人對他十分敬重，火，沒有被煽動起來。

最莫明其妙的是，文革中有人把「自然災害」時張磐伯伯曾經從雲南偷跑出國的事翻出來與我和父親的「反革命叛國集團」掛鉤，說我們是相互勾結合謀策劃的。

張伯伯瘦得像乾老猴子，但是聰明得是人精，「解放」前在國民黨軍隊裡做過事，「解放」後居然逃過牢獄之災，儘管沒有正式工作，但憑一支畫筆幫「重慶市工藝美術公司」畫出口竹簾國畫，五角錢一張，一家生活勉強維持。儘管，這只是他「解放」前的業餘愛好，但做起來還算是輕車熟路得心應手。早年，他同張媽媽結婚後一直無出，到五十一歲才喜獲一子，其實是雙胞胎，其中一個生下來就死了，另一個小名叫「五一子」。自然災害開始，出口竹簾驟減，生活無以為繼，本來就骨瘦如柴的張伯伯老是同老婆兒子爭食，只得一家三口三個米缸，各人吃各人的那份定量。張伯伯居民定量每天七兩，七兩他一頓就吃得精光，然後整日睡在床上節約能量，每一天都是那麼難熬。於是，他動腦筋想了個好辦法，每日清晨在公共廁所門口接童尿，去掉兩頭接中間，被說得活靈活現的童尿去病養顏，仍然撲不滅腹中飢火。最後，他決定出走，到印度新德里找他的弟弟，只有這樣，這條命才保得住。

張伯伯到我家借了一本地圖，自己在荒貨攤買了一個指南針，沒有給老婆孩子辭別，一個人上路了。到雲南鄉下趕集場上，他拿自己的衣褲換了一套當地居民的服裝。在指南針的指引下，他到了山高林密的雲南邊境，白天，他摘水果充飢，晚上，睡在樹上，野獸時而從下面走過，他拿褲腰帶把自己和樹綁在一起，以免睡著了掉下來請野獸們打牙祭。

張伯伯真的走出了國境，但是，不是當時的敵人印度，而是「朋友加兄弟」的北越。當他看見迎面走來幾個戴著大斗笠、塌鼻子大嘴巴的女人時，他驚嘆大事不好了，指南針的誤差把他帶錯了方向。張伯伯知道，北越每個人都是民兵，民兵的警惕性和中國的一樣高。他馬上鑽進廁所，把他用手畫的可以亂真的國務院證明，和其他的假證明統統撕成碎片扔進廁所。出來沒走多遠，那幾個女人真的帶了兩個背槍的男民兵把張伯伯帶走了。張伯伯進了國際監獄，又節節轉運送到廣州、北京、重慶。無論外國人、中國人審訊，他都只有兩句話「想出國吃口飽飯」，「越南是我們的好朋友」。問他何以為生，他馬上拿出早就隨身帶好的畫板彩筆，當場揮毫作畫，無人能找出破綻，無人想到他走錯了國門。在重慶關了兩三個月，榨不出任何別的口供，只得把他釋放。此事發生之時，我與父親早已關在看守所與世隔絕。

文革結束時，張伯伯病逝。八十年代初張媽媽住院，她因急性腎炎延誤了治療發展為敗血症。此時，我早已出獄，去醫院看望她，六十歲出頭的張媽媽知道自己不行了，房間裡有好幾個探望她的人，她要求全部退出，只留我一個。張媽媽示意要給我講悄悄話，我彎下身子讓耳朵盡量湊近她的嘴，一來她的身體已經非常虛弱，講話聲音很細微，二來房間裡還有其他的病人和家屬，她調集自己身體內全部的力量，吃力地但是清楚地對我說：「家貞，你一定要給我報仇。」喘了一口氣，張媽媽說：「共產黨太壞了，文革的時候，他們把張伯伯鬥得好慘，硬說他是你們一夥的。」

她的眼睛發亮，那是一股憤怒的火焰。

張媽媽的講話震懾了我的心，一個普通的家庭婦女，平時嘻嘻哈哈似乎沒有思想，心裡卻醞積了這麼一股仇恨，臨死前非吐不快，不能不叫人深思。

當然，報仇是不必的，我信奉維克多•雨果的見解：我們向未來索取的，不是仇恨，而是正義。

文革中的母親和興國。

自從泡粑臉薛隊長告訴我，父親那三本日記已被革命小將抄出，其中一本就夠資格槍斃他之後，我時刻為父親擔心。

我已經完全無法得到他的消息，那怕是間接的，再沒有女犯告訴我看見過父親，我甚至懷疑他已經調離二監。

文革初期，母親和興國來看過我一次，她把興國的手舉起來給我看：「你看，家貞，他的手大不大？一回家就幫我做事洗鋪蓋。」母親為齊家這個孝子很是自豪，我這個不孝女自慚形穢。那次，我向母親坦白小時候我偷過她的錢，有一次不敢偷五角，撕下一半拿走。但是進高中以後，決心做個高尚的人，我從此洗手不幹，從來不撒一句謊，從來不拿一分錢。媽咪說：「你看你，當時多淘氣不聽話，才落得現在的下場。」同時，陸文燕也在接見她的母親，就離我兩步遠，我聽見她母親問：「這個女孩子這麼小，也犯罪了？」接見時間還沒完，我們東拉西扯不知講些什麼好，我幾次鼓起勇氣想問媽咪父親的情形，看看夾在中間的隊長，幾次都忍住，不敢提到他。我和父親是連案，痛恨自己的罪惡，就應當彼此互相痛恨。

一到開全監大會，我就坐立不安，我怕面對父親被加刑甚至被槍斃。那時候全國最流行的歌曲，首選《東方紅》，然後是《大海航行靠舵手》，再就是《草原》。胡松華把這首遼闊雄壯、渾厚深情的《草原》唱得出了大名，此歌令我心胸豁然開朗，我百聽不厭。

那天大會前，留聲機開始放歌，針頭頂在最開初那段空白唱片上，發出吱吱吱吱的響聲，我聽起來好像是腳鐐拖地的聲音，斷定那是父親戴著腳鐐正在走進會場。腳鐐從我心上拖過去，我頓時痛苦緊張害怕得要命，全身戰慄，心要停止跳動，好像他們即刻要推父親去槍斃。

我破天荒第一次盯著男犯看，深怕看漏了，直到帶腳鐐的男犯隊伍裡沒有父親，我才鬆了一口氣。

此時，我發現熊興珍勾著腰跑到男犯中隊去了，那時候她還沒有進小監。熊興珍撿煙屁股撿出了隊，我趕緊把她吆喝回來，責罵她自己不抽煙，撿什麼煙屁股，大庭廣眾下丟女犯的臉。她笑嘻嘻地解釋說，她是幫牟光珍（牟當時也尚未進小監）和李素輝撿，她倆很可憐，煙癮大，錢不夠，八分錢一包的「藍雁」牌也抽不起。她很有研究地介紹，在女隊，幾乎沒有人扔煙頭，都留著逗在下一支上接著抽。「你看，男犯大方多了。」她指著遠處，一臉遺憾地對我說：「那麼多煙頭，不撿真可惜。」以後數次去男隊，她的眼睛仍然在地上到處搜索，鑽空子賊似地撿幾個起來。熊興珍在撿煙頭上表現的好心只要不出大格，我也就裝作眼睛瞎懶得說她了。

那天的大會由夏鈺欽監獄長作報告，先講了紅衛兵抄家橫掃一切牛鬼蛇神的功勞，然後集中點名省二監犯人包括已經就業的勞改釋放犯家中被抄出的金磚玉器、地契房產、蔣介石的肖像、國民黨黨旗，也提了父親和他的三本日記。但是夏監獄長並沒有專門強調，父親一個人的問題特別嚴重罪不可赦。

抄出來的東西五花八門多不勝數，點的名一個接一個，隊伍聲勢浩大，很有「法不制眾」的優勢。

最後，夏監獄長談到所有在文革中被抄出的新罪，文革後期統一處理，要大家堅信黨的政策，繼續加強改造，語氣中並未說非要處理不可，我懸著的心放下了不少。後來，全國這類事情多如牛毛，涉及的人多面廣，新帳算不勝算，監獄人滿為患，過去的這些成年老帳基本上一筆勾銷，不了了之。

不多久，隊上繼牟光珍之後又死了兩個人。

我們小組的田素珍約五十歲，一直有高血壓，很少吃降壓藥。那天彎著腰洗頭，站起來就叫左眼疼痛難忍，送醫院兩小時後死亡，說是腦溢血。那個扁面孔薛隊長叫我挑著田素珍的遺物到大門口，田的女兒在那裡等著。我把東西清點給她時，她索要母親的骨灰。薛隊長板著面孔回答：「反革命的骨灰，要來做啥子？沒得！」

還有一個叫陳德芬，新犯來時，每個人都要像狗一樣，脖子上掛一個大牌子，上面寫著名字、性別、案別，照檔案相。我早已照過是過來人，後來的女犯照相多數是我寫牌子。陳德芬牌子上寫的是「通姦」，我懷著滿心的厭惡寫這兩個字，我極其鄙視這個近四十歲的女人。可是，出乎我的意料，幾個月下來，我發現這個女人言談舉止不但不風騷輕浮，而且還相當正經正派，頭髮被剪得亂如敗棕，她沒有辦法，但是穿著卻一直很乾淨整齊，說話不多，但做事賣力，給人的印象與那兩個污穢的字眼完全不沾邊。

一天半夜，我被一陣奇怪的叫聲吵醒，緊接著那位在外面當「赤腳醫生」進三隊後負責醫務室工作的女犯進來叫我去。她說：「陳德芬要你，她心臟病發作，可能不行了。」

我走到隔壁監房，站在陳德芬的頭旁，彎身握住陳德芬的手。她眼睛死死盯住我，講的話聲音很大，可是我一句也聽不懂，她使勁反覆講，我一再聽不懂，她的舌頭僵硬了，同時在痰喘。陳德芬剛才一直要見齊家貞，有話要對齊家貞講，現在我在她身邊了，沒有人能聽得懂她講的什麼。我對搶救病人毫無常識，「赤腳醫生」說可以把強心針直接打入心臟。我說「好，那你搶救她，我去風門洞向隊長報告。」

「報告」、「報告」了好一陣。可是，一切都太晚了，陳德芬死了。

陳德芬為什麼喜歡我，她臨死前吼叫了好一陣要齊家貞，具體有什麼話要對我說，是想託付給我她的兒女，還是有話留給她「通姦」的情人，直到今天仍然是個謎。張媽媽臨死前也是要單獨同我講話，她瞭解信任我，我是她看著長大的孩子，可以理解；但是，陳德芬，我們幾乎沒有交道，我甚至對她敬而遠之，她卻對我信任有加，是她臨死前唯一一個想見的人。我為此深感羞愧，我對不起陳德芬辜負了她如泰山之重的信任！

從我對陳德芬與陳德芬的對我上，我認識到自己在人性、感情、道德方面的非白即黑的極端認識是站不住腳的，白與黑之間存在著廣闊的中間地帶，它應該是我一生都要不斷學習不斷感悟不斷修正的課題。

社會上開始清理階級隊伍，從六八年底開始，三隊飯堂外面的牆上經常貼有佈告，上面常常是十個八個畫有大紅××判死刑的人，還附有照片，當然，佈告臉嘴沒有一個是周正的。《新生報》上也相繼刊出不少在四川省的監獄和勞改隊服刑的犯人自絕於人民被槍斃的消息，江開華也上了報。

省二監開了數次「寬嚴大會」，「從寬」的榜樣獲得減刑或提前釋放，「從嚴」的典型被加刑或者被槍斃，這些都發生在男中隊。

六九年初秋一個下午，法院來三中隊開會，宣佈提前釋放喻永秀。這位十九歲的姑娘，初中畢業後無所事事浪費青春，她心懷不滿用小字本寫了兩行話：「打倒毛主席！」「打倒林副主席！」貼在院子牆上，大家爭相圍觀，她也裝著沒事混在群眾之中讀反標。公安局追查起來，沒有人會想到這個工人階級出身，一貫表現很好的共青團員會幹這種事，可是她自己心虛，向團員同學講了真話，在同學的勸說下，去派出所自首坦白。最後，以反革命罪判刑十年，來到我們小組。

喻永秀白玉似的皮膚和墨黑的頭髮墨黑的眼珠形成強烈的對照，她過份的沉默同她如此年輕的年齡是那樣地不相協調。她一貫穿黑衣、黑褲、黑布鞋，有人問她為什麼，她笑笑：「當了黑幫，是應該穿黑色呀！」

她的父母被安排到三隊來接她，父親穿雙草鞋，典型的工人模樣，母親像個農民，樸素老實，而喻永秀卻是一副大家閨秀的風度。法院讀了提前釋放的宣判後，喻永秀念了一篇上午寫的懺悔感謝信，然後與父母一同回家了。

大家都紅煞了眼，我也一樣。不過，我不相信這樣的好事會落到我的身上，喻永秀出身好，而且是自首的，她自己幾乎沒有費力爭取就提前八九年釋放了，與其說是減刑，不如說一開始就是輕罪重判，甚至根本不該判刑。

三隊有了從寬的例子，現在該出一個從嚴的樣品了。

在四個長期坐小監的反改造中，我認為王大芹，歐文芳早已神經錯亂，張玉書我拿不準，但我從來不認為朱玉蓮已經瘋了。四個人中，只有朱玉蓮一個人提名道姓地罵過毛主席，儘管「火鉤」、「門板」地罵得相當文不對題，但總歸是在罵。所以，三隊領導推朱玉蓮出去斬首是非常可能的。朱玉蓮幾次被叫到隊部去，下來的時候大拇指上留有紅印泥，連朱玉蓮本人都有點預感了。六九年冬天，我們縫紉車間完成了勞改棉衣單衣，又做了一批勞保手套，無事可做一時又尋不到什麼活路，左事務長見市場上白蘿蔔很便宜便買了很多回來，讓犯人切成片片、絲絲，掛在繩子上吹成蘿蔔乾。朱玉蓮也被從小監放出來活動活動手腳，她一面掛蘿蔔絲，一面傷心地自言自語說：「唉，明年我吃不吃得到自己做的蘿蔔乾了喲？」

誰知，黑松林裡殺出來了個「李逵」。

七〇年初的一個晚上，我剛剛睡著，被人叫醒，說是張國玲隊長叫我出去。不知道有什麼事，我穿好棉衣褲，慌慌張張跨出監門，一眼就看到綁在右側樹上的熊興珍，張隊長叫我把她解下來，到飯堂去幫她寫檢查。

熊興珍為了不肯正對毛主席像請罪被綑過之後，後來又因為講話對毛主席不敬被綑過兩次，她從來沒有認過錯，綑著還說：「我當死反革命，當反革命死。」牟光珍死了以後，我對她說：「熊興珍，你不興好生點，牟光珍死了，下一個該輪到你了。」她不改一臉的溫柔，答道：「我不得死，我曉得。」我駁她：「你曉得個屁，再像這樣下去，你不死該哪個死？」我們常常用咒罵的方式給她一些提示和警告，她理解這一切，總是報以溫和的微笑：「真的，齊家貞，你不要擔心我，我肯定不得死。」她如此胸有成竹，勝券在握，我倒要緊追不捨問到底，聽聽是什麼道理了。她告訴我她做過實驗，拿兩個廣柑，一個代表國民黨，一個代表共產黨，放在案桌上，結果代表共產黨的哪個廣柑爛了，代表國民黨的那個還是好好的，說明共產黨要垮臺，國民黨要回來。我說：「胡扯！熊興珍，你好生讀讀報，看一下現在的形勢，看一下政府的政策到底是啷個一回事，莫要埋起腦殼亂搞。」她平靜地笑著，不為所動：「我不看報。我曉得。」

熊興珍在兩個廣柑上建立起了她全部的信仰，穩坐泰山，沒有人把她扳得回來。

那天晚上，我們正在學習，熊興珍被叫到隊部，一直沒有回來，大約是繼續放毒對抗隊長，被大綁後綑在樹上。雖是嚴冬，熊興珍被紮得滿頭大汗，披散的頭髮一絲一絲黏在臉上，值夜班的士兵端著槍走來走去，我心慌意亂地幫她解繩子，她的棉襖被綑出深深的轍印，還不停地鼓舞自己：「我要當反革命死，我要當死反革命。」我吼了她一聲：「熊興珍，你硬是不想活了呀？」她笑起來，還是那句話：「我不得死。」

只有我倆在飯堂，我拿好紙筆幫她寫檢查，她突然對我咬牙切齒，捏緊拳頭，瞪大眼睛，腮幫的肌肉抽搐著。我嚇壞了，以為她要打我，站起來從飯堂的這端逃到另一端，厲聲喊到：「熊興珍，你要做啥子？」她的臉和緩下來，輕聲柔氣地說：「齊家貞，不要怕，我不會整你。我裡面的衣服全部濕透了，冷得打顫顫，能不能讓我回寢室先把衣服換了來。」

回到飯堂，她說我寫：廣大革命群眾是好的，廣大幹部是好的，解放軍是好的，工人是好的，農民是好的，商人是好的，學生是好的。「八一五」是好的，「反到底」是好的，所有的革命組織是好的，八三四一部隊是好的，十三軍是好的，劉少奇是好的，林彪是好的……。打倒毛主席！毛主席來了吃不好，穿不好，耍不好。蔣介石萬歲！蔣介石來了吃得好，穿得好，耍得好！打倒毛主席，堅決打倒！

在她的心目中，所有人都好，只有毛澤東一個人壞，然而，這個人比十億人加起來還有價值，哪裡罵得。因為只有我倆在這裡，有的地方我故意漏寫以為把她麻得過去，讀給她聽時，她全記得，要我把漏的字一一添上，我的天王老子啊！她說：「打倒毛主席的後面還有一句『堅決打倒』，你沒有寫。」我只好添上。她滿意地說：「對了，這下對了，齊家貞，你記錄得真好！」還伸過頭來看「蔣介石」的蔣字是怎樣寫的，她不好意思了：「我只曉得說不曉得寫蔣介石的蔣字，這個字好難呀。齊家貞，你好聰明喲，寫得來這麼多字，啷個遭整到這裡頭來了嘛？」

面對這樣一個極其善良又極度無知的女人，我一句話也講不出來了。

這樣一份「檢查」，當然只能送她進小監。這間小監房最早是王大芹住，後來是牟光珍，現在是熊興珍。不久前，又來了一個判刑十五年的反革命黃玉蓮，她很矮瘦得像根乾柴，但精力特別旺盛。她是另外一個反革命小組的，不清楚出了什麼事被關進了小監，住在原來歐文芳住的那間，同熊興珍正好隔壁。

熊興珍剛住進去時，多數講關於我們犯人的事：樊雲軒，一個農民，做了啥仔壞事嘛，判別個十五年，放了！曹仲瓊枕頭上繡了個螃蟹，加別個八年刑，放了！齊家貞，這麼年輕，啥子反革命嘛判這麼長，十三年，放了！牟光珍，啥子事都沒得，判別個八年，把別個整死。李素輝，生活沒得著落，多找了幾個男人，判別個十五年，兒子在孤兒院好造孽，放了……。她像個欽差大臣，握有大赦權似的，個個人都叫放。孰不知，凡是被她點了名的，包括本人在內，沒得哪個感謝她，她說的「放」同「放屁」沒有區別，反而令人害怕。按照當時的邏輯，世界上沒有無緣無故的愛，沒有無緣無故的恨，凡是被熊興珍同情的人，不是有勾結就是臭味相投，都該為她的禍事分二成。

還好，她講話的主題改變了，但是，變得更加嚇人了。

自從黃玉蓮同她當鄰居過後，小監房就好戲連台了。黃玉蓮的觀點正好同熊興珍相反，所有一切都是壞的，只有一個人是好的，毛主席萬席！她倆的觀點互補，她倆的鬥爭不斷。這邊黃玉蓮高呼「毛主席萬歲！」那邊熊興珍一定反駁：「打倒毛主席！」這邊數落誰壞誰壞，那邊一定全力保衛，是好的是好的。兩個人隔著牆壁針鋒相對地呼口號，這個反對，那個擁護，這個擁護，那個反對，誰也不讓誰，經常氣得跺腳。兩個人相鬥的結果，熊興珍每日都在呼喊刻骨仇恨偉大領袖毛主席的反動口號，一日數次甚至十數次，「罪孽」越來越深重。

我認為黃玉蓮骨子裡的觀點與熊興珍完全一致，她聰明，是在「打著紅旗反紅旗」，說反話出氣，不然，她反革命十五年是怎麼來的？只是她沒有想到，與熊興珍爭執的結果，是在為熊興珍的加刑推波助瀾。

後來大約是在小監房裡閒極無聊了，熊興珍開始挖牆上的石灰塊當粉筆在地板上寫字，當然是寫的反標：「打倒毛主席！」「蔣介石萬歲！」「蔣介石來了吃得好，穿是好，耍得好。」「蔣」字和「穿」字她還是寫不來，就畫一個方格，任何人問方格是什麼意思，她都迫不急待地解釋，像是在推銷自己的產品。這次寫反標，是左事務長最先發現的，廠部派了專人來拍照取指紋等，這些過場對熊興珍一點沒有威懾作用，她每天照寫不誤。熊興珍用送進去的菜作黑板刷子，把舊標語「刷」掉，又寫新的，內容千篇一律。她發現厚敦敦的牛皮菜杆做「刷子」最好，表演給我看，怎樣刷，怎樣寫，很為自己的發明得意，我恨了她一眼，沒有說話，她回我以友好的微笑。這笑還是那麼溫柔，始終混合著一種階級鬥爭風浪中成長起來的女人永遠缺乏的嫵媚。這樣的女人，本應守著丈夫孩子過日子的呀。

回憶小時候，我發瘋似地滿山遍野採集官司草、狗尾巴、野菊花，在玄武湖上泛舟採摘菱角，為火紅的荷花喜極欲狂，睡在綠草地上打滾看藍天旋轉，數小時盯著藍星星般美麗的野花同她們交談，雨天中光頭赤腳雙手接捧大自然的眼淚，晴天裡張開雙臂沐浴著金色的光輝。我和大自然苦樂相通，親密無間。

時光流逝，歲月無情，大自然慷慨的恩賜一如既往，年復一年，我已經今非昔比，感覺幾近枯竭。儘管我還是很年輕，我還將與大自然共生很多很多年，然而，我已經變得麻木，幾乎不再眷顧她的饋贈，我甚至沒有在乎她是否還存在。從十歲開始，我離開了大自然的懷抱。

七〇年的春天，好像格外明朗，格外有魅力，我幼時的感覺被突然喚醒，注意到監門外左側坡下的一叢灌木。她或許春來秋去在那裡已經有六個年頭，今天才第一次被我注視。碧綠的枝條細長柔軟，綠葉叢中掛滿了月牙形的黃花，我不假思索地認定，她，就是迎春花。我聽過無數次「迎春花」這個令人充滿遐想美麗的名字，可是我倆從未相遇。今天，我面前的這株，真的是迎春花或者不是，並不重要，重要的是她吸引住了我的眼睛，像一個戴滿金花，豐姿綽約的長髮仙女，喚起了我心中的希望，希望生命中有一個轉變。

為了這個萌動的希望，我在靜靜地等待。

變化來了，按照林彪的《一號命令》，全國成千上萬人從城市向農村作戰備疏散，四川省第二監獄的全體女犯和絕大部分女就業員，共約二百人，向墊江的「東印農場」轉移，即本書開篇提到的大遷徙。三隊唯獨留下了一個人，那就是熊興珍。

第二十七章
重慶女犯
貪生怕死不要臉

開過墊江，女犯們鬆了「包袱」後不久，汽車開始繞著盤山公路一圈一圈爬行，在巨大的馬達轟鳴聲中，越來越高。越高我越感到失望，我不相信母親能趕這麼遠的路，爬這麼高的山來同我接見，這剩下的最後四年多刑期裡，別想再見到媽咪了。

爬上山脊，四周依然山巒起伏，群山成行，望出去一片霧海茫茫，茶樹就長在這種雲霧繚繞的丘陵地帶。「東印農場」就在這裡。除了勞改犯人外，還有龐大的就業隊。種茶製茶，並有農業稻田隊、煤礦廠、蓄牧場等等。

「東印農場」的見面禮是美好的，除了城裡聽不到的鳥聲啁啾外，泥土是美麗柔和的橘紅色。被削為光頭修成級級梯田的小山堡，全是橘紅色，上面種著一圈一圈的綠茶苗，像綠寶石項鏈。我恍如置身童話世界，想起初中跳的「採茶撲蝶舞」和王大芹也跳過的「春到茶山」，輕快優美，充滿詩意。但願上面分配我們採茶就幸運了。

重慶來的一百多號女犯真的分配採茶，每人揹著個專供採茶用的收口背兜，嚴格按照師傅教的做，採一尖兩葉，不能扯，不能扭，要用大拇指與食指的第一關節以巧力彈下來。採摘的動作與舞臺姿勢有相似之處，只是，跳舞的人絕不會要求收工以後過秤，詳細記載採了多少斤，也不會為了衝產量使食指關節裂

「東印農場」茶場一瞥，白點子是正在採茶的犯人。

口流血，也不會規定收工路上割牛草若干斤回家。勞改隊的採茶與舞臺上的瀟灑是互不沾邊的。

夏天，天空還是深灰色，我們就被鐘聲敲起。瞇著眼睛用腳搜尋床下的草鞋，那怕大腳趾夾住的是鞋後跟，也顧不上換回來，先奔到發水的地方排隊再說。從清晨五時半起（冬天六點），我們便把心提到喉嚨口，緊緊張張地漱洗、緊緊張張地吃飯、緊緊張張地集合，緊緊張張地出工。一出門便是山，山連著山，一舉步，便是坡，上坡接下坡，要經過長距離的跋涉，才到指定的採茶地點，如果太遠，中午不回隊，有人送飯。身在農村，也就只能吃農村飯，常常是醬黑色的大麥粑作飯，青黑色的老梭邊為菜。老梭邊是花菜和蓮花白外面的腳葉，因為太老嚼不動，廚房把它煮熟斬碎，漂在一個直徑一米半，高一米的大圓桶內，每餐從桶裡濾出來放酌料炒一下。那段時間，我們像吃了中藥，解出的大便是青黑色。

「墊江農場」九十年代新修的牢房取代了二、三十年前的老監房。
門口兩排豎行字：「揚改革風帆再造一代新人」；「樹開放大旗辦好文明監獄」。

墊江東印農場女囚監房遺跡。

下班時間到了，人累得要命，想起回去有這麼長的路要走，還要割牛草，恨不得不活人算了。重慶來的女犯擔挑走長路是行的，可是，東印農場的犯人個個擅長揹著重物爬山坡，連女人背二百斤走幾十里山路也一點沒問題。對比之下，重慶女犯就很膿包了。特別是我，下班時已經累得腳趴手軟，背上再加豬草，那怕只有十斤二十斤，也要把背彎平才馱得動，上坡的時候，我幾乎要把雙手放下來爬著走了。

回到隊上，被汗水浸濕的衣褲把身子緊緊裹住，洗澡是當務之急。可是這裡的條件比三隊還惡劣，除了一間可容一二十人，平板上挖了十來個洞的茅廝（廁所）有四堵牆圍住以外，整個山堡朝四周敞開，不管你在哪個角落洗澡，這匹山看不到那匹山上看得到，這個角度看不到，那個角度看得到，你根本無法躲藏。只有豁出去了，看到就看到，反正自顧自洗，有什麼辦法。何況，山太大，距離太遠，看到的也只是一團肉，一個點，除非有望遠鏡。於是，每天下午六點之後，絕大多數重慶女犯在露天淋浴，成為東印農場一大奇觀，引起一片嘩然。當地男女犯人議論：「莫看重慶來的犯人小姐，細皮嫩肉長得好看，好看不好吃。做事笨頭笨腦貪生怕死，外搭還不要臉，洗澡當眾辦展覽。」

我們住的房間很大，空間很高，所有的牆壁被煤煙熏得漆黑，大白天裡面也是黑洞洞的，像做過煙熏臘肉的烘箱，想來是冬天太冷，犯人學習時在地上燒柴取暖而成。當了近九年的犯人，第一次不睡通鋪，是上下木架床。床上鋪有薄薄的穀草，一床草薦。王大芹睡我的上鋪，對她而言，天堂地獄都一樣，重慶墊江都一樣，她還是照常發瘋。去了廁所，她草鞋上掛了大糞，一路踩進來，房間一片屎臭，沒有人喊得住她。踏著我頭旁的蹬腳架上床，兩隻腳吊在床沿晃蕩一陣，才想起脫鞋，「屎巴巴地雷」從半空中扔下來，那麼多人都在圍著她忙，忙著為她擦一路進來的腳印，忙著替她洗乾淨草鞋。碰上她發雷霆，除了尖

離女囚住處不遠每天經過的石碑：毛澤東思想是全黨全國一切工作的指導方針；顛撲不破的毛澤東思想千秋萬代永放光芒。

唱尖罵攪擾得人無法安生外，還砰砰拍床板出氣，灰塵、穀草渣雪片般紛紛掉下，我不能睡在自己的床上。無數次要求她換到下鋪，她哪裡通商量。

夜晚，糞桶就在屋簷旁，半夜起來，深邃無垠的蒼穹蓋住你的頭頂，陰森森的黑暗包圍你的四周，一下子與威嚴的宇宙如此接近，心中充滿了莫明的恐慌，連遠處傳來的狗叫，也使你擔驚受怕牠會突然竄到你的跟前。

星期天上午仍然勞動，改造生活環境，擔土抬石，砌堡坎修整操場。午飯後，一周來困頓疲乏已極的女犯們才有機會倒下床補瞌睡帳，一個個睡得腫眼皮泡，晚上是雷打不掉的政治學習。動作慢的犯人，常常是下了學習之後，接著吃剛才來不及吃完的飯，接著洗剛才來不及洗完的衣服。上下班路上額外花費的大量時間和精力，加上起早睡晚，很快就使我們時時掙扎在勞累之中。

這裡的氣候說變就變，剛才還是烈日當空，藍天白雲，忽然間雷聲轟鳴，大雨傾盆。有趣的是，山這邊大雨不絕，透過雨簾可以看到山的那邊，依然是好晴天。不少青年女犯被響雷粗雨嚇得像天要塌下來，大叫「媽呀」，丟下手上的活路，雙手捧住腦袋沒命地奔跑回去。隊長們對重慶女犯自作主張收工和未把勞動看得至高無上非常生氣，說我們尖手尖腳做事，又懶惰又嬌氣，資產階級思想尚未觸動。他們說思想好表現在勞動上，勞動不好，思想絕對好不了，他們對重慶犯人的勞動，沒有一個看得上眼，沒有一個合乎標準，那怕我們每個人都很賣力。

那裡的女隊長罵犯人媽天娘地口無遮攔，有時候像在罵自己的兒女。有個姓王的男隊長，據說原來是場部的領導，一次犯人開大會聽報告，他一刀戳進一個年輕男犯的臀部近兩釐米深，因為該男犯打瞌睡。

這個王隊長找我談過一次話，他著重指出我犯的是嚴重的反革命罪，家庭出身如此壞，社會關係很複雜，又有海外親戚，我的思想改造一定要加強，否則，肯定沒有前途等等。他的講話使我意識到這個新地方，有新的法律，有新的尺碼，我過去近九年改造的好表現已經一筆勾銷，而今要「邁步從頭越」了。我把這麼多年積蓄的七十餘元寄了六十七元給媽咪，剩的錢買了一個臉盆，四尺棉布，一斤棉花，打算做件厚棉背心安安心心在這裡過四個冬。

隊長暫時指定我下班後放小監裡的人出來倒馬桶。黃玉蓮失去了她吵架的對手熊興珍之後，安靜多了，小監房又恢復了一貫的死寂。

一天，我放黃玉蓮出來，她把馬桶放在門口，不往廁所走，一隻手指著我的臉蹦蹦跳跳地叫道：「哎呀，齊家貞，你要倒楣了，你這個紅毛犯人當不成了。今天開了會的，你的末日來到了。」她反覆這樣講著，看起來像是在說瘋話，可是我的心裡明白，這位前額寬寬，天庭飽滿，大眼睛的女人和傻得出奇的熊興珍正好相反，她是烏龜有肉在肚子裡頭。我領會到她是在暗示、提醒我注意，有人想整我。

那天下午出工前，王隊長留下一批人開會，都是家庭出身好的，工人或者貧下中農，並且幾乎是清一色的刑事犯，破壞軍婚、妓騙、偷竊之類的。會就在小監門前壩子開的，大約黃玉蓮聽到他們嘰嘰喳喳的講話，涉及到我，具體內容我不得而知。對此，我並不在乎，我不踩扁別人的秤砣不掐別人的蔥，他們能拿我怎樣？在省二監，我被隊長們的「信任」奴役，拚命要帶頭表現好感謝報答他們，弄得自己非常辛苦被動，正如我前面形容的，車子駕上了高速公路，一時間出不來。現在，出口在即，我心安、解脫、輕鬆了。

有一天早上出工前，我請求隊長允許我一個人回來得晚一點，因為頭天收工時，我在蓄水池洗腳，不小心，一隻塑膠涼鞋掉了下去，今天準備帶根竹竿把它撈起來。在這裡「五固定」的要求是大大地放鬆以至於幾乎放棄了，因為沒有必要，任何人如果想逃跑，靠你的雙腳在走出這片連綿不斷的丘陵山脈之前，你已經餓死了。所以，隊長爽快地答應了。

下班後我到頭天勞動的地方，順利地撿回了我金貴的涼鞋，心裡挺高興。因為比大家遲回來約二十分鐘，我只好洗個臉先把晚飯吃了再說，臭身子留到下學習後再洗算了，誰知我剛跨進房間拿毛巾，有人慌慌張張找到我：「快點，齊家貞，你們小組的人同楊菊芬打架了，你快點去勸開。」

我急急朝那裡跑去，只見小組的戴伯蘭和廚房的夏仁蘭兩個人一夥正同楊菊芬打架，三個人扭做一團，我叫他們放手，誰也不聽我的，我只好盡量用手把她們分開，李隊長趕到時，她們剛剛罷休。「這還了得，重慶來的犯人打群架，無法無天了。」李隊長生氣極了，馬上把女犯集合起來在壩子上開會，四個人包括我這個勸架的在內全部站在臺上。

「是怎麼回事，大家說！」李隊長問女犯們。當他弄清，先是戴伯蘭同楊菊芬口角，發展到打架，夏仁蘭跑來幫戴伯蘭的忙之後，他說：「豈有此理，兩個人打一個人。楊菊芬下去！」李隊長把楊菊芬放下去之後，台下右邊傳來一片吼聲：「齊家貞也打了的，是他們三個人打楊菊芬一個人。」我朝台下望去，奇怪他們怎麼這樣講話。突然，左邊的人群吼起來：「齊家貞沒有打人，她是勸架。」講這話的主要是我們小組的人和一些省二監的老犯。右邊的答道：「打了的，打了的，齊家貞邊跑邊撩衣袖，就是準備參架。」左邊的人反駁道：「沒有，沒有，齊家貞從來不動手，從來不打人。」右邊揭發道：「講這些話的人都是齊家貞的打手，貼心豆瓣，走狗。」左邊的人反擊：「放屁，胡說八道！隊長可以到省二監瞭解，看齊家貞打過人沒得？」

兩邊的人像打乒乓球一樣，擊過來擊過去，我站在臺上像個觀戰者，眼睛跟過來跟過去，被眼前的景象吸引住了，覺得很新奇。我既沒有料到有人會這樣無緣無故地冤枉我，也沒有想到有人會如此自覺自願地為我主持公道。這時，右邊一個聲音很響的人叫道：「齊家貞自私得很，她把錢寄回家去，好向公家伸手領東西。」我看了這個人一眼，她幫我想到了我不曾想到的事情——向公家伸手，我們打過照面，但從來沒有搭過白，我連她的名字都不清楚。她不到三十歲，進來不久，據說是盜竊罪，十足的造反派舉止。她和她周圍的一幫人，大約想利用今天的打架搞成開我的批鬥會。那天，王隊長留下開會的人裡就有她們。不料，對她提的事情，李隊長答道：「寄錢的事，齊家貞向我請示過，是我同意的。」「造反派」回答：「好嘛，這件事不提了。但是，李隊長，齊家貞一貫拉幫結派，她是打人的黑後臺！」用的全是外面的文革術語。這話又引起左邊的一陣哄叫。

早在開始時，李隊長已經命令人拿了三根長繩子甩在我們面前，看來「大綮」的刑法已經作為處罰犯人的基本手段在全國各處推廣。我既已從「奴役」中解放，心中十分坦然，望著幾根繩子心想：「也好，反銬也銬過，警車也坐過，體會一下『大綮』的滋味，增長點見識也未必是壞事。」所以，面對那幫人的裁誣，我很不以為然。

但是，事情突然發生了戲劇性的變化。

就業隊的段淑貞急沖沖跑到臺上來：「李隊長，你今天要是綮了齊家貞，你就真的是冤枉好人了，齊家貞從來不打人，我敢拿人格擔保。」她說得慷慨激昂，吐字響亮有力，又補充道：「我剛剛端一盆水回房間，聽說李隊長要綮齊家貞，我撲爬跟斗跑來當證人。」下面右邊吼起來：「李隊長，不要相信她，她是齊家貞的小圈！」左邊說：「小圈不小圈，她講的是事實。」我朝段淑貞恨了一眼，無聲地說了個「滾」，心想，要你當證人，授人以柄。

李隊長有點莫衷一是了。正在此時，就業隊一個啞巴衝上了臺，她五十年代初坐牢，我去之前已經滿刑，根本不認識她，只聽老犯講起過，這位兩個臉蛋像猴子屁股紅通通的啞巴，非常滑稽聰明，如果發現哪對男女有私情，她就把兩個豎起的大拇指並攏表示拜堂（結婚），如果與某人交惡，她就用拳頭連擊另一個張開的手掌詛咒他「坐牢，坐牢，坐到死！」她在臺上著急地指著我比劃，意思是我沒有打人，又指戴伯蘭和夏仁蘭，意思是她倆才打了的，再指她自己，意思是一切是她親眼所見。啞巴表達的意思明白無誤，李隊長講話了。他問我：「齊家貞，你自己說，你到底打了人沒有？」我非常鎮靜，本來一句話不打算講，很想看看這場滑稽戲到底怎樣演下去。既然問上了，我答道：「實事求是地講，我是勸架，確實沒有打人。」李隊長說：「哪你總有感情傾向？」我回答：「是的，我不喜歡楊菊芬。」李隊長說：「下去好生檢查。」我下臺了，不知道這件事情上有什麼好生檢查的，我明白，這句話也是李隊長自己好下臺，職業語言而已。

幸好，我沒有體會到「大紮」的滋味，戴伯蘭和夏仁蘭紮在壩子上，唉喲連天地哀叫了幾個小時，最後解開繩子時，一人流一灘屎在褲襠裡。總不能為了體會殺頭的滋味去挨刀吧！

後來，那堆右邊的人很不甘心我沒有被紮，議論說李隊長偏心。李隊長在會上指出「黨的政策是區別對待，沒有區別就沒有政策。經過一段時間的觀察，人家表現得好就得承認好。」李隊長一眼望去就很有點文人的味道，是個有理可評的人，這事要是發生在顴骨高突，滿口暴牙巴的王隊長身上，那就應驗了黃玉蓮的話，我齊家貞就倒楣了，而且也要有流一灘屎在褲襠裡的歷史了。

改造得不好是個包袱，改造得好其實也是個包袱，現在，我已經把包袱放下了，心裡非常自在，一自在就想唱歌，想唱我真正喜歡的歌。「東印農場」空曠的勞動場地給了我廣闊的唱歌的自由，當然不是在大庭廣眾中放聲高歌，而是自己唱給自己聽，自我欣賞自我陶醉。

通常我們採茶是一個人佔一壟茶林，誰先採完誰往後佔新的。這種排列方法，人靠得很近，矮矮茶林，每個人的頭部都露出來，彼此能看見，如果唱歌，也會被聽到。

我分配每人佔三壟，自己盡量安排到小溝小路的那邊，這樣，與小組的人拉開距離，我就有唱歌的舞臺了。像煙鬼一支接一支抽連環煙，非常地享受，我不斷地唱，一首歌接一首歌，非常地投入。我唱「小小的花兒快快長……」，我自己就是「把芬芳散到全世界」的小花兒；我唱《三套車》，我便是那個「唱著憂鬱的歌」的「趕車人」；我唱《哎喲，媽媽》，我便是正在戀愛的俏皮姑娘；我唱《深深的海洋》，我就是被「不忠實的少年拋棄」的傷心的癡情女……，我把記憶中搜索到的歌全唱出來，唱得唇乾舌燥，唱得頭昏眼花，好舒暢，好過癮！每一次唱歌，我都會想起德國電影《驕傲的公主》裡那個「半夜國」的鞋匠，他酷愛唱歌，可是昏庸的「半夜國」老國王禁止百姓唱歌，否則坐牢。幸好鞋匠住在與「和平國」相鄰的邊界上，「和平國」年輕有為的國王鼓勵老百姓唱歌，所以，當他歌癮發作的時候，他就放下手上的活路，跑到「和平國」那一邊發瘋地唱，發瘋地跳，唱夠跳夠之後再回到「半夜國」自己的家裡，我覺得現在我就是那個鞋匠。

我們住在山上，山外有山，山連著山，根本無法自己認路，無法按照隊長講的位置或者山名去到指定的地方採茶。起初，隊長帶我們去，後來，懶得頂著烈日爬山，要我們自己去找。無論隊長自認為講得有多麼清楚，什麼「半邊坡」、「牛滾凼」、「馬鞍山」、「新廠」等等，也無論我們自以為已經完全聽懂了，左轉右拐這裡插進去那裡穿出來等等，一走出門，這山那山看起來一模一樣，心裡一片迷糊，不走錯路那是絕對的奇蹟。沒有時間在山裡轉悠，再轉也是枉然，只好學叫化子「走到哪裡黑，就在哪裡歇」，就地採摘，結果是該採的茶長老了還沒有碰，尚未長到恰到好處的我們提前斷尖。不知是哪位隊長的主意，派我帶著紙筆畫板去畫山，今天畫這片，明天畫那片，回來後交給隊長標上山名（如果有的話），山名起坐標的作用，多少可以幫助初來乍到的重慶女犯認路上工。我過去的美術還可以，靜物寫生得的分數不低，這個任務我勝任愉快。一連數日我戴個極大的斗笠出去畫圖，一來遮擋烈日，二來躲避驟雨。聚精會神地觀察了每座山之後，我欣喜地發現，原來每座山的形態、走勢和位置都有它個別的特徵，它們並不雷同，我盡力把特徵勾畫出來。

一天，暴雨驟至，為了保護辛苦勞動的成果不被淋濕，我趕緊躲進了一個廢置的守茶棚。過去有人偷茶，茶山到處設有草舍，晚上派人守夜，我躲在最裡面，朝門口望去，大雨濛濛，什麼也看不見，一時間感到自己被整個世界拋棄，心裡十分害怕。進來不到兩分鐘，一件令我更害怕的事情發生了，有個年輕壯實的男犯熊一樣慌慌張張地衝進來，也來這裡躲雨，看見裡面早有一個人，他就只在門口蹲著。我嚇得要死，要是這個農民模樣的男犯對我起歹念，我哪裡反抗得贏，又根本無法求救，那麼，黃玉蓮又說準了，齊家貞的末日來到了。我一動不動，用眼睛悄悄盯著他，心裡一點想不出對付意外事件的辦法。這個男的在那裡也一動不動，好像他更加害怕我，雨稍稍小了一點，他便連滾帶爬地跑了。呵，我相信我的祖母，我離開看守所前站在我頭前的祖母，她在冥冥中保護著我。

有時，隊長也叫我修理縫紉機，幫勞改隊生活組修，也幫隊長私人修，這類工作不用翻山越嶺，也不講定額，靠一點手上技術，當然輕鬆很多，那怕只是偶爾一兩天，實際上是喘口氣，對於每天下班衣褲濕透感到極度勞累的我不無好處。

八月二十四日清晨，犯人們已經集合好，隊長點名後便依次出工。我站在隊裡，夾著畫板，按照頭晚隊長的佈置去遠一點的地方畫山，我覺得隊長們對重慶女犯的態度客氣一點了，他們大約感到這批人體力窩囊，但腦子管用。那天是王隊長點名，點過我的後，正要跟隨前面的人往外走。隊長說：「齊家貞留下來。」我想，肯定是要我修縫紉機。等到所有犯人走了，王隊長叫我回寢室。

寢室門口站著王隊長的老婆余隊長，她是一位非常善良的婦女，面貌姣好，說話溫和，與她的丈夫是兩個極端。她說：「齊家貞，把你的鋪蓋收拾起，我等下再來。」說完便走了。我被弄得莫名其妙，心裡一陣怨憤，剛來兩個月多一點點，辛辛苦苦把壩子填平擴大，勞動、生活剛才適應，地皮還沒有踩熱，又要把我開拔到哪裡去，而且只有我一個人。

戴伯蘭溜了過來，她牙齒痛醫生開了假條輕勞動，幫廚房理菜。她問我：「齊家貞，你是不是有餘罪沒有坦白？」我沒好氣地回答：「胡扯，我多的都交待了。」她馬上斷定：「那，肯定是提前釋放你。」我反駁：「想得個美，還有四年零一個月的刑期，就這樣把我放了？說得輕巧。」她說：「好，好，好，你不相信，咱們等著瞧。」最後這句話，她用的普通話，十句四川話裡夾一句普通話，這是她講話的特色。我懶得費神同她爭論，反正我不相信。我懷著滿腔的不情願開始整理九年來積蓄的破爛，照舊把所有雜物，芽菜肉餡似地包裹在鋪蓋皮裡。我雙手握著一雙洗乾淨的勞改布鞋猶豫著，鞋底前後掌穿了兩個洞不捨得扔，本打算補一下再穿，一直沒有時間，考慮到新地方可能比這裡還艱苦，決定所有破布爛片一件不丟，一律帶走。

余隊長剛才讓人拿了兩根繩子給我，現在她自己提了根扁擔來了。見我把行李弄成散垮垮一個大包，她嗔怪道：「還是學生出身，怎麼連鋪蓋捲都紮不好？打成兩個，挑起走多方便。」我為自己的蠢笨感到不好意思，解釋道：「我是想揹。」「揹？重慶來的人揹得起幾兩？」她迅速地從我的鋪蓋捲裡抽出一條床單，把所有東西一分為二，手腳麻利地打好兩個緊緊捲捲的行李包。我不無遺憾地把沒有畫完的畫交給余隊長，按照她的指示把小組的學習記錄和替王大芹保管的七塊多錢交給戴伯蘭，忘記最後看一眼我們住的黑「烘箱」，也沒有向戴伯蘭傷心地說一聲再見，並且請她把我的「再見」轉達給晚上收工回來的、與我一起生活了這麼多年的女犯們。

就這樣，我像在夢遊，挑著行李到了壩子上，那裡停著兩部吉普車，余隊長叫我把行李放在車旁，先到隊部去。

我沿著通向隊部的石級往上登，心裡沉沉的，實在想不出他們有什麼必要把我一個人弄走。跨進隊部，我吃了一驚，他們來幹什麼？

三位重慶來的幹部坐在那裡，一位是王連輝，一位好像姓何，還有一位我不知道姓名，都是省二監管教股的。王幹事講話了，按照常規，他問我在墊江兩個多月，改造怎樣。我當他們專程來聽我的思想彙報，於是不厭其煩地講開了：改造開倒車，對前途悲觀，當一天和尚撞一天鐘，學習了毛主席著作《敦促杜聿銘投降書》，毛主席說：「放下武器，停止抵抗，才是唯一出路。如果你們還想打一下，那就再打，總歸你們是要被解決的。」我說我認識到我的改造沒有回頭路可走，最近稍有起色等等，發現他們並無太大興趣聽我囉嗦，我快快打住了。

王幹事向我宣佈，基於我改造的表現，政府決定提前釋放我，並且特別強調釋放後不戴反革命分子帽子，恢復公民權，現在接我回重慶。

提前釋放已是不易，不戴帽子絕無僅有，回重慶難如登天，這三條一條比一條困難，一條比一條精彩。省二監兩千多名犯人，有幾個得到提前釋放？反革命帽子，哪個人不在它面前發抖，這頂無形的帽子比有限的刑期還要捉弄人，「改造好了揭帽」，這條彈簧似伸縮無定的標準使戴帽人終生受困，一輩子坐牢，被釋放的反革命份子贈送帽子一頂，幾乎無一倖免。而且哪裡黃土不埋人，把人從農村墊江提回城市重慶，這簡直是江水倒流。我真的是連中三元，一步登天了。老天爺爺啊，我還能盼望更好的事情嗎？

吉普車開到大竹，四川省第三監獄在這裡，此地才是真正的電影裡看到的那種監獄，監房同關老虎的鐵籠子一樣，犯人在籠子裡一舉手一投足，外面洞若觀火，這裡關的全部是死緩無期重刑犯。

我一個人在一個鐵籠子裡過了一夜，通宵未眠，不僅因為九年集體睡覺慣了，一個人睡覺我忐忑不安心神不寧，還因為我仍然不能相信這已經發生的一切是真的，擔心是在做夢。我用手掐自己，覺得痛；天亮了，我看見一個男犯打猴拳竄到我的鐵柵前，突然發現有個女的坐在床邊，趕緊縮了回去；我聽見起了床的犯人們在外面什麼地方洗臉漱口，人多水響，像在打水仗。我能感覺，能看見，能聽到，我還是半信半疑。

第二天上午，吉普車多了一個乘客，從三監裡提出來一個年輕男犯，我以為他也是提前釋放，忍不住想同他攀談幾句，可是他一副刀斧不入拒人於千里之外的態度，我意識到他是減刑，還要坐不少年的監獄。

下午，汽車向重慶進發，我在車裡朝外張望目不轉睛，又看到外面的世界了。擁擠的街道，熙攘的人群，繁忙的車輛，嘈雜的集市，我像個鄉巴佬，樁樁事都新鮮。那些穿的確良的女孩子，特別引起我的注意，衣服平展無皺，兩片形狀挺括的小方領像驕傲的花托，托住年輕的臉，好看極了。那天，我九年來第一次進餐館，而且進了三次，幹部們吃一桌，我和那個男犯同兩個司機吃一桌，估計他倆是滿刑就業員，吃得令人難以置信的快，放下碗就跑出去了，可能是同犯人吃一桌的待遇難以接受。

晚上，回到省二監，感覺正如《南征北戰》電影裡的名句：「又喝到家鄉的水啦！」我擔著行李，一位女隊長帶著我向三隊走去。從過路的坡上往下看，就業隊燈火通明，正忙著開方凌、陳玉峰的批鬥會。

第二十八章

蜜糖裡攪拌著熊興珍的鮮血

人去樓空的三隊沒有了生氣，落葉雜草滿庭院，一片冷冷清清，對面監房沉浸在墨黑中，只有隊部亮著燈。一個士兵端著槍站在窗口，既然提前釋放我，為什麼要士兵把守？我遲疑地停住腳步，轉身望著隊長以為我聽錯了話，並非是去隊部。隊長說：「朝上走呀，為什麼停下來？」

走近齊胸的窗口，房間裡傳來一聲友好的「齊家貞！」

這是熊興珍。兩個多月在墊江，我整日累得頭昏眼花，恐怕連媽咪叫什麼名字都記不清，熊興珍去了哪裡，什麼命運在等待這類問題，我的腦子裡從未閃過，幾乎已經忘記了她。萬萬想不到，今天，我們在這裡相會，意味著什麼，在我看見她的那個瞬間便全部明白了。

我們過去咒罵熊興珍「活得不耐煩了」、「想吃洋花生米了」、「想敲沙罐了」這些話其實是有感而發，言之有據的，但是熊興珍水潑不進，刀槍不入。現在，且不說我這個知名的改造表現得好的齊家貞從墊江提回重慶是為什麼，只想想，這兩個多月熊興珍是在看守所裡度過的，當然不是在那裡度假，而是再度受審交待新罪。今天，她被從看守所提回三隊，睡在牆角地上，警衛手持機關槍從窗口直端端對準她站崗，兩個小時換一班。事情到了這個地步，熊興珍總該明白，一件不可能比它更可怕的事情將在她的生命中發生。但是，不，她不明白，她根本弄不明白，也不願意明白。

根據何在，根據我對熊興珍的瞭解，根據她剛才喊我的聲音和表情，聲音是溫和平靜的，表情是微笑親切的。

這叫人太難以置信，然而，你不得不信，因為它是真的。

我睡在她的隔壁，隊長臨走前對我交待說：「熊興珍的情況你是曉得的，睡覺要警覺點，有情況你要馬上彙報。」我答是的。可心裡想有這種必要嗎？事實上，通宵平安無事。

第二天清晨，隊長帶我去拿飯，先到就業隊，我要了二兩稀飯和油辣子拌大頭菜，大頭菜切成小梳子般的形狀，很是誘人。廚房裡幾個年輕炊事員春風滿面地對我笑，我也春風滿面地笑回去，大約都能猜到我今天面臨的命運了。然後，隊長帶我去四隊犯人食堂拿了三兩罐罐飯，上面倒了一小瓢豆瓣，這是給熊興珍的。

熊興珍早已起床坐在地舖上，飯遞給她的時候，她沒有伸手接，看著我的那碗說：「我要吃稀飯，早晨乾飯吞不下。」我望望隊長。隊長說：「就吃乾飯，吞不下喝點開水！」這方面的界限涇渭分明，否則隊長何必帶我去兩個地方拿飯，熊興珍只刨了兩三口就不吃了，隊長讓我把剩飯倒在壩子上，幾隻麻雀快樂地飛下來聚餐。

早飯後，隊長指示我幫熊興珍收拾東西，我知道這是準備交給她家屬的。她也有一雙穿過的但成色還不錯的勞改布鞋，當我理到這雙布鞋時，一旁的熊興珍說：「齊家貞，幫我把這雙布鞋甩了，哪個回去還穿這種鞋子喲。」

我的媽呀，熊興珍認為是要放她回家！「你，狗東西的笨豬！」心裡詛咒著。我看了她一眼，沒有理睬她，照樣把布鞋打進包去。一個信封裡裝有不到十元錢，隊長叫我數清後，把總數寫在信封上。

一切就緒，熊興珍剛一跨出房門口，士兵拿著手銬兇兇地對她嚷道：「把兩隻手伸出來！」她嘟著嘴巴，肩頭輕輕地側了兩下，像調皮的孩子不得不向父母繳械彈弓，不情願地戴上了手銬。重慶人常常用「你曉得個屁，你又不是他肚子裡的蛔蟲」，來形容難以捉摸人的心理。但是，對於這個一根腸子通到屁眼從不掩飾內心活動的熊興珍，和她朝夕相處了近三年，可以說，我就是她肚子裡的蛔蟲，我就曉得她在想些什麼。她在想：「你們給我帶著手銬回家，讓我在鄰居面前丟臉，何必嘛，好事做了好事在嘛。」

熊興珍在警衛和隊長前後左右的包圍下離開了三隊，一個走在背後的警衛端著槍對準她，我挑著我的行李走在最後。經過就業隊隊部，隊長叫我把行李暫時放在辦公室，給了我一個小板凳。同時，在熊興珍的脖子上掛了一個大牌子，上面寫著「現行反革命犯，熊興珍」，名字上用紅筆畫了一個大叉。這次，熊興珍沒有犟，也沒有講話，事已至此，她便不再多作計較。我知道她在想：「只要你送我回家，隨便你在我的名字上打好多把叉叉。」熊興珍不懂，在這樣的情況下，名字上的紅叉叉是有特定含義的，它與名字上沒有叉叉一個在天上，一個在地下。沒有叉叉就是「活」，有叉叉就是「死」。關於這一點，只要平時讀過法院的佈告就能清楚，可惜熊興珍從來不看書讀報，更不看佈告。

自從八三四一部隊對北京「六廠二校」清理階級隊伍總結的經驗見報之後，省二監已經召開過幾次「寬嚴大會」，有人加了刑，有人被槍斃（江開華是其中的一個），也有人獲得減刑或提前釋放。一九七〇年八月廿六日召開的大會規模最大，不僅全監犯人參加，而且就業隊五百餘人也破天荒地被弄來同犯人一起開會。扯出的橫幅是「寬嚴大會」四個大字，下面用小一點的字寫著「坦白從寬，抗拒從嚴」的傳統口號。

對於歷次召開的寬嚴大會，男犯中有這樣的議論——不像女犯，男犯們有發怪議論的傳統，過去什麼「勤勞的地主，進步的特務」等論調都很著名——現在他們說政府「給出路」的政策不是針對所有的犯人，這可以從每次寬大的對象看出，獲得減刑或提前釋放的都是家庭出身好，刑期短，沒有文化、戶口在農村的刑事犯，其他人改造表現再好也根本輪不上。現在，他們找到了我，父親是反革命，出身不可謂不壞，自己犯的又是反革命罪，刑期十三年，高中文化，家在重慶市中區，加上我又是如此地認罪，如此地聽話。可以說，我是他們所能找到的最完美的典型，用以反擊種種謬論，我是他們所能找到的最理想的炮彈，用來粉碎任何對黨勞改政策的誣篾——當然，不排除有的監獄幹部對我懷有惻隱之心。

我被安排坐在就業隊的最前面，省二監的正副監獄長和其他頭面人物一個個在臺上正襟危坐。緊靠臺下，面對著我們的是一長排即將被從嚴懲處的犯人，有二十人左右，帶著手銬，掛著大牌子，佝腰駝背地站在那裡。我找到了熊興珍，她夾雜在男犯之中，位置相當靠右。

本來我應當很興奮，很快樂，對於任何犯人來說，還有比這個時刻更加充滿希望嗎？可是，我興奮不起來，快樂不起來，心裡說不出的發悶，我記住了從頭晚看到熊興珍時起的全部細節，就是今天回憶起來仍然歷歷在目。可是，我頭昏得厲害，完全想不起這個「寬嚴大會」進行的過程，不知道這次大會加了多少人的刑，槍斃了多少人，又有多少人減刑或者被提前釋放，我甚至也忘記了出於好奇，本打算注意聽一下那個從大竹同我一起回重慶的男犯，他為什麼坐牢獲得的是怎樣的「寬大」，我記不起我是怎樣模模糊糊地聽見有人叫我的名字，怎樣前去領了一張紙，監獄長講了些什麼，我記不起後來我是怎樣去的就業隊，怎樣搬進了與姜書梅同住的一個房間。我好像行走在厚重的霧靄裡，與時空完全失去聯繫，我好像被一片密實的嗡嗡聲包圍，什麼也聽不清。

我只記住了一個人，那就是熊興珍，這位像化合價等於零拒絕與任何元素化合的惰性元素，本性上拒絕聆聽任何打有「政治」印記的事物，可是，當上面宣佈「熊興珍死刑，立即執行」時，她立即嘔吐了。我想，就在這一刻，僅僅是這一刻，熊興珍才相信了「鍋兒是鐵打的」事實，相信了平時大家「咒罵」她的話不幸而言中，相信了建築她全部信仰的基礎——一隻爛廣柑的故事不足為憑。之後，她當然被勒住喉嚨押上卡車弄出去遊街示眾，讓那些興高彩烈的跟上跟下的看客們評長論短，接受教育……。至於她是當天槍斃，還是幾天後才執行，我不清楚，也不想清楚。我唯一清楚的是，他們賜給我「蜜糖」，「蜜」裡摻合了鮮血，我的提前釋放與熊興珍的被槍斃就像兩個連體人，使我一憶及提前釋放，我就想起熊興珍，想起從她身體裡流淌出來的鮮血，我就想哭。

迎春花帶來的希望，我暗中期待的變化，竟被扭曲踐踏得不堪言說。

就業隊用了好幾天時間討論政府給我的寬大，我像是大家的榮耀和驕傲，是政府「給出路」政策的集中體現，同時每個人均擁護政府對熊興珍的嚴懲，沒有人，包括本人在內不在會上說「這是她自絕於人民，自尋死路。」

滿刑後，絕大多數人並回不了家，鋪蓋捲直接挑到監獄裡的就業隊。其中不少人是老婆或丈夫離了婚，子女改了姓，無親可投；有的是家庭成員父母、兄弟劃清界限拒絕接收；有的則是放出去上面不放心，留在監獄眼皮下，繼續看管；有的是給一碗飯吃，廉價勞動力；有的則僅僅因為是城市戶口不讓走。從勞改隊到就業隊，只是從小監房到了大監房。生活環境和勞動場所完全不變，時刻提醒你過去犯人的身份。所有的管教幹部，與我們楚河漢界、壁壘分明，個個都能使你感到威壓。隊長對就業員的管教方式與

獄友們。前左起：劉唯儀、齊家貞、侯箐；後左起：周光璽、駱雋文、黃俊。

勞改隊相比換湯不換藥，個人檢查、小組幫助、中隊批鬥、停工反省等。他們在對我們講話時，注意把「犯人」改為「就業員」，「勞改隊」改為「就業隊」，但總是提醒你不要忘記過去的教訓，捏住那根勞改筋，你不得不時刻提防小心。在就業員之間，仍然提倡互相揭發，背後攻訐那一套，此地腳杆長跑隊部快的人比三隊女犯多，好像風也參與了告密，幹部的消息非常靈通。每晚仍要兩小時學習，只有週六晚例外，會上發言最大的不同就是不再自稱為「犯人」。

我留在就業隊，一來是家在城市，恩賜我個工作，二來是繼續發揮「樣板」的使用價值。

我在就業隊的縫紉組上班，組裡有兩三個裁縫和幾個車工、雜工。我的工資一開始就拿二十七元，當然不會有那些年輕就業員說的「想起十九匹（元），周身都無力」的感覺，他們形象地稱工資為「青春消磨費」，不少人滿刑數年，在就業隊搞搬運等重體力勞動，食量大，月工資才二十零點只夠顧嘴巴。

現在的學習小組以勞動工種劃分，縫紉和理髮室的在一起，共約二十人，我是組長兼記錄，又是就業隊板報組成員，那裡有國民黨《中央日報》總編輯，因此獲罪的戰犯王掄揎，有原共產黨川東地下黨黨員，曾任重慶南開中學（市三中）教導主任，省二監筆杆子駱雋文，有與鄧小平一起赴法勤工儉學的原共產黨四川省委組織部部長，周貢植烈士的遺腹子周光璽等人，都是我的良師益友。

當時，廠部管教股以陳股長為首，正在熱情高漲地抓就業隊裡一個大反革命集團案，如果破獲，它將是全國最轟動的成績。他們最先以捕風捉影的理由向方凌開刀，方凌招架不住之後便像瘋狗咬人那樣亂招供，被咬出來的人又像瘋狗那樣咬別人，反革命集團的雪球越滾越大，人數迅速膨脹，而且還發展到監外社會上。一時間停工反省寫交待、入學習班的男就業員隊伍十分浩大。我在四隊時認識的黃俊、林方等原犯人舞臺積極分子，此時都裹了進去。我這個「順改造」，當然不屑與他們這些「反改造」為伍。

我又回到了「高速公路」。

我在就業隊活學活用毛主席著作講用會上作了一次出色的講用，之後就業隊黑板報全文刊登，具體內容現在忘得點滴不剩，只記得當時就業隊有名的怪話大王傅慶和說我「假得稀奇」、「六親不認」。

我在就業隊「講用會」上的發言，從那種牽強附會，移花接木，報喜不報憂，好事都放到毛澤東思想的帳上來講，傅慶和評價的「假得稀奇」是對的。但就我本人當時的認識，由衷地以假為真、信以為真，老老實實地說假話，從這點上講，又應當是「真得可怕」、「真得可悲」了。

傅慶和似乎對我很是鄙視甚至有點仇恨，但是，我對他一點不反感，不僅不反感，反而有相當的崇敬。

傅攻擊我在學習毛主席著作講用會上的發言，加上一些別的事情，就業隊開會批鬥他。

傅慶和是個彪形大漢，他挺直身子，叉開雙腳鐵塔似地立在我們面前，堅絕不低頭，光就這副雄姿已經夠我羨慕。會上揭發出來的「英雄事跡」也使人印象深刻：他擔一挑漏桶抗旱，擔到地裡水漏得精光；

不上班耍死狗說是生病，問他假條在哪裡？他掀起汗衫指著身上貼的狗皮膏藥：「這裡這裡這裡，三張膏藥三張假條。你要多少？」他說革命樣板戲沒看頭，拒絕接受教育，隊長指示同組的拿大籮筐前呼後擁抬他去看電影，他在籮筐裡嗷嗷叫像送他去屠宰場。有一次批鬥他，發言正熱烈，群情正激憤，他從口袋裡摸出一支煙，突然轉過身去問隊長：「隊長，借個火耶！」引得哄堂大笑。

就業隊五百多人，七個女的六個已婚，剩下我這個獨丁丁像滾進油鍋裡的水珠，在就業隊產生爆炸性的反應。才來不到一個月，有人已經費心為我排算好「種子選手」二十五名。傅慶和不在名單上，他不隨波逐流，引起我的注意，可惜我在男女之情上過於遲鈍被動，否則，他倒是合適的目標。後來，傅慶和吃「回鍋肉」，重新被捕判刑十年，當然不是因為罵過我幾句。我一直有個預感，認為他十年刑滿釋放，會出來殺我。還好，這事並未成真。但是，他滿刑數年後，突然失蹤，從此消失，有人認為他是殺了他自己。

我們不能隨便進出大門，週末回家或出去有事都要事先登記，隊部發給一次性使用的路條，發給你則走，不發則留。有的人被認為表現不好，用不發路條懲罰，數週數月不等。已婚者可在外過週六一晚，單身只准星期日早上出門，下午七時前所有人一律趕回參加學習。路條由專人發到寢室，凡是有家的人，週末歸心似箭，等路條等得心急火燎。有一個星期日，過了九點半，路條還沒發給我，我焦急萬分，突然懷疑自己是不是做了壞事，結果是隊長把這事忘到九霄雲外了。

家裡當時只剩下母親一人，小弟大同去四川省最艱苦的山區之一——石柱縣廣闊天地當農民。安邦、治平分別到江油、瀘州開採石油，政府調了成千上萬青年去那裡，說是勘探出了豐富的油田。大弟還在通用廠，每週星期三回家休息，如今我週末回去，他設法與人換班休息星期日。一大早，他就蹲在朝天門坡頂上，望著一個一個被渡船吐出來的人，直到看到了我，走上來叫一聲「姐姐」（現在由他帶頭，糾正過來叫我姐姐），接過我手上任何大的小的東西，與我一起從朝天門步行到和平路家裡。我矮小，他高大，像是我的保護神。他難得一笑的臉和眼睛裡嚴肅的光，使同船到達的就業隊男青年，來不及找到一個合適的搭訕機會便知難而退。

母親和姐姐永遠是興國生命裡最重要最親近的女性，從他出生落地開始，在他心裡我們從來是三位一體。我入獄後，他在一段時期內非常悲觀消沉，洗澡時，聽見他唱「三套車」，朋友們就知道，他又在思念姐姐了，這首歌是姐姐教的。他內心裡時時充滿對母親的愛及對家庭安全的擔憂，他擔心母親承受不了失去丈夫之後又失去唯一女兒的打擊，他擔心家裡又飛來橫禍。每次從通用廠歸家時他就開始心情緊張，穿過七星崗城門洞，離家還有一公里，他的心跳便開始加劇，直到望見和平路一百一十二號二樓亮起的燈光，望見母親多少年如一日，倚窗期盼著他的那雙慈愛的眼睛他才放心。他心事重重，沉默寡言，面對地震般可怕的家庭災難，他不知說什麼好，不知做什麼好。星期三休息，他從早到晚蒙頭睡大覺，直到有一天，他聽見母親嘆息：「唉，我要是還有一個女兒就好了。」他意識到，媽咪覺得孤獨，希望有人同她聊天。從那天起，興國不再睡大覺，嘗

我出獄後與母親、興國合影。

拒絕學工出徒是他們的權力，鍛煉身體抗拒欺凌是興國自己的選擇。

試改變自己不苟言笑的性格，努力找話講，努力多笑笑。晚飯後，他邀請媽咪出門散步，買一包五香花生米，秤半斤媽咪愛吃的蛋糕點心，還奢侈過一次，母子走進重慶有名的「心心」西餐廳喝了一杯熱牛奶。

興國對母親日衰一日的健康非常擔憂，為了給媽咪補身體，他賣掉剛發到手的全年布票，買回家一支高麗參。對兒子瞭若指掌的媽咪，馬上揭穿他的「陰謀」：「給我看你的布票。」另外三個弟弟全離家了，母親更加孤單。每週回來，興國睡在母親身邊，希望給她溫暖。他一貫赤膊睡覺，母親用手輕輕撫摸兒子發達的胸肌、他的渾圓的肩頭和壯實的手臂，然後她滿足地笑了。有這麼一個健康的孝順兒子，她感到無比的欣慰，興國感動得眼淚不住地往下淌。

現在姐姐回來了，母親又有了女兒，家裡又有了活氣，他感到心裡的負擔減輕了許多。

只要興國在，媽咪和我便被剝奪家務勞動的權利，「你們休息，一切我來。」做飯洗碗他包幹，飯後時常出乎意料地有水果，多數是價廉物美的蕃茄，他事先剝去皮用糖漬過。有一回他甚至買了半斤價格昂貴的荔枝，我看見它高興得眼睛要爆出來，這是我最喜愛又最不敢問津的水果，九年來我與水果絕緣，更遑論荔枝。

進通用廠三年後，與興國同批的學工全部出徒轉正，拿一級工資，只有他一個人例外，留級當學工。領導專門叫他去辦公室問：「你老漢在哪裡，你的姐姐在哪裡？」興國回答：「這件事你們早就清楚，我表上填過無數次，不給我升級加工資算了，何必明知故問。」興國蒙恥發憤，「為家庭出身、父親、姐姐受屈，我認了，但身體是我自己的。」他學習父親，開始每日堅持鍛煉：跑步、舉重、太極拳、冷水浴。人一天一天長高，體魄一天一天強健，同廠的人看著他從一個面黃肌瘦的少年，煉就成一名彪形大漢。周圍的農民只知道他的渾名，都說這個「扁罐」（扁頭）過去「風都吹得倒」，現在「狗都攆不上」。他豐滿的肌肉和紮實的拳頭，使那些曾經利用家庭出身不好欺侮他的人不敢輕舉妄動。

進廠九年了，興國沒有給自己買過一件衣服，都撿安邦的舊衣穿，布鞋爛得鞋跟提不起，他能多拖一天算一天，床上用品，鋪蓋枕頭、蓆子、被單都是進廠第一天時的「原班人馬」，寢室裡數他最寒磣，但是把錢省給家裡，他最慷慨。

安邦、治平休假回重慶，阿弟從石柱農村回來探親，週末，一家人在和平路聚齊。當然，父親照常缺席。我走的時候，五姐弟大的太大，小的太小，各玩各的，從來說不到一起，九年多以後的今天，母親越來越瘦小越來越蒼老，我們卻已長成大人，生龍活虎，擠在這個十二平方米的房間裡，乾乾的全是人。我們高聲大叫，爭著講話，東拉西扯，時喜時怒時哀時吵，最後的話題集中到四個先天不足（出身不好）又後天失調（被剝奪種種權利包括受教育權）的弟弟們的憤懣與感嘆上。

我非常耐心地向他們解釋，黨和政府對出身不好、可教育子女的政策一貫是「有成份論，但不唯成份，重在表現」和「出身不由己，道路可選擇」，我們應當承認家庭出身在我們身上打下的烙印，只要我們在思想上與剝削階級家庭劃清界限，表現得好，同樣可以得到信用。我的話激起了公憤，幾個弟弟七嘴八嘴用他們親身的經歷駁斥我，他們說我們五個，包括姐姐自己在內，正是唯成份論的受害者，家庭出身不好就被永遠打入另冊。我理解他們的心情，一點沒有失去耐心，我非常懇切地說：「即使有個別家庭出身不好的子女受到歧視，那不是黨的政策本身有問題，而是執行政策的人出了偏差，這一點不能怪罪政府。我希望你們首先要端正自己的態度。」

世交王伯伯的兒子當時正好在場，他無限驚訝地說：「家貞姐姐講的話比省委書記還要進步。」治平說：「算了，不要跟她爭了，她在睜起眼睛說瞎話。」大失所望的興國弟，沒有料到自己心目中最熱愛最尊敬的姐姐，竟然情願相信說在嘴上寫在紙上的謊言而不顧事實，這九年多白等了，這九年多的苦白受了，姐姐的九年牢白坐了，親愛的姐姐給洗了腦啦，興國的眼淚禁不住掉下來。安邦只用鼻子嗤了一聲，靠窗臺看行人走路去了。

我去省二監一中隊探望父親，送給他一支紅桿鋼筆，一本紅封面日記本，鼓勵他好好學習毛主席著作。我還給父親寫去一封長信，用了許多毛主席語錄想幫助他批判過去的親美、崇美、媚美思想，認識他在國民黨時期所謂清廉正直、大公無私作風的牧師式的虛偽本質，它比劊子手的殘酷更具有欺騙性，為維護國民黨的反動統治起到了劊子手起不到的作用，從而證明他所謂的「愛國」實際上是愛國民黨的國，是與人民為敵。

就像小時我調皮搗蛋同父親犟嘴搬歪歪道理，父親從不生氣一樣，我那封長信中不乏曲解父親本意，用詞偏激刺傷父親感情的地方，父親以他一貫的寬厚仁愛，體諒理解之心一笑受之，沒有回信解釋。「寬嚴大會」之後，夏監獄長問父親：「怎麼樣，齊尊周，我們現在釋放了你的女兒，你有何感想？」他們知道父親的心病就是齊家貞，他們關齊家貞比關他齊尊周更使他痛心，他們釋放齊家貞比釋放他齊尊周更使他開心。父親回答說：「人非草木，焉能無情。你們放了我的女兒，我當然非常感激。」夏監獄長說：「不單是感激，她還是你的榜樣。你自己也應當積極爭取，表現得好，政府同樣會寬大你。」

自從宣佈「但是你思想反動，刑期仍維持原判」之後，像剛才夏鈺欽講過的這類話已經不是一次兩次，父親一直不予理睬。不過這一次，他們他們對症下藥把他痛心女兒放了，父親真的被觸動被感動了，他的思想開了點竅。他們既然可以利用齊家貞作為典型真的把她放了，為什麼不可以利用齊尊周作為典型——一個由反改造變為順改造的難得的典型，釋放齊尊周？只不過，他們絕對不承認自己錯了，他們怎麼會幹錯事？他們要父親認錯，再以減刑的方式給他一點補償，削足適履地符合「認罪服法，前途光明」的公式。

能夠少坐那怕一年半載，回家同老婆孩子一起生活，無論如何是美好的事情。今天，夏鈺欽已經把話講明到這種程度，父親再不加利用那就實在太愚不可及了。父親想，既然你們要我給你梯子下臺，那好，現在我就扮演一個典型給你一個樓梯。

於是，九年多來，父親第一次向幹部交了一份「思想彙報」，與其說這份思想彙報是在交待自己以消極改造的態度與黨和政府對抗，與其說是在挖掘自己頑固堅持反動立場的思想根源，不如說是一個長期被冤屈的靈魂的自白，一個優秀正直的中國人內心的寫照，特別是他關於解放前已經成功地過了「貧賤不能移」、「富貴不能淫」兩個大關，現在要在無產階級專政下過「威武不能屈」的第三關，使自己成為完人的思想，使包括監獄長在內的幹部們震驚，他們破天荒第一次聽到竟然有犯人膽大包天作如是想，反動得夠典型了。唯其如此，現在他低頭交待，那怕僅僅作了一個低頭的姿態，那無疑也是毛澤東思想光輝的照耀，是共產黨勞改政策的勝利。

花崗石腦袋「改惡從善」了。

我對父親「過三關」的思想非常崇敬。一方面我對政府的教導言聽計從，並不多動自己的腦筋，另一方面又十分欣賞硬骨頭的人：父親、熊興珍、邵義功、廖汝秀、吳桂英……還有王大芹、牟光珍、江開華、傅慶和，很多很多。吹東風吹西風，我這個樹枝都招手，混沌一片，貓鼠同眠。

和自己的父親咫尺天涯，在就業隊卻意外地碰上一個父親般的友人，鄭可大。他個子名副其實地大，身高有一米八五，骨架子大，手大腳大臉大，五官清雅，人中深闊，一雙睡意朦朧的眼睛柔和慈祥，耳朵長大而多肉，耳垂豐隆，完全是一尊活的如來佛，非常地與眾不同。他在縫紉組上班，做些一般的裁剪和補疤等雜活。這些技術是在勞改隊學會的，他對自己的過去絕口不提，有人告訴我，他原是軍統特務，在南京時曾密謀暗殺周恩來。從他不凡的長相和傲然的風骨氣質看，我相信他是國民黨政府的大官，但是，什麼特務暗殺之類的勾當，我認為絕對是無稽之談。

鄭可大是小組的生活委員，他管到我這個組長的頭上來了。那時肉的供應沒有完全敞開，伙食團打牙祭，事前由各組生活委員發肉票每人一張，買一份。不知鄭可大從哪裡得來的情報，發現我幾次的票都送給了別人，從來沒有買過肉吃。那天，他發票給我時，當著我的面在票背後寫上我的名字，用他夾雜著濃重上海口音的四川話說：「我已經通知伙食團，任何人拿這張票都無效，除非本人使用。」我是想每個月起碼交給母親十五元，最好十七元，所以不捨得買肉吃。他的辦法很靈，票不能送人，作廢在口袋裡太可惜，也就每次必買了。

當組長免不了多一些事，諸如白天誰誰吵了架，誰誰勞動出了事，往往下學習後還有人找我。縫紉組車工張成金大家開玩笑叫他「張神經」，把一條二馬裾褲的邊縫當褲腰，褲腰當立襠，做出來的褲子成了褲腰四尺，立襠一尺的怪相。那天下學習後，他為此事找我解釋。這個人頭腦木訥，口齒遲鈍，是個老實人，就是經常出笨。晚上的學習是在男就業員寢室裡，下學習後我倆站在外面堰塘邊談話，他疙疙瘩瘩講了好一陣，我很難聽懂他的意思。當時是深秋，又是個無月的黑夜，周圍全是男的幽靈似地旋來旋去。我看見鄭可大不聲不響地站在遠處，後來走近了一點，見我倆尚無收場的意思，乾脆走過來講話了：「張成金，有什麼事明天白天再說，現在太晚了，讓齊家貞回去休息。」我明白，這裡環境複雜，他是愛護我，怕我出事，目送我回到堰塘對面我的寢室後，他才進自己的房間。

在勞改隊時李嘉珩教過我裁縫對襟中式女服，先用報紙實習，後來替幾個女犯做過，還可以。所以在縫紉組，中式女服由我負責做，真還有幾個勇敢的女幹部拿料子來考我的手藝。

一次，一件材料很細滑漂亮的對襟棉襖完工了，我的熨斗剛剛放在前襟下面，那塊布就化成水不在了，留下一個船頭形的缺口，我嚇得要命，好像開車壓死了一個人，趕緊說：「我賠，我賠。」一位師傅說：「小姐，你賠不起，這類缺俏商品是開特級後門來的，你有錢也買不到。」剩下的料子不夠換前塊，怎麼辦？那幾天，我躲著不敢見人，深怕那位興高彩烈來取衣服的女幹部，攥著這件破了的新衣服臭罵我。

誰知，她沒有來縫紉組與我打照面，這件事無波無浪地擱平了。原來，鄭可大同她私下裡解釋了這個情況，請求她原諒我坐牢時間太長，對化纖產品的性能一無所知，他保證由他負責用手工把它補得不露痕跡。鄭可大花了一個星期天加幾個中午放棄休息細針密線地補好了這件衣服，他注意了在接疤處拼花，經過他的妙手，誰也看不出新嶄嶄的衣服上有個疤。這一切，當時我一點不知，都是事後別人告訴我的，鄭可大只是對我講，不要背包袱，那件衣服已經交給女隊長，她沒有什麼意見。可以想像，這麼易於抽絲滑頭的料子補疤有多麼困難，不知道鄭可大拆過多少遍費過多少神，不知道動了多少腦筋精益求精。我問過他，他說不費事。鄭可大很沉靜，說話簡短態度溫和，時時透出一種內在的貴族派頭。

鄭可大滿刑留隊已經快兩年，從未請假探過親。我到就業隊兩個月之後，他寫申請向隊部請假。在小組學習會上，他說：「齊家貞的出現，使我想起了我也有一個女兒，只比齊家貞小三歲，我也有一個家，家裡有老婆，在成都。」我記起小時候看過一本連環畫，一位世界名作曲家走進一個躺在床上奄奄待斃的老婦人家裡，他用她破爛不堪的鋼琴為她演奏了美妙的樂章，這位垂死的老婦人從樂聲中看到年輕時的自己，在野花盛開的山坡上奔跑，看到自己同心愛的丈夫度過的那段美好的時光……。

長久坐牢的人，被生活摔出了常軌，失去希望，失去陽光，失去一個人所可能有的一切享受，在混沌與麻木中苟延殘喘，年深月久，也變為「垂死的老婦人」。不一定是肉體上的垂死，而是比它更可怕的心靈的垂死。

小學教師張自封名字沒有取好，坐牢之後，真的把自己封閉得緊緊的。他把妻子千裡迢迢寄來的親手用紅頭繩編織的「同心結」退回去，批評她「資產階級情調嚴重」，這位拿著曲調就能唱歌，吹一手好短笛的音樂老師，十年滿刑就業後，星期日無去處，除了吃飯上廁所，整日坐在自己床上一聲不吭，一動不動。那位原部隊文工團編劇、樂隊指揮黃俊，八年牢坐出來，老婆改嫁，兒子改姓，星期日沒處走，在就業隊裡無所事事，蒸雞蛋煮雞蛋炒雞蛋，蒸香腸煮香腸炒香腸，還是難以打發時光，很想自殺。自己殺自己要落個堅持反革命到底的惡名，對改了姓的兒子仍然不利，於是整日幻想哪裡失火，哪裡有人落水，好衝進火裡救火，跳進水裡救人，英雄也當了，命也送了，兩全其美。可是，立功的機會沒有出現，手被開水燙起果子泡還不覺得，原來是接開水時神思恍惚，想入非非，水漫出來了還在接。烈士周貢植的遺腹子周光璽，原是中學語文老師，滿刑後，老婆把家裡搬空，只留下一把蒲扇，帶著兩個最小的女兒跟另外一個男人跑了，她告訴女兒新爸爸能為她們帶來好前程。周老師看破紅塵想出家，但是出家也無門，文革破四舊，和尚絕了種，就是不絕種，革命的寺廟也不會接收坐過牢的人。

鄭可大坐了十八年牢之後，忘記了自己有個家，家裡的親人在等他；忘記了有家的幸福，親情的可貴。我扮演了那位作曲家，喚起了鄭可大青春的記憶和對家庭的嚮往。我被這件事深深感動，同時也引以為豪。鄭可大從成都帶回了女兒的問候，也帶給我成都特色的點心。

坐了三五年，十年八年甚至更長的牢之後，很多人還是挺年輕，五百名男就業員中，三十歲以內的幾乎佔一半，四十歲上下的也不少。所謂犯罪的惡習倒是改掉了，或者說不敢再作怪了，可是老天爺給的食、色本性依然存有，環境又不允許，於是，「同性戀」大行其道，河邊沙灘山溝峽谷，冒著「雞姦罪」的危險閃電般行事，一個「妻子」伺候數個「丈夫」。不過，絕大多數人是在忍受著沒做手術的宮刑。

為了尋找女朋友「解決問題」，很多人心煩氣躁，每週才能出去一次，工資又少，哪有五百個女人等著大家找，就算有，聽說「坐過牢」，也被嚇得拔腿就跑。在這樣的情況下，所謂「見到女人就是花」、「母豬也是雙眼皮」就是事有所至，理有必然了。

一個外號叫「二郎神」的就業員，因兩眉間的額頭上長有一個大疤，像寶蓮燈裡三隻眼的二郎神而得名，星期日請假出門，不穿內褲，在人群擁擠的公共場所猥褻婦女，被五花大綁送回隊上，開了批鬥會，從此禁假。

就業隊裡女幹部當然不敢碰，女就業員也是僧多粥少。原來的六個女的，王掄揎的妻子黃玉梅已經五十多歲，一個規矩的老女人，蔣素清、孫文碧同自己丈夫感情誠篤，針插不進，杜清珍除了丈夫，對任何男人都是一隻惡雞婆，剩下的姜書梅、楊明珍都是有主的了。本來，男就業員們的日子可以好過得多，如果原來近五十名女就業員不被林彪的「一號命令」驅趕到墊江的話，她們當中多數單身，陸文燕、陳小萍等等，不僅年輕漂亮，而且人也活潑開竅。可是如今，只剩下六個丈夫也在就業隊的女人，這裡幾乎成了男兒國，林彪斷了大家的好夢，日子過得非常地沒趣。

突然，又鑽出來一個齊家貞，被男性團團包圍，渾身不自在地度日。

我在蘇聯電影「人與人是朋友」，和印度小芭蕾舞劇團「爭取朋友」，以及諺語「沒有朋友，生活裡就沒有陽光」的文化氛圍裡長大，我生性喜愛朋友，珍惜友情，與朋友肝膽相照，對他們比對自己好。但是，在就業隊的環境裡，我擔心動輒得咎，逼迫自己低頭疾走，謹言慎行。儘管我做到了這些，這個就業隊裡唯一的單身女性，仍然逃不脫註定的角色，一塊「鼓眼肉」——人人睜大眼睛盯著，有的想吃吃不著，有的不想吃喜歡盯，有的盯了之後大發議論，有的人豎起耳朵當聽眾，然後喝彩，再添油加醋地議論，八方傳播，不分你我，大家都打了精神牙祭。

我收到好幾封來信，除了馮朝棟、周興初，絕大多數我根本不認識。我珍惜他們的感情，尊重他們表達感情的權利，我沒有作出回應，也絕不把信交去隊部。按照當時的慣例，每個人應當向隊長彙報思想，包括此類個人私事，就像虔誠的教徒把心事和盤托出向神父懺悔。隊長問過我，我說我要集中精力繼續加強思想改造，不考慮別的事情。

可是，我不得安寧。

不久，姜書梅從醫院聽回來一個令我震驚的故事。馮朝棟說我在一中讀書的時候很風流，同比我高兩年的男同學高家祥（名字可能記錯了，或許完全是另外三個字，此地權稱高家祥吧）談戀愛，並且有了關係。後來我被高拋棄，痛苦難當，才決心挺而走險犯下了這個叛國罪。還說高家祥現在在上清寺郵局上班，有個幸福的家，他不理睬我，我扭住高要求重修舊好。

與其說是因為故事本身令我震驚，不如說是因為世界上竟有人對我編造這樣的故事令我震驚。馮朝棟當面對我非常友好，寫過超過十篇的情書——兒童、少年、愛情，這樣的神話竟出自他的口，當時我的感覺是大白天看到了鬼魅，鬼魅竟能在陽世現形？

這類事情不脛而走，消息閉塞的姜書梅知道了，板報組的人也先後告訴了我，整個就業隊為此議論得如何熱浪滔滔，可想而知。

馮朝棟、周興初都是能寫會說的文化人，同時宣稱我在與他們「耍朋友」，運用他們這方面的智慧和關於男女之情的想像編故事，編出來的故事有時間有地點，有名有姓，有頭有尾有情節，常常比真正發生的故事更加生動更可信。「錢越帶越少，話越帶越多」，有了故事主編，加上其他人隨意的添油加醋，不由得就業隊大部分的人不相信，包括隊長。組長們一起開會彙報小組思想時，這些對我的傳謠和對傳謠的反應竟成為彙報的主要內容。他們說「無風不起浪」，「一個人亂說，兩個人三個人也亂說呀」，「魚不來，網不去」，「母狗不搖尾巴，公狗不會上前」等等。

我成為人們食色本性的發洩對象，深感屈辱與憤怒。

一天下午，鄭可大到我這裡開票，他幫幹部補了個兩角錢的疤。我開好發票遞過去，他沒有接，右手粗大的食指在我桌子的玻璃板上重重地敲了兩下，用力壓制住他內心的憤怒，低聲問：「你最近究竟在幹什麼？」我明白他是愛護我，痛惜我，我知道他曾經無數次在寢室裡製止那幫人用下流肉麻的語言把我當話題談論：「你們吃飽了飯，能不能談點別的？」可是我的天啊，全就業隊的人都信了那些鬼話，我可以不在乎，全就業隊的人都委曲我，我可以無動於衷，但是連父親般的鄭可大都信進去了，懷疑我真的幹了什麼錯事，我就受不住啦。我說不出話，埋著頭，眼淚禁不住大滴大滴流下來，滴滴答答打在玻璃板上，這段時間所受的巨大的委曲，一下子全部爆發出來，我哭得停不住了。鄭可大直僵僵地站在桌前，沒有講話，但是我感覺到他內心的張惶、抱歉與手足無措。他遞給我一塊乾淨的摺疊整齊的手絹，我乾脆用這塊手絹掩面痛哭。他一直陪在我的身邊。

駱雋文曾經對我開玩笑說：「就業隊裡幾百個人由你選，看中了哪一個，板報組負責當你的包打聽。」我還根本沒有打過這個主意，就已經風風火火脫不了手。現在，板報組的人都站在我一邊，對那些流言蜚語表示義憤，他們對我完全信任。組裡的陳秉雄和朱繼昆是「種子選手」，可是，我們的關係沒有按照別人的安排發展，而是很好的朋友。他們對我提問的幼稚和對人情世故的無知不勝驚訝。陳秉雄對我說：「如果不是親眼所見，我難以想像世界上竟有像你這樣單純的人。」

這一切安慰與支持並不能化解我內心的委曲與憤怒，我的自尊心被深深地傷害，我的人格被肆無忌憚地侮辱，我食不知味，寢不安席。

這些扔向我的垃圾實在太污穢，我制定了計劃做兩件事。

首先，星期天回家，我把就業隊發生的一切告訴了興國，並且決定按照馮朝棟提供的線索，親自找高家祥面對面弄清楚，來它個打破沙鍋問到底，還要問鍋渣在哪裡。興國笑了起來，他認為根本沒有的事，根本不存在的人，哪裡需要費神去找。他說：「文化大革命裡，無中生有的事，多得數不清，最好的辦法就是置之不理，讓它自己慢慢消失，越是搭理它，造謠的人越受鼓舞，越要造下去。」我沒有經過文革的冶煉，我想不到文化大革命竟然造就出如此放肆的無恥之徒，我做不到見怪不怪，見慣不驚，哪怕只是所謂不足掛齒的小事。我決定要去，就是沒人陪，一個人也要去。興國那天有幾個廠裡的朋友來訪，他只好抱歉失陪，跟我一同去了。中國郵局開門七天，上清寺郵局的工作人員沒聽說過這個名字，建議我們去路對面的郵電宿舍找。傳達室的工友戴著老光眼鏡，端出花名冊用指頭查尋每一個名字，並沒有高家祥這三個字。空手而歸，興國說得對。

難怪那麼多人相信馮朝棟講的故事，最瞭解內情的當事人我自己不也信以為真了嗎？不然，怎會吠影吠聲、三人成虎地瞎折騰呢？

更稀奇的是馮朝棟在搞了這麼多名堂之後，還有臉皮來找我。他知道我「守護神」的厲害，只敢在我家街對面走來走去。正好被「守護神」發現，他大步流星走到馮朝棟面前，手一揮把他的眼鏡扯下來扔在地上，吼道：「撿起你的眼鏡，滾！你還沒有把我的姐姐整夠呀！」高度近視的馮朝棟狼狽地從地上把眼鏡摸起來，急急地跑掉了。興國上樓告訴我們剛才發生的一幕，媽咪和我笑得好痛快。

我不能再這樣無辜受屈，被人戳著背脊骨罪人般地過日子了，我執行計劃的第二步，在就業隊開始公開反擊，征討謊言。

我選擇各個組長齊集開會的時候發言，我知道他們會迅速地把這條新聞傳達到組裡。我大聲地說話了：「我非常感謝政府寬大釋放我，給了我新生的機會。我努力用繼續加強思想改造的實際行動來報答這種再生之恩。但是，最近我的改造受到很大的干擾，我的情緒十分波動，我常常不知道自己應當如何是好，甚至對前途感到渺茫，原因是有一小撮人，在就業隊興風作浪，無中生有地說我同時與幾個人耍朋友，在什麼地方幽了會，回了某某人的長信，什麼要求一中舊情人恢復關係，破壞別人家庭等等，一派胡言亂語。奇怪的是，有的組長也參與其中捕風作影火上添油，說什麼『魚不來網不去』和一些很難聽的話，把就業隊這個改造人思想的地方，搞得污煙瘴氣。今天，我在這裡公開說明，如果我做了錯事，天大的責任我承擔，知錯必改。但是，上面我所舉的例子，純屬造謠生事，他們朝我身上扔污泥，暴露了他們自己靈魂的骯髒。」我越說越激動，聲音越說越大，面紅耳赤，開始點名了：「周興初、馮朝棟這些人，只敢在我背後生事，只敢在陰溝裡搞鬼。有種的站出來，在陽光下把你們的東西擺在桌面上，當眾說清楚，我齊家貞行不改姓，坐不改名，我不相信謊話活得長，我不相信謠言可以變成真。」最後我宣稱：「各位組長請注意，齊家貞不在就業隊耍朋友，現在沒有，今後也不會有。大家不要為我分心，把注意力集中在思想改造上。任何新的流言蜚語，我都將在適當的時候予以揭露反擊，絕不留情。」一派報上學到的術語。

我的發言像扔下一顆炸彈，炸死了每一個人，會場一片死寂。

發這次言，使神魂不安的我空前的痛快，雞飛狗跳的就業隊空前的清靜。

已經一年了，隊長們聽到的有關我的五花八門、無奇不有的「新聞」，比傳到我自己門下的不知多多少倍，他們的耳朵已經塞滿，他們感到頭痛，對此，他們信與不信都沒關係，反正他們作出了一致的決定

治平（前右一）來四川省二監接我回家。
照片攝於父親按縣團級待遇釋放回家後。

——釋放齊家貞回家，「砍了黃桷樹免得老鴉叫」。

我先是「因福得禍」，提前釋放是福，來到「萬綠叢中」成為「一點紅」是禍，然後是「因禍得福」，許多人在就業隊度過餘生，我從就業隊放出來，回到家裡。

一九七一年九月十一日上午，三弟治平到就業隊幫我挑行李，把我接回了家，這年年份的末位數是「1」。我離開家門二十歲，現在三十整，十年光陰在監獄裡度過。

監獄，無論大小，無論在城市、鄉村或者山野，無論搞農業勞動或者工業生產，無論管理嚴格或者相對鬆馳，無論……，本質都是一樣的，所謂「條條蛇都咬人，烏梢蛇不咬人都嚇人」。

監獄是什麼？是把生命變成死水，把活力變成惰氣，把智慧變成乾灰，把理想變成煙雲，把心變成石頭，把大腦變成豆渣，把鷹變成雞，把龍變成蟲，把人變成狗的令人聞之喪膽的地方。一言以敝之，監獄是苦役，是自由的喪失，是生命的浪費。

把人推進監獄，絕對不能隨意。

我在看守所近兩年，勞改隊七年多，就業隊一年，前後共與三百名左右女犯同監，不少人是「同床共枕」，朝夕相處，其餘的也是關在一起同吃同住同勞動。一年三百六十五天，每天二十四小時，大家眼睛對眼睛，鼻子對鼻子，彼此的屎腸子都看透了。和沈從文《邊城》裡民風淳樸的老百姓連妓女也是善良的一樣，這些女犯甚至包括一些「殺人犯」也是善良樸實的。他們既不能有驚人的貢獻，也幹不出像樣的罪惡。她們很普通，和別的女人沒有不同：嫁漢跟漢，掙錢吃飯，生兒育女，照顧丈夫，有時候放一點嗲，有時候耍一點潑，有時候同書記領導吵了個架，她們與丈夫、孩子分不開，分開怎能活下去。在監獄裡，她們一點不無事生非損人利已，她們規行矩步，聽說聽教，默默地忍受苦難，於無聲處也聽不到驚雷。到哪裡去找這麼好的百姓，到哪裡去找這麼聽話的女人。這些人憑甚麼進了監獄？

我沒有很多的革命思想，也沒有很多的反革命思想，甚至沒有多少自已的思想，對政治根本不關心，我只是稍有一點文化能識字唸書，普通高中畢業生而已。就算以我為標準，經過梳妝打扮之後，有一點點像「搶皇帝寶座」的角色，其他許多的反革命，無論如何點撥勾引，她們對「皇帝的寶座」根本沒有興趣，她們哪裡像我小時候看過的，印象很深的《紅岩》小說裡那些職業破壞人士，在監獄裡還辦報，搞集團，呼風喚雨，囂張跋扈，放到社會豈不更加橫行無忌，為所欲為了。他們才是真正要「搶皇帝寶座」的人，國民黨鎮壓事出有因。

十年裡，我真的很認罪，同時，我也真的很為別的犯人不認罪。我最大的發現是犯人的「質量」低得出奇，也就是說，他們完全不夠「資格」當犯人！所有的反革命和絕大多數刑事犯（特別是因為「自然災害」來的包括它製造的殺人犯），根本說不上對國家、對人民、對社會的生命財產和安全構成損害威脅。事實上，他們當中的很大一部份是被毛澤東一個接一個的運動，莫明其妙地運動進來的。

哪裡稱得上牛鬼蛇神啊！

謝謝省二監送給我用十年生命換得的上面的認識，一份真正的厚禮。

再見了，我的省二監，你已經成為我生命中刀刻斧鑿的一段歷史，成為我生命中不可分割的血肉相連的一個部分。我將永遠記住你，就像任何其他人永遠記住他們的母校，他們的幼兒園一樣。我不能忘記與我朝夕相處的熊興珍、牟光珍、王大芹、劉伯祥、徐銀珍……所有的女犯們。只要我閉上眼睛，我就又看見你們，你們的音容笑貌，你們的一舉手一投足和在監獄裡難忘的日子。只要我的記憶還活著，你們就活在我的記憶裡。時至今日，三十七年過去，我仍然時常想到你們，提起你們，我的心還在為你們哭泣，為你們抱不平，也為自己並非出於本心的對你們可能的傷害而懺悔。

我有一個願望，這個願望隨著歲月的流逝和知識的累積越來越強烈：作為歷史的見證人，我有責任把這段經歷記錄下來。我並非很不怕死，因為活著是美好的；也並非很怕死，因為它是不可抗拒的必然。現在，我覺得自己比任何時候都更加地貪生怕死，像一個垂死的「孕婦」，堅持要把「孩子」生下來，才去面對死神，絕不允許「孩子」跟我一起進墳墓、爛在我的肚皮裡。

這樣，我死亦瞑目。

出獄後與母親合影。

第二十九章
陰陽兩界，團聚夢碎

不少人讚揚我樂觀、勇敢，這都是過獎了。我的所謂樂觀、勇敢的表現並非像許多別的人那樣紮根於個人內在力量的堅韌或者深謀遠慮的思考，而只是建立在我的非常原始的、生就的、渾身竄上竄下的傻勁上。只要認定是對的，我不多動腦筋不思前慮後，處事直率衝動，常常不考慮需要付出怎樣的代價以及將帶給我什麼樣的後果，憑一股傻勁在人生道路上衝撞。衝得不好二十歲進了監獄，衝得好四十七歲出了國，當然，還衝了許多別的大大小小的事情。可以說，這種傻勁貫穿了我的一生，支配著我的行動，它帶給我笑聲，也帶給我眼淚，快樂是無與倫比的，眼淚是苦澀難耐的。

有人說：「傻人有傻福」，此話不假。

我覺得，我的福在於我有一個非常好非常難能可貴的家庭，不僅表現在「有福同享」的歡樂時光，更體現在「有難共當」的艱苦歲月。

在父親離家的二十多年裡，愁苦無告的母親，一個人承擔起生活的重擔和五個子女的教育，她是這個家庭小舟的舵手，用她無限深厚的愛心和嘉言懿行的榜樣，把一家人凝聚在一起，父親遠在天邊，我們，特別是興國和我對他仍然充滿感情。

無法統計，一九四九年後的中國大陸，究竟有多少夫妻不是因為感情破裂而是為了劃清界限，同他們受到政治懲罰的配偶離異。就我接觸過的勞改隊的女犯看，堅持不離的丈夫微乎其微，刑期稍長的就更加寥若晨星。是黨員的，黨施加壓力，要你在「黨」和「愛人」之間擇一從之；有工作的，變換工種變相懲罰、「穿小鞋」、流言蜚語逼你就範。

母親最清楚父親的為人，她說：「齊尊周真的是冤枉啊，他的缺點就是太耿。」她清楚，自己只要有一絲半點不慎，都是在為虎作倀助桀為虐，都會給父親造成極大的傷害。她無條件地站在父親一邊，從來沒有產生過離婚的念頭，那怕為了子女的前途，假離婚也不幹。全家抱在一起，硬碰硬受罪。

因為這樣，四個弟弟沒有一個念上高中，初中也只能讀「發水學校」——民辦中學。他們沒有責怪父親和我，沒有一個人想過要同我們劃清界限。他們放棄了受好教育的理想，放棄了找好工作的願望，放棄了過好生活的企圖，放棄了與其他人一樣得到平等權利的要求。如果說每個人都應當有夢有追求，四個弟弟的夢和追求還沒有來得及萌芽就被扼殺在搖籃裡了。災難開始得太早，他們一懂事，就感到自己與別人不同，對生活只能「日求三餐，夜求一宿」，僅僅為了活下去。我在裡面十年，不曾感到過這個家對我有一絲的疏遠，不曾有任何成員對我有一丁點抱怨，我被這個社會拋棄，但是我整個的家庭站在我的身後。否則沒有人在監獄內唱得出歌，跳得起舞，笑得出來。我永遠不能忘記，陳本純的丈夫對她講的話：「如果沒有你，如果沒有兩個兒子，我恨不得跳進鋼水裡一死了之。」每記起這句話，我就看見烈焰般沸騰的鋼水和某人跳下去之後冒起的一股青煙。

家庭是犯人生命的支撐點，是活下去的理由。

省二監就業隊決定把我釋放回家。

攝於1971年9月29日，監獄十週年祭日。

出獄後三年。

七一年九月十一日清晨，下過一點小雨，地上黏滑滑的，但空氣挺新鮮，我感到神清氣爽。治平弟穿著一雙半統膠靴，帶著扁擔繩子，九點半鐘準時到就業隊來接我。我不必四處張望觀察，便可料到，周圍就業員對我有多麼地羨幕，羨慕我有家可回，羨幕我的家接受我。我很為這個捧打不散的反革命家庭得意。

十年過去了，自己不感到有什麼變化，張媽媽看見我，張嘴大叫：「哎呀，家貞，老了，老了。」我伏在窗前對著街上唱歌，還像過去那樣。母親失口說道：「倒了，倒了，嗓子不行了」。九月廿九日坐牢十周年，我拍照留念，拿著照片看了又看，總感到什麼地方不對勁，後來又拍過幾次，還是有問題，最終才發現，眼睛裡曾經有過的光輝已經熄滅。

無論如何，我平安歸家，母親懸著的心放回到實處。

離開勞改隊，我有兩大幸事。第一就是每晚不再當「推磨的驢子」，那每天兩小時的政治學習我一想起就倒胃。現在，我乾脆連報紙都不看，文化大革命與我不相干。但是，開群眾大會和一週兩小時學習（別人唸報），佔用上班時間，又掙工資又休息，我一點沒意見。林彪「九・一三」事件爆發，我同革命群眾一起去區委聽報告，孩子哭叫，大人怒喊，人聲嘈雜像在趕場，我移到第一排，把「紅頭檔案」聽清楚，回來討論時背一遍，街革委派下來掌握會場的幹部，歪過腦袋往我瞧，這個善於背書的人究竟是誰。他們沒有要求我對自己「深挖」、「痛罵」，我對此心滿意足。

第二件幸事就是，我不再被迫違心地檢舉別人，相反，我本人成為眾人檢舉的對象。反正我不亂說亂動，「夾起尾巴做人」，連玩笑也不同人開，最多聽點便宜，笑點漏油，實在喜歡檢舉我，請君自便，本人釋然於心。

我關心那些曾經與我一起在裡面生活過的人的命運，為他們的遭遇痛心。省二監也有人仍然在關心我，他們傳出我已經結婚，嫁給一個有三個孩子的殺豬匠，有人「親眼」看見我們在「留真相館」拍照。這一切對於我已經無關痛癢，我畢竟與正式的監獄漸行漸遠了。

七二年春天，母親告訴我她胸口有一個氣包，肚子一陣咕咕響，氣包就升起來，過一陣它又消失了，我試著摸過兩次，沒有摸到，以為這是母親吃苦太多嘔氣太多形成的，沒太當回事。後來，整日抱著孩子喜歡在外面東奔西走不停活動的母親，老是說疲乏無力，站著想坐，坐著想躺，我們建議她退掉這份差事，好好休息，她捨不得那孩子，那家人對母親不錯，情面上也放不下。

後來想出個一舉兩得的好主意，讓母親去農村石柱阿弟那裡，一來，孩子理所當然不帶了，二來那裡空氣好蔬菜新鮮，雞、蛋便宜，是母親療養最理想的地方。

她去了，第一封信感覺還好，她說雖然那裡出門就是山，阻隔視線，但眼前的菜畦，綠色的草和樹令她心情舒暢。她說：「你們不要擔心，我不會死，我的任務還沒有完成，你們全都沒有成家呢。」她還說：「和阿弟比較，你們是生活在福窩窩裡，阿弟實在太苦了，天不亮出工，天黑了不見回來，整日挑糞挖地有定額，完不成，要扣工分扣口糧。」

第二封信情況變了，她說她驚恐地發現阿弟買回來一隻五爪雞，這是兇兆。她告訴我們，這段時間她天天嘔吐，吐出來的比吃下去的多，是醬黑色。收到這封信，我們要阿弟陪媽咪馬上回來，母親回信說：「不行，農村正開始雙搶，搶收搶種，活路緊張繁忙需要勞動力。阿弟如果現在離開，人家說他逃避艱苦勞動，對他影響不好，過段時間再說。」興國電匯路費給阿弟，要他不顧一切，立即啟程送媽咪回重慶。

興國在朝天門碼頭焦急地等候，船一攏岸，他就衝到媽咪跟前。媽咪眼睛裡有淚花，臉上有笑容，手上提了個籃子，裝著一些阿弟的雞生的蛋。她瘦得只剩一把籐籐了，興國背起她就走，母親說：「放我下來，我自己能行。」興國心痛地說：「你看，你的肉都蝕光了，這麼輕，哪有氣力爬坡。」

從母親六十一歲生日那天起，興國就藏了個大疙瘩在心裡，他非常擔心媽咪出事。那天晚上，由興國主廚，治平幫手做了幾個好菜為媽咪慶祝生日，飯正吃到一半，突然停電，只好在半明不暗的燭光下結束，大家心裡都不大痛快。睡覺時，母親的頭又重重地在床檔上碰得很痛，名符其實的「觸了霉頭」。

現在母親病成這樣，首要的事是給她看病，可是我們從未和醫院打過交道，哪個醫院好，哪位醫生高明，這種病該掛什麼號，我們一竅不通。當時文化大革命還在進行，醫院的工作很不正常。我街道工業一個同事的叔叔在新橋陸軍醫院當木匠，幫忙給掛了個號，興國和我於六月十一日陪母親前往醫院求治。我們對牌子這麼大，名聲這麼響的「陸軍醫院」滿懷希望，門診醫生檢查後叫她住院，他說母親長的包塊不是太硬，又可以遊動，雖然不排除惡性瘤的可能，但良性的可能更大。住院通知單上寫的是「剖腹探查」，大概是打開「抽屜」翻一翻，有壞東西就揪出來，沒有就隨手關上的意思。我們都急慌了頭，有醫院肯把母親收下，已經是大恩大德，加上母親也很勇敢，只要能把那包塊拿出來，開刀有什麼可怕。可是帶的錢不夠，要預交二百元，我和媽咪在醫院等，由興國回廠借錢。跑到車站，一輛車車門剛關上正在起動，他一隻手摳住門中間的橡皮夾縫，跳上踏板，裡面的乘客大喊：「下去，下去，人裝滿了。」興國站穩身子，兩隻手把車門掰開一條縫，整個人慢慢擠進去，才瞪大眼睛問：「吼啥子，吼啥子？」面對這個爬飛車的大力士，沒有人敢開腔。

我請假不上班，陪母親住院，晚上有空床位我睡床，沒有空位睡涼椅。四天以後，軍醫高德明為母親作了手術。手術後，我被叫進醫務室，高醫生對我說，母親患的是胃癌，打開腹腔之後，發現癌細胞廣泛轉移，腹膜上遍佈包塊，大的如葫荳，小的如綠豆，已經不能切除。由於主包塊長在胃腸銜接的幽門附近，醫生給她做了個「短路」手術，把腸接到胃的上部，這樣當包塊完全堵塞幽門時，食物有新的出口與十二指腸相通。

凡是做過腹腔手術的人，每晨醫生查房給病人的見面禮就是「放了屁沒得？」病人「放了屁」的答覆就是給醫生的最高獎賞，因為這意味著手術成功，順利「通航」。「通航」之前，病人不能進食，靠輸液維持，每日兩三千毫升鹽水葡萄糖滴注，幾乎二十四小時被捆在床上不能翻身，還不斷需要便盆，相當受折磨。本來，三至四天就應接通，可母親受了六天罪，還不見響動，醫生照常天天詢問那句不變的「打屁」的話，對我給予的否定的答覆如風過耳。從那天起，我開始坐立不安，進入第十天，醫生仍然無動於衷，我為母親的手術擔心，整夜輾轉反側難以入眠。事實上，母親遵從醫囑，非常積極地配合治療，開刀第二天就下床走動，全室病人讚揚她體育老師的風範猶存。後來，她曾經狐疑地問我：「家貞，包塊好像沒有拿掉，你看，這裡硬硬的。」我騙她說這是手術開刀縫合形成的硬塊，原來的包塊已經取掉了。母親從此沒有再問，也許她相信了，也許她知道我出於好心。第十一天，我遞給高醫生一張條子，提請他注意已經有多少天腸胃不通，是否什麼地方出了問題，希望他採取措施。

當天下午，我陪母親再次做鋇餐檢查，她吃力地吞下那碗調好的鋇粉，我們在黑暗的屋子裡等候。想起癌症的「癌」字，病旁裡面三張口吃人，心裡好驚懼，操作機上忽閃忽閃的紅綠燈像魔鬼的眼睛，使我更加恐怖，真想馬上衝出這間鬼屋。這是怎樣長久的等待，怎樣痛苦的折磨呀！母親嘆了口氣，憂心忡忡地對我說：「家貞啊，弄得不好，我要挨第二刀呢。」我沒想過有這樣的事，急了，我說：「這不可能，開刀又不是開玩笑，有這麼隨便嗎？你不要亂想。」

是我錯了。第二天，高德明醫生又把我叫去，他說：「你媽媽要開第二刀，」他指了一下衣服袖子，用手掌做了一個扭轉的動作說：「腸子像袖子扭了個轉。」唉，腸子啊腸子，你被高醫生輕鬆地當成衣服袖子了喲。

第二刀高醫生把「袖子」擺正了，擺正已經沒有用，經過兩次有害無益開刀的騷擾，包塊從三指寬兩寸長瘋長到中碗那麼大，雄糾糾地扣在胸口上。入院前母親每餐可吃二至三兩飯，現在喝兩調羹米湯還叫肚皮脹，東西吃不下，卻時常嘔吐。一天清晨，我還在睡，有個病人緊張地叫醒我：「大妹大妹快點。」我一驚而起，看見母親正在拚命大口大口地往肚子裡吞東西，突然，許多醬油色的液體從她嘴裡噴出來。原來，她覺得我這段時間太辛苦，不想驚醒我，在盡力把要吐出來的東西吞回去。

七月廿七日，醫生讓母親出院，回去吃點想吃的東西，玩玩想玩的地方。屁話！

興國找了個吉普車，他抱著母親，我提著行李，多待一分鐘都是危險，大家飛也似地從這個殺人的醫院逃出來。回到家裡，母親第一件事就是走到窗前，察看養的幾條金魚，發現魚缸裡多了許多肚皮吃得圓滾滾的小金魚，她高興極了。母親是多麼嚮往活下去，等父親回來，全家人團聚呵。

我們沒有灰心，我們相信「孝能感天」，奇蹟一定能出現。我們對搜集到的每一種治癌單方、驗方、秘方都懷抱希望，我們視每一位被推薦的醫生都是救星，我們一下子聽到那麼多陌生的治癌中草藥的名字，不辭萬難四處尋找：百花蛇舌草、半支蓮、石打穿……，如法泡製後把湯藥送到母親的床旁。我們一下子獲得了無數的情報，數不清的治癌專家，治癌神醫供我們選擇。母親是富有的，她有四個年輕力壯的兒子，和一個從牢裡趕著出來的女兒，那怕診所在天之涯海之角，只要介紹得好，我們都去。我們抬著母親去雙溪溝四十號，找一個八十四歲的女草醫求治，四個兒子每人出一張肩頭，四個肩頭正好抬涼板的四隻角，上坡，高的兩個兒子走後面，雙手高舉；下坡，矮的兩個兒子走後面，雙手放低，讓虛弱的母親平穩地睡在涼板上，盡量不受顛簸。我則提著裝錢、裝病歷的包包，撐著傘為母親遮太陽。看到這幅圖景的人無不深受感動，他們說：「有這樣的孝子，媽媽的病一定會好。」

最遺憾的是一位姓古的老中醫剛死兩三個月，他救活了興國同事的父親，這個患了腸癌的病人也開過刀，也是廣泛轉移，醫院宣稱只有兩個月好活，吃了古醫生開的中藥，兩年後癌症病灶奇蹟般消失，現在還活得好好的。可是，古老醫生因為開私人診所，治好了無數人的病，掙了大把的錢，被公安局以非法牟利罪抓到我坐過的石板坡看守所關死了。我們拿著一大疊古醫生生前為那位癌症倖存者開的處方，不敢為母親照方抓藥。說話回來，此時的母親根本不能按量吃藥，就是有起死回生的「仙湯」也喝不下肚了，除非我們當時沒有送她去「陸軍醫院」連挨兩刀。

母親吃不下東西，周身浮腫異常，天氣太熱，我托著她的手臂為她擦身，四個手指頭在她的臂上留下深深的凹痕，像個筆架。阿弟又趕回去「雙搶」掙表現了，興國見機抽空回家，把照顧母親的事攬過去，安邦、治平下班後，有事也幫著一起做，可惜事情不多，母親安靜地躺在床上，除了擦汗、喝一兩口水，偶爾解便，很少有什麼要求。

一天中午，我在涼椅上睡著了，街上敲鑼打鼓把我吵醒，我抬頭一望，母親倚在窗前看熱鬧，她自己走了過去，這實在太了不起啦。平時解手，她站立不穩，完全靠我攙扶，今天，菩薩顯靈了。我心花怒放：「媽咪！」她轉過身來朝我笑，笑裡充滿了得意與俏皮，像個孩子。啊，媽咪，你的美麗，你的風韻，你的青春，你的活力，從你的回眸一笑裡一剎那再現，在我心中長駐。啊，青春多麼美好，健康多麼美好，活著多麼美好。

但這只是迴光返照。之後，母親病情更迅速地惡化。想到母親就要離我們而去，我坐在門口那個可以作為和平路105號（以前是112號）歷史見證的木墩上傷心地哭泣，母親溫存地安慰我，她講話吃力但是口齒清晰：「家貞，你真傻，你想，世界上哪有母親和自己子女永遠在一起的，母親總是要先走的。我已經六十二歲，現在走，也不算短命。你們五姐弟一定要團結，要爭氣。我最不放心的是阿弟，他實在太苦了，又是一個人在那裡。你不要哭，你和家忠（興國）要把家裡的擔子挑起來，他是個好兒子。」說完，媽咪閉著眼睛休息，我雙手蒙著臉低頭不語。良久，媽咪又開始說話：「你們對我的一番孝心，我完全理解，我領情我感謝。我知道，你們是想讓我多活幾年，等爹爹回來團圓。這當然好，我也盼望活，多看看世界，恨不得把這個包塊挖掉。」母親平躺在床上，那個包塊高高凸起，又硬又燙。「但是，」母親接著說：「我知道我不行了，希望你們不要再把錢往水裡扔，留著以後有用。我這個（指去世）以後，你們要照顧車孃孃，她幫過我家很多忙，自己又沒有孩子。我還欠金媽媽七十元錢，等我走了，你們就有能力抽還給她！」我們一直希望著，當時繼續在給媽咪打肝精針，吃營養藥。母親說：「我現在最大的願望是讓我走，如果給我幾粒安眠藥，讓我睡下去不再醒來，我謝謝你們做了好事，不要再把錢扔進水裡了。其實，你們幾個對我這麼好，這麼乖，我何嘗不想活，實在是沒有辦法啊。」我乘機問了多次想問難於啟齒的問題：「媽咪，如果你真的那個了的話，你是願意火葬還是埋？」媽咪平靜地答道：「還是火葬吧，埋，哪裡有這麼多木頭做棺材？」我還問了母親，有什麼話要同父親講，母親搖了搖頭，嘆口氣道：「他太耿直了。」

九月四日，母親枯槁脫形，命在旦夕，阿弟兩天前被召回，五個子女從清晨起便不離她左右。房間狹窄，人口驟增，母親要我們散開，她感到窒息。中午我們把母親最好的朋友，患難之交車孃孃請來吃午飯，車的丈夫幾年前病逝，此時孤身一人，在迴水溝擺小百貨攤。飯後，母親叫阿弟替車孃孃打盆溫水洗臉，告訴說抽屜裡有香皂，先把毛巾洗一下。車孃孃安排我們去買白布、黑布若干，由她找人替媽咪做壽衣壽鞋和壽被，她彎下身子對奄奄一息的媽咪說：「張大姐，他們準備去扯點黑布白布，給你做新衣服新鞋子新被蓋，想徵求一下你的意見。」母親命若懸絲，但頭腦清醒，她答道：「這不需要徵求意見，這是他們的一番心意。」五點鐘，媽咪給我講話，我聽不懂，躺在一邊的興國說媽咪想翻身。我們幫她把手、腳、身子另外擺了個姿勢，她微微點了點頭。

五點五十分，母親溘然長逝。但是她沒有閉上眼睛，車孃孃趕緊叫阿弟給媽咪講幾句話，她最放心不下的就是他。阿弟一面號啕大哭，一面安慰：「媽咪，你閉上眼睛吧，不要擔心我，哥哥姐姐要管我，要幫忙把我弄回重慶，你閉上眼睛吧。」母親眼睛閉上了。她還是不甘心，五個孩子倒是聚齊在身邊，唯獨缺少了自己以身相許，不計禍福跟定終生的愛人，憑什麼？車孃孃和幾個幫忙的鄰居七手八腳地給媽咪穿新衣，她的手不肯彎過來，第二隻袖子穿不進去。阿弟還在聲嘶力竭地重覆他的講話，我們沒有當眾提及父親，只能在心裡對媽咪說：「媽咪，求求你把衣服穿進去吧，我們會好好照顧父親，使他平安回家，你放心地走吧。」

母親等不回獄中的父親，她帶著破碎的團聚夢走了。

母親走了，去了另外一個世界，她聽不見我們的哭聲，也感知不到我們的慌亂，她睡在一張門板上，白色的被單從頭蓋到腳，身下一盞油燈在門口吹進來的微風中忽閃。

和平路樓上再也沒有一位女人靠在窗臺上守望她獄裡的丈夫和女兒，守望她的四個兒子了。

興國的摯友晏長華來了，他問：「後事準備怎麼辦，燒還是埋？」興國徵求大家的意見，我說：「媽咪說是火葬，其實她是想埋，她擔心找不到木料。我願意她埋，燒，一把火下來，得一堆焦炭，太不能接受了。」見大家毫無異義，晏長華對興國說：「那好，你同我一起去拿。」晚上，一輛卡車運回來做棺材需要的木板，這是晏長華好友送的，是他自己修房子的地板用料，只要是晏哥一句話，身上的肉也願意割下來，何況，他認識興國，對興國的為人十分敬佩。

安邦的木工技術不錯，治平也學過幾天，兩人一起在樓下進口處吊著電燈通宵未眠趕做棺材，最後一次為母親效力，盡人子之道。

決定九月六日下葬，車嬢嬢說這一天適合「入土為安」。母親睡的是自己兒子親手做的看起來甚為寒酸的薄木棺材，無法與我們希望的那種厚厚實實的兩頭有翻邊的棺材相比，不過當時一切物資均匱乏，木材首屈一指，有這樣一副棺材已屬不易。

那天清晨，天陰陰的，細雨霏霏，把今年夏天的悶氣驅散了一些。晏長華的十多個朋友，四人一組換班抬棺材。車孃孃、張孃孃幾個媽咪的老朋友也來了。興國說廠裡的同事都願意來，要一百有一百，只是無此必要，又要麻煩人找車。晏長華說：「就是應該多來點人，讓周圍的看看。」

埋的地點在楊家山，已經有十個興國廠裡的同事先行去挖墳坑。

一部卡車裝完了所有的人，還有兩個自製的花圈。車子一開動，我們就朝路上撒紙錢，這是買路錢，為母親去西天求個通暢。文化大革命期間，錢紙早已在市場上絕跡，治平連夜打出來許多。我們大膽地離經叛道，不顧輿論、影響、後果，把紙錢從和平路開始，沿凱旋路經儲奇門，過河去南岸到楊家山，沿途為母親留下了買路錢。

到達墳山，坑已經挖好，按車孃孃的安排，四個人牽開床單在棺材上方做了一個遮蓬，揭開棺材，讓孝子孝女最後一次瞻仰母親遺容。此時，天空放晴，太陽開始露臉，雨濛濛的山野變得清亮爽朗，心頭感到一種莫明的安慰。

母親面孔蠟黃，雙目深凹，安詳的表情中滲和著不少的憂苦，「生」與「死」一字之差，間不容髮，卻又如此地不可逾越。對於死者她一步就跨了過去，越走越遠；對於我們，則要走一生，一生都在懷念，一生都在自責，直到我們自己的這一天。

突然，興國俯下身子，把頭伸進棺材裡親吻母親的臉，這是他一生中第一次親吻，親吻一個女人，親吻自己的母親。車孃孃急忙警告：「快點，不要這樣，孝子的眼淚不能滴到死人的臉上。要不然，在夢裡

「張則權老大人之墓」，左下方缺了一角。

都無法見到你的媽媽了。」興國沉靜地回答：「不，我沒有哭。」他親吻了母親兩次，第一次，他代表缺席的、對妻子的死訊一無所知的父親，第二次才是為他自己。興國一面親一面在心裡向母親泣訴：「第一吻，我是代表監獄裡的父親，他永遠也沒有機會親睹你的遺容了。」「親愛的媽咪，你大概不知道，一直以來，我最擔心的就是你的身體。從父親、姐姐被抓的那天起，我就對天起誓，一定要全力以赴保護好你，等父親十五年滿刑歸來，我要把你健康地完整地交還給父親，我們仍然可以有個圓滿的家。但是，媽咪，我的誓言沒有實現，我對不起你。」

興國沒有哭，他一直冷靜得像塊鐵，為母親的後事忙碌。棺材入土後，四個弟弟和興國的朋友們滿山遍坡地找來大大小小的石頭，把墳壘了一圈，還撿到一塊缺了角的舊石碑，王文戎幫忙用鑿子刻上母親的名字，豎在她墳前。

臨離開時，晏長華給當地一個負責人模樣的農民五塊錢，拜託他：「謝謝你，幫忙照看一下這座墳，不准人碰，要是哪個敢，我叫他的房子車個轉。」

就這樣，我們的母親一個人留在了楊家山。

這位早年不曾體嘗過生活的艱辛，嬌慣了的女性，以她瘦弱的身軀，堅強的靈魂，外柔內剛的特質，從一九五一年一月到一九七二年九月，獨立支撐著這個七口之家，為著一個卑微而尋常的目標——全家人的團聚，堅持了二十一年，她燈盡油乾，終於倒下。她再也不必面對如山似海的人為製造的災難，她再也不需要為一家人的生存奔命。她，安息了。

母親啊，世界上只有母親，才受之無愧：母親萬歲！

回家後，興國才開始哭，不出聲地大哭。母親的逝世，改變了他的生命，他好像掉了魂。數年內，興國的傷痛不能稍減。時時刻刻，他的心靈都在苦苦地追尋母親，在公共場合，在汽車電車上，在一切有人的地方，他相信他能把母親尋到。有時候，有的老婦人身材、體態或者面貌輪廓有點像媽咪，他會激動地給她讓坐，看一眼再看一眼，然後是數天的不眠之夜，和數不盡的悄悄滴淌的眼淚。

第一個沒有母親一起過的元旦來臨，沒有母親的元旦節顯得格外的殘缺。我們嘗試著沿襲媽咪的方式過日子，做了幾個菜，五姐弟相聚。我評論那個紅燒板栗雞沒有媽咪做的好吃，發現興國的筷子不動了，他埋著頭，一滴巨大的眼淚流到鼻尖，接著第二滴，第三滴……，我們沉默下來。他講話了：「今天我在公共汽車上看到一位老人，身材和媽咪像得很，我差一點衝上去喊她了。」半晌，他接著說：「要不是為了你」，他指了我一下，「要不是為了你，」他指了阿弟一下，「我要到高灘岩醫院（陸軍醫院），把那個姓高的手杆掰斷，腳杆掰斷，把他的牙腮骨抖散！」假如真能這樣教訓那個玩忽職守，使母親喪失治療希望的高德明軍醫，把幾個月來淤塞我們心中的怨憤發洩，那倒是一件非常痛快的事情。但是，不能，我這個從牢裡出來的姐姐，吃得補藥吃不得瀉藥，阿弟戶口還卡在農村，要是興國出了事，我們就雪上加霜，「死得早」了。

與興國相比，我這個長女，在不少方面，是很令母親失望的。在專制霸道的共產黨面前，我失去自己的意志與頭腦，花那麼多時間和精力批判深挖莫須有的罪惡和根源，卻對自身性格中確實存在的不足與缺陷漫不經心，輕輕放過，從來不曾認真反省。人家砍掉了我的雙腿，再給我一根假肢，我對此千恩萬謝，感激涕零。但是，對於這位從我懂事開始就給我最大限度的自由空間，保護我天性正常發展的深明大義的女性，哪怕我給這個家庭帶來了巨大的災難，母親仍然對我滿懷寬厚仁慈公正和愛心，可我卻格外地恃寵驕橫，任性放肆。我常常與母親作對，使她生氣。

欺軟怕硬是人性中最醜惡的一頁，那怕她（他）並不十分自知。

母親啊，你不要原諒我。

母親走了，我們的生命中不會再有一個媽咪了。二十七年來，她無數次地回來，出現在我的夢裡，總是那麼年輕美麗，照樣關心我，照樣幫我們做事。令我極為不解的是，在夢中，我從來認為她還活著，沒有一次意識到她已經逝世。只是，母親從來不對我講話，大概還是認為這是在對牛彈琴。我猜想，一九七二年九月四日，母親穿上新衣新鞋，在油燈的照耀下踽踽獨行，走上了她曾經做過的那個夢，夢裡的那座軟橋，到了軟橋的中心，她被彈到橋的那一面，開始了我們無法知曉的新的歷程。不過，有一點明確無誤，那就是共產黨從此對母親鞭長莫及了。

母親去了，她不能用一手漂亮的鋼筆字再給父親寫信竹報平安，她也不能「腳板都跑大了」去監獄探

母親逝世，父親「就業」，國慶節不准回家，安邦勞改，家中只剩四姐弟。

望他，這一點怎麼向父親解釋呢？如果把真相告訴他，只能徒增痛苦於事無補，於是，我們騙他說母親生病了，整日臥床不起，手不能寫，腳不能行，從今以後，信由母親口述家貞執筆，探監也只能由子女代勞了。我們堅持假戲真做，做得很是用心，父親一點沒有懷疑，他立即寄回十一年來的全部儲蓄——八元錢人民幣，叮囑媽咪去看病。他不斷來信要母親在床上養神運氣、做一些力所能及的手腳運動，並且告訴母親，承蒙寬大，政府減了他兩年刑。他說等刑滿回家，他要每天早上把媽咪背到公園，做體操鍛煉身體，再背回家，他熱烈地鼓勵媽咪千萬不要洩氣，要有堅強的信心戰勝病魔。

一九七四年九月二十九日，父親坐滿十三年，留隊就業，正好碰上「國慶節」不給勞改釋放犯、特別是新釋放的發「路條」出門，我們空等一場，非常失望，直到第三週的星期六他才回了家。

父親決心把往事拋置腦後，當務之急是為纏綿病榻的愛妻竭盡為夫之責，幫助她恢復健康。當

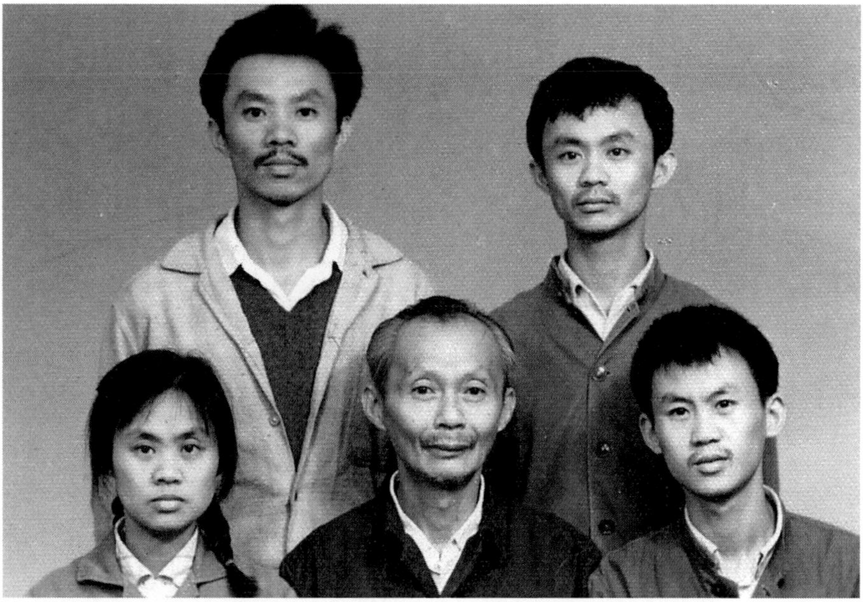

父親歸來，五人去「留真相館」留了個真。母親逝世，安邦勞改。（1974年）

他思緒萬千激動不已跨進房間時，看看床上沒有睡人，牆上掛著一幅鑲黑框的母親的照片，他頓時明白，夢縈多年的相思苦只有到死方休了，長久以來對母親的愧疚已經沒有機會補贖。他倆陰陽兩界，永無再見之緣。

百般痛楚的父親對著照片淒然地叫了一聲「媽咪」，失聲痛哭，老淚縱橫：「我回來了，我對你不起！」全家五口哭成一片，悲情瀰漫屋宇。

當晚，我們睡在床上、樓板上交談，談母親的病，談安邦的賭（他因賭博判刑三年，正在勞改），談阿弟從農村歸來，談每個人現在端的「飯碗」……，通宵達旦。

第二天，人人疲憊憔悴，形容枯槁，一起去「留真相館」留了個真。照片上少了兩個人，父親灑淚泣血，一字一咽地說：「二十五年的災難，奪走了我兩個親人，一個犧牲（母親走了），一個報廢（安邦嗜賭），我實在想不通，自己究竟造了什麼孽。」

父母親陰陽兩隔，
父親探視母親墳塚。

出監後，父親擺脫了釘在上面十一年的那架生產黑灰的機器，在就業隊當庫房收發員。有人問他多少歲，他答：「三十一公歲，」有孩子叫他爺爺，他說：「喔，這太刺激我了，還是叫我伯伯的好！」

七五年初秋，報上登載政府對「原國民黨縣團級以上人員實行寬大，全部釋放」。

父親接到上面通知，他請人從省二監帶回了作為「縣團級」人員將釋放回家的好消息。

根據報上的鼓勵，這批「縣團級」可以申請出國去台灣、香港做國民黨的統戰工作，報上第一次明智地提出「愛國不分先後」的觀點以及「來去自由」的保證，父親打算利用這次機會，以去台灣搞統戰為由申請出國，將共產黨一軍，你是批還是不批，批，那就是我福大命大，不批，你共產黨再次當著世界放屁。

接受四九年「解放」前夕，父親獨斷專行帶給全家大難的教訓，他告訴我們他的打算並徵求我們的意見。他說：「要是共產黨放我走，對不起，到了台灣我搞反統戰，請他們千萬別上共產黨的當！」我們聽了，嚇得目瞪口呆，瞪大憤怒的眼睛搶著質問他：「你難道覺得不夠，還要把我們帶入哪一層地獄？你搞反統戰，不僅我們再受苦，共產黨也不會放過你，他們會派人把你暗殺，你以為共產黨那麼簡單！」

「魄力和勇氣」敗給了「驚弓之鳥」。

第三十章
毛澤東死了，許多人活了

我是共產黨培養出來的徹底的無神論者，我不相信所謂一個大人物的生死，會伴隨一系列空前反常的自然現象。但是，毛澤東死前，唐山留下二十四萬具屍體，全國東西南北中沒有一處不鬧地震，人心惶惶不可終日，他一死，全國大地靜悄悄，平安無事，令我不勝驚訝。「強盜走過，灰都要抓一把」。

毛澤東死了，這是一個好日子，七六年九月九日。有人說：「毛澤東四九年就自殺，那他就完美了。」如果從避免有關機構報導的五千萬～八千萬條生命的非正常死亡出發，送它一頂「完美」的帽子是划算的，儘管給這位先生冠以「完美」一詞永遠是一種罪過。不幸，四九年他忙著登基不肯自殺，我們不得已而求其次，要是玩幾年皇帝格之後他得病，早死二十年也好。那麼，中國人就有福了，知識分子就逃脫了「五七反右」的大難，被三年「自然災害」送進死神懷抱的三千多萬餓死鬼還在灶頭端著斗碗吃飯，也沒人知曉什麼是「文革浩劫」，中國的歷史就改寫了。相對而言，毛澤東就是立了大功。不過，一分為二地看，毛澤東直到他死，他還是做了一件大好事，那就是用他的所作所為，使越來越多的人感到受騙上當，像莫伯桑《項鏈》裡的羅瓦賽爾夫人，中國人付出青春的代價，辛苦勞累一生，為的卻是一串璀燦奪目的共產主義假項鏈。

人雖然死了，可他陰魂不散，人為的災難還在繼續，數不清的無辜者還在為他遭殃：集體觀看放映毛澤東死訊的電視，演完後，一個人被抓走，因為他站起來一面伸懶腰一面說「完了，完了」；一輩子只聽說「毛主席」三個字的老太婆，關切地詢問：「毛澤東？哪個是毛澤東？」而被逮去審問；一位小學教師帶領學生紮白花，叫學生們多做點，開玩笑：「給貓兒狗兒也戴一朵。」馬上關了起來……。這僅僅是解放碑一小團地方發生的怪事。還是我好，頭腦清醒，沒有亂說亂動，但是我亂哭了。

儘管毛澤東是中國人民的暴君，但是在中國共產黨黨史上，他是建立奇功偉業的人，正如「尿在化學史上是香噴噴」的一樣，沒有毛澤東，就沒有共產黨掌權。所以，毛澤東死，共產黨如喪考妣，不僅靈堂設在北京，而且遍及全國各地。較場口轄區的群眾分批前往設在「唯一電影院」裡的「毛澤東靈堂」，向毛的遺像致哀告別。我本來是一滴眼淚也流不出來的，但是一走進去，受那哀樂的感染，想起我去世的母親，想起受屈的父親，想起我家的傷心事，我竟像二十三年前胡秀英哭史達林那樣大哭號啕，旁邊的人聽我哭得那麼傷心，也跟著更加傷心起來。他們一定認為在大事情上，齊家貞的表現很不錯哩。

毛澤東死，中國脫了一層皮，「四人幫」垮臺，鄧小平當政，長了一層新皮膚，監獄裡的犯人用「毛澤東都當了中國最大的反革命家屬（江青坐牢），你們還怕啥仔」的話安慰妻兒，竟沒有受到責罰。

毛澤東死了，許多人活了。

七九年以後，我在監內認識的人，陰一個陽一個的陸續開始平反。那位我稱為「美麗的薔薇」的胡薇薇，從內江到重慶，拿到了平反判決書。我看後問道：「好奇怪，為什麼他們把這個人的名字寫在平反書上，讓你知道是她偷看了你的日記並且交去黨委的，公安局一般不這樣對待檢舉人。」胡薇薇答：「我也弄不明白。但是，看了它，我才知道，二十年來，我也冤枉了一個人。從逮捕我那天開始，我心裡一

年輕時的胡薇薇，在「沙坪農場」女二隊四季豆地前。

飽受苦難之後的胡薇薇。

直認為這件事是我班上的團支部書記幹的，抓我的前幾天她牙痛，睡在寢室裡沒有上班。結果不是她，而是我最好的朋友。」這個消息像風一樣吹到胡薇薇當年「重慶醫學院」同班同學的耳朵裡，現在，他們多數不是院長副院長，就是主任醫師，激起了一片憤怒的討伐。

那個告發者在「重慶市第二工人醫院」工作，嫁了個軍官，生了個兒子，兒子五歲時被汽車壓死，抱養了一個女兒，有心臟病，三天兩頭送醫院。胡薇薇去「二工」找她，被告知她在「供應科」，大學兒科系畢業的醫生在「供應科」搓棉籤做敷料，胡薇薇好生奇怪。原來，她神經有些錯亂，已經不適合當醫生。面對胡薇薇，她好像見到高舉利劍的復仇女神，嚇得發抖，到處找地方藏。胡薇薇神情安詳地說：「你不要驚慌，我不是來報復你，上帝已經把你懲罰夠了。我只要求你告訴我，為什麼你要這樣做？」她怯生生地回答：「我想求進步，想入黨。」

還有一位友人平了反，他是一中畢業的華僑學生黃達成。這位滿臉絡腮鬍子，皮膚黝黑，性格豪放，充滿陽剛之氣的越南華僑青年，滿腔愛國熱忱，滿懷報國之志回中國讀書，分配在「重慶市第一中學校」，比我高一個年級。他思想成熟，體魄健壯，口才出眾，有很強的號召力和組織力，自然地成為一中僑生的領袖，很受大家尊敬。

五八年秋，黃達成高中畢業後，在重慶大陽溝蔬菜公司工作。後來他生病住院，認識了一位漂亮的護士陳秀英，與她相戀結婚並有一雙兒女。夫妻恩愛，子女活潑，他的家庭很幸福。

「自然災害」後，留在大陸的僑生所剩無幾，已有家室的黃達成，在去留問題上一直很猶豫，直到文革前夕才隻身離開大陸，在澳門定居並有一份工作後，黃達成於六八年回到重慶，打算接走妻兒。

一天半夜，黃達成在家中被捕，罪名是「澳門特務」。當他從臨江支路他家的小房間走出來，看見整條街戒了嚴，軍警把他家前後左右緊緊包圍，一副兵臨城下、大敵當前的架勢。黃達成笑了：「我一個手無寸鐵的小老百姓，你們要抓，易如反掌，何必如此興師動眾。」

七六年春末，我同朱文宣一起看望了黃達成的妻子。使我不解的是，丈夫不在家，她打扮得相當誇張，像個外國人：上身穿一件西洋紅緊身尖領襯衫，下面是細腰黑長裙和一雙白色鏤花半高跟涼鞋，大波浪捲髮盤在頭頂上，像當時阿爾巴尼亞電影裡的女明星。這樣時髦的打扮，重慶街頭屈指可數，她領盡了風騷。

和五九年我見過的她相比，她明顯地蒼老消瘦了，不過，依然美麗。

陳秀英見到我的第一句話就說：「齊家貞，你為什麼穿得這麼寒酸？你要曉得，我們這種人，越穿得灰溜溜的像個叫花子，他們越開心，他們恨不得我們窮死，補疤衣服都穿不起。所以，人家越整你，你就越應該打扮越要穿得漂亮。氣死他們！」

黃太太一個人養兩個小兒女，黃達成的父母時而寄少量錢接濟。她說：「不管生活好困難，我都要騰出錢來自己扯布自己做，把兩個娃兒穿得體體面面，把自己打扮得漂漂亮亮，專門做給他們看。」她告訴我倆，數天前，公安局派人到單位找她談過話，動員她與黃達成離婚。她回答說：「你們把黃達成關了七八年，又不判刑又不放人，到底是搞啥仔名堂？你們說他是特務，那就請把特務的證據拿出來，我要看到了證據才同他離婚。我們結婚十五年多，在一起的七八年裡，我從未發現他那怕是蛛絲馬跡的特務痕跡，我不相信他是特務。」那個公安人員白費唇舌，在這個美麗堅貞的女人面前碰了一鼻子的灰，憤憤而去。陳秀英在醫院陽臺上一個人放聲痛哭，她覺得做人好艱難。她說：「我曉得他們的陰謀，他們要我同黃達成離婚，然後把他關到人跡罕至的山林裡去，整死他都沒得人曉得。嘿，我才不上當。」她滿懷深情地回憶說：「黃達成是個好男人，他對我之好，外人無法想像，連我穿的裙子都是他親自裁剪，平時我的衣裙都是他熨燙。我無法忘記他對我的好，絕不做對他不起的事情。」

黃達成的案子一直僵著，公安局既無特務證據結案，又絕不肯認錯放人，就這樣把他關在看守所裡，直到十一屆三中全會後，右派平反，地主揭帽，黃達成還在關黑牢。黃太太數次上北京，四處奔走八方求救，呼籲釋放無辜的丈夫。公安局還在頑抗，大約是想把黃達成關死，該案的是非曲直便可不了了之。可惜，這個信奉「唐山人死也要死在唐山」的歸僑，不願意這樣死，在關押了十三年之後，還是活著走出了牢門。

我立即前去看望黃達成。他老了很多，非常消瘦，話音微弱，口齒遲緩。那位有股海盜威風，雄辯滔滔的黃達成已經不復存在，今日的他體弱氣虛，目眩神迷。他說：「現在我首要的任務是把身體養好。」值得安慰的是，黃達成創造了公安局不願意看到的奇蹟——他仍然活著。

經過看守所（注意，不是勞改隊）十三年的關押，比起眾所周知的曾經口若懸河，五年單監坐下來，不會講話了的共產黨員王若飛，黃達成顯然頑強堅定有能耐多了。

之後，黃達成申請去香港，公安局百般拖延，做了見不得人的惡事，懼怕放他出去。黃達成的海外朋友，原市一中同學姚俊雄等六七人聯名給重慶市公安局去信催促，並贈送一輛旅行車給「重慶市華僑事務委員會」，要求他們出面幫忙放人。最後，公安局把黃達成叫去講話：「我們給你平了反，蔬菜公司補發了你十三年的工資，現在我們又批准你出去，對於你，可以說，黨的政策是落實到底了。希望你認真體會這一切，過去的事情已經過去，你要正確對待，出去後不必再提。」

黃達成走了約一年，在香港把一切安頓好之後，他的太太和子女前往香港與他團聚。

這次，他沒有回重慶接家眷。

我為胡薇薇、黃達成等友人的平反慶賀，但是對齊家貞我自己，在平反問題上，我相當地冷眼旁觀，與父親不還我清白誓不罷休的態度天差地別。

這不僅因為有父親為平反打衝鋒，我「大樹底下好歇晾」，更因為我缺乏政治是非感，看問題很浮泛，感性膚淺，反應遲鈍。再者，二十年來，我已經習慣自己有罪，到底是什麼罪，為什麼？我不曾問過。還是那句話：「電腦裡沒有那個程式」。

我不懂得作為一個人，應當擁有哪些天賦的權利，從而為捍衛自己的權利戰鬥；我不懂得國家政權與老百姓的正常關係，從而對這個政權的反客為主，倒行逆施產生正義的憤怒；我不懂得作為一個政黨在政權中的合法地位和權力限制，以認識共產黨一黨專政是民主死敵的本質。同時，我沒有任何的經歷和相關的知識作為參照，去明辯生活中所見所聞所歷的是非，從而堅信自己無罪無錯，產生一種不可遏止的要求伸冤的欲望。總而言之，一切就該如此，「存在即合理」。

與我像一株兩旁偏倒的小草的態度截然相反，大樹般筆直堅定的父親，他的言行舉止，始終表現了他做人的不二法則，像清教徒一樣嚴正。

他既目睹了「暗無天日」的舊社會，到底有多麼的「暗無天日」，他也體會了「無比美好」的新中國究竟有多麼的「無比美好」。二十多年的鐵窗生活，使他看到共產黨對知識分子的摧殘，對人的尊嚴的踐踏，對人權的漠視，對生命如草芥的冷酷，這不是只針對他齊尊周一個人和他的一家，不是只發生在一群人和這群人的家裡，而是在「為人民服務」的幌子下，遍及整個中國大地，禍及整個中華民族。從四九年走到七九年，父親從三十七歲，人生中最成熟最有作為的年齡，走到通常人們認為的離高煙囪（火葬場）不遠了的六十七歲，付出三十年的歲月為代價，等到了十一屆三中全會的平反機遇。

唯獨因為父親對人對事有嚴格的信條，唯獨他有親身的經歷作參照，他對共產黨專制獨裁的本質才會有深刻的認識和痛恨，才會對那些與事實正好相反的扔在他身上發出惡臭的「罪名」難以忍受憤怒萬分。他認為共產黨早就應當給他平反昭雪，早就應當為他們最大的罪過暴殄天物——對人才的扼殺承擔罪責了。

父親伏案疾書，利用一切業餘時間寫申訴信，向四面八方寄出：重慶市鐵路局、重慶市法院、北京最高人民法院、人民日報、文匯報、光明日報、最高人民法院院長江華、重慶市政協、重慶市僑聯……。

我對父親的冤獄憤憤不平，力主伸冤。我代表五姐弟寫了一封信給江華，針對當時海外關係忽然糞土成金的現象說：「早愛國不如遲愛國（當然，我不敢寫上另外兩句想說的話，遲愛國不如不愛國，愛國家破人亡），假如父親四九年離開大陸，既避免了我們一家的災難，也不會有要求你平反的麻煩，現在回國，還可以享受愛國一家，愛國不分先後的殊榮，一舉三得。」

父親用血淚書寫的數公斤重的信和申訴材料，除了花瓶單位「政協」、「僑聯」的隔靴搔癢的答覆外，沒有一封回函，全都慘烈地死在不知哪個角落裡了。

一九八〇年，父親被上面點名選做「花瓶」，當了重慶市中區政協委員，這裡不乏坐過牢戴過帽挨過整，有海外關係，過去是資本家或者有地位的人，挨了耳光，現在給一粒冰糖。八一年的一天，父親告訴我，他開會時交了一個提案，我問什麼叫提案，他說就是建議，我問你能建議什麼，他說建議重審我們的案子，要求平反。「政協」真好，可以為自己的事提建議，我想。

不久，市中區政協轉給父親一封法院對「提案」的回覆，信曰法院已經立案受理對父親軍統特務一案的重審云云。父親一看，背了三十多年的黑鍋，今天才知道原來自己是「軍統特務」，清風傲骨光明磊落一生的父親，氣得肺都要炸了，拍案而起說：「好，我馬上到法院去，要求他們把我這個特務槍斃算了。」我清楚父親平生最瞧不起最痛恨的就是特務，他曾在特務信上批了「放狗屁」三個字，現在這種卑鄙齷齪的勾當竟與父親的名字聯繫在一起，氣得我也不想活了，我跳起腳說：「我同你一起去，叫他們把我也槍斃！」

兩個不過問政治的人，當上了反革命，我們父女倆一起走過一段非同尋常的漫漫長路，一起被逮捕，一起關看守所，一起在省二監坐十年十三年長牢，放出來以後一起在一個辦公室上班（當時我倆在重慶市工業局電視大學班，分別擔任英文、高等數學輔導老師）。每天早上我倆一起經過「石板坡看守所」，經過當時在看守所裡唯一能看到的「自來水公司」的高塔，去電視大學上班，每天傍晚，又一起沿著這兩件

重慶市中區工業局電視大學學生畢業前老師們開會，左二齊家貞，左三齊尊周。

記憶中難忘的「證物」回家。現在，我倆準備去法院要求一起槍斃，多麼地壯美呀！

當時是在電大辦公室，我們的打算著實把班主任蕭功庇老師嚇了一大跳，她拿過覆信細讀了一遍，勸住我倆，「軍統特務」是指原來的認定，現在是立案重新審理，並非法院還是這樣看待。法院沒有去，但是潔身自好的人被淋了滿身大糞，感覺未必比赴刑場好，「士可殺，不可侮」之謂也。

一九八一年，法院正式受理重審我倆案子後，心急如焚的父親不計其數的去法院催案，每次去，法院都說太忙叫他耐心等待，都不會忘記問問你女兒現在怎麼樣。

直到八二年春，區法院才在積案如山的繁忙中騰出手來正式重新審理我倆的案子。

父親的事情顯得甚為單純，第一次坐牢，集體加入國民黨，後自動脫黨，三個月掛名區分部書記；第二次坐牢更加簡單，還是二十年前的「不知道」三個字，法院只叫他去問過兩次。

我的事，倒攪得相當復雜了。

負責重審的是市中區法院的孫白亮庭長，他白淨的皮膚，端正的五官，正派穩重的舉止，溫和禮貌的講話態度使我吃驚，想不到名聲惡劣的「公、檢、法」機關裡，竟有一位氣質作風完全不同的法官，我信任與尊重之情油然而生。在這位庭長面前，我完全有勇氣為自己撥亂反正，講真話講人話。

我又看到了二十年前的那本厚厚的，每一頁都蓋有我的大拇指印，我認帳不迭的口供筆錄本了。進監之前，我的確放過一些「屁」，打過一些「嗝」，逮捕後，為了迎合王文德的口胃，放了更多的「屁」，打了更多的「嗝」，現在徹底忘了個乾淨，想不起這個「潘朵拉」盒子裡究竟關了些什麼妖魔鬼怪，一時間我坐立不安，緊張難耐起來。

孫庭長講了他的開白場。他說：「我看了你的檔案、你所有的交待，發現裡面有許多水份，我們現在的任務就是要除去這些水份，除去不實之詞，還歷史的本來面目。也許，因為時間太久，有的事情記憶不清，你不必著急，我們一起慢慢清理。」

我不再是一條鞭子下奔命的狗，我以人的資格告訴孫庭長事情的原委和真實細節。他翻著那本記錄，不時提一些問題。當他問道：「你說過你要推翻無產階級專政是嗎？」我講過這句可怕的話嗎？為什麼要講？想不起是怎麼一回事了，我不勝驚愕，張口無言地望著孫庭長。見我失神落魄的樣子，孫庭長和靄地說：「這樣吧，你回去好好想一想，把你思想發展的脈絡清理出來，寫一個材料給我。看過材料，我們再談。」

我寫的材料，從我剛解放扭秧歌打腰鼓，重慶市第一批加入少年兒童隊，帶著紅領巾慰問志願軍傷病員和父親抱著椅子跳舞高唱「走，跟著毛澤東走」，我們打心眼裡熱愛這個繁花似錦的新社會，熱愛偉大的共產黨毛主席寫起，我寫初中、高中時因出身不好帶給我的壓抑和痛苦，我寫讀高中時我把一切精力都用在讀書上，希望考取好大學，把自己畢生的精力奉獻給原子核物理。我寫兩次去廣州，最初和最終的動機都是出國讀書，我詳述了王文德對我的逼供、誘供和強加於我的思想罪行。

我寫道：「經過審訊，我發現『原來是這樣一回事』。不是我自己清楚我是怎樣一回事，而是別人告訴我『你是這樣一回事』。至此，我已經是一個很有政治頭腦，老謀深算，刻骨反動的反革命惡魔了，這不能不使人感到深深的悲哀。」

在寫這份申辯信時，我第一次把屁股坐在「事實」的基礎上，認真閱讀了我的判決書，並非像二十年前坐在他們指定的「小鐵椅」上，背誦判決書上的詞句，以便認罪和深挖犯罪根源。

我順著判決書上寫的，用事實一句一句駁斥下去，最後我難以置信，它竟被我駁得一句不剩，換句話說，我一直信以為真的判決書，通篇似是而非，竟沒有一句站得住腳。

材料的最後部分，我提到了蔣忠梅，在平反這件事上，我無法不提到她。

母親逝世的第九天，我在樓梯口理菜，抬頭驚奇地發現蔣忠梅和她的女兒蔣小梅站在我面前。蔣姐指著我臂上的黑紗，神情凝重地問我，家裡出了什麼事情。

從牢裡出來後，對於過去的熟友同學老相識，我一律採取不認人的態度，那怕互相面對面走過，我也絕不主動打招呼。不是我反目無情，而是擔心對方懼怕我的紅疤黑跡分二成給他們，不願與我接近。但是，如果有人不顧利害得失，主動與我交往，我將熱情如故，至死不衰。我愛朋友，我需要友情。

回憶七一年冬，出獄後的一個晚上，我同母親手挽手外出散步。走到較場口，母親問我：「剛才從我們身邊走過去的是誰，你認出來了嗎？」我轉過身去，見到也是一對手挽手的女人的背影，搖頭答道：

「不認識。」母親說：「蔣忠梅和她的女兒。」出於上面的理由，我沒有喊她們。可我在心裡對她說：「蔣忠梅，我對得起你。」現在，她們自己來到我家，我不勝驚喜。

我問蔣忠梅怎麼知道我已釋放，她說她們每次經過我家窗下，都要抬頭朝樓上張望，一直沒有看見任何家人，以為我們早已搬走。可是今天，發現我的身影在窗前一晃，決定上樓探看。還有什麼話可說，「除去泥沙，留下真金」，這是經過考驗的真正朋友，心裡好感動。我告訴她們，母親病逝的情況，看見淚水在她倆的大眼睛裡翻滾。從此，她家便是我週末唯一的去處。

雖然十年前我像打哈哈那麼容易對人產生崇拜，十年後有的人已經黯然失色從我面前隱退，有的人只剩下些許餘輝，只有蔣忠梅仍然是我最崇拜最親近的女性。

她們早已從上清寺搬到七星崗四德村，住進一棟一樓一底的房子。房子雖然簡陋窄小，但蔣姐只是三口之家，而且獨門進出，自成一統，這樣的條件在當時已屬難得。

第一次去她家拜訪，我滿肚子知心話講不完。小梅高中畢業獨女免於下鄉，在家閒耍，坐在一旁忽閃著明亮的大眼睛聽得出神。我聊得太晚，在那裡留宿，她娘倆睡樓下，我睡樓上。第二天清晨，我告訴蔣姐，昨晚我做了個夢，夢中我的床往下沉，下沉的同時，一旁傳來蔣媽的聲音。她說：「家貞，我在這裡，我在這裡。」頭晚我忙著聊別的，竟忘記訊問蔣媽的情況，蔣姐這才告訴我，蔣媽已在數年前病逝，骨灰就放在樓上床旁的書架上，她生前就是睡我睡的那張床。她們說，我走後，蔣媽老是打聽為什麼家貞不來了，她一直很掛念我。蔣姐不再是經濟戶籍，現在是「重慶蘭香園糖果點心廠」開票員，我們通過她買到當時市面上很難見到的缺俏貨，魚皮花生、怪味葫豆、松化餅乾等。

坐牢前的蔣忠泉。

我成了蔣家的常客，她經常弄一些好吃的飯菜招待我，我則「兩個肩頭抬張嘴」，不僅大吃大嚼還大發議論，她的家是我無話不說的安全港，我心中的不滿和牢騷都在這裡發洩。我罵與老師作對的黃帥混帳，罵交白卷的張鐵生可恥，我見不得江青在攝影機面前張開大嘴搔首弄姿的鬼樣子……。

在她家裡，我見到蔣姐剛從苗溪茶場勞改釋放，回重慶探親的弟弟蔣忠泉。他於五八年西藏「叛亂」時放走了兩個「叛亂」頭子，解散了一個勞教隊，被判十五年（後獲減刑一年），不僅葬送了雅安公安局代理局長的美好前程，而且老婆被逼，揣著肚子裡的兒子哭泣著拋棄丈夫愛黨而去了。他當時同周恩來的機要秘書等共產黨內部的高官要員關在一起，離胡風（張光年）關押的地方不遠，曾派去替胡風搬家，絕大多數東西是書、書、書。我同忠泉談話很投機，大有「同是天涯淪落人，相逢何必曾相識」之喟嘆。

蔣姐的大弟蔣忠直，一位正派的高大男人，他在北京煤炭部安全處任職，這次風塵僕僕專程來渝與闊別十四年的弟弟聚面。忠直回北京前，我同蔣家三姐弟加上小梅一起留影紀念，我簡直是她家的一個成員了。

這幾年好朋友交下來，我發現蔣姐有一些變化，她沉默了許多，也

攝於1974年。前排左起：蔣小梅、蔣忠梅、齊家貞。後排：蔣忠泉、蔣忠直。

冷漠了許多，我大發感慨或者大放厥詞之時，她一般都是靜聽，不加置評，無論同意還是反對。一次我談到自然災害時鄭明秀在勞改隊夥同其他人一起偷花椒，煮食從大糞裡濾出的蛔蟲，把一個幹部的死嬰弄來吃了時，蔣姐冷冷地回答：「沒得這麼惱火，我不相信！」每次見到她，我都是滿腔熱情，滿心歡喜，而她對我時冷時熱，有時似乎沒有友情。

蔣忠梅是我出來後第一個主動相認的朋友，是歲月淘汰後留下的真情誼，她使我感到人性中最溫暖的一面，我倍加珍惜。對於她的陰陽怪氣，我毫不介意，我非常理解她不幸的境遇，二十多歲守活寡，一個人吃力地把女兒養大，現在還是單身，怎麼能要求一個活得如此淒苦的女人有好心情，我自己對她真心就夠了，不需要她的回報。

後來蔣忠泉釋放回重慶，我們常常見面交談，有時在蔣姐家裡，有時在枇杷山公園。

公園在山頂，爬了大坡後，我想找地方坐下。忠泉很滑稽，找到坐椅，先要四處轉悠，仔細檢查樹上地下，張望四周的遊客，折騰好一陣才就坐。他說他過去是搞公安的，公安局的名堂多得很，使用各種手段比如化裝成討飯的叫化子，裝竊聽器等監視人，特別對政治上的嫌疑份子，他們無所不用其極。他問我：「想過沒有，為什麼去廣州的事公安局會知道得這麼清楚，是不是有人告發。」我認為他這樣疑神疑鬼的不好，答道：「紙包不住火，要想人不知，除非己莫為，不要你猜我，我猜你的。」十多年來，我真的從來沒有，至今也不認為有必要去想這個問題。我倒是對忠泉講的太陽鳥的故事很有興趣，他說，雲南熱帶有一種鳥，經常撞死在迎面開來的汽車擋風玻璃上，因為牠們誤認為那是太陽，「太陽鳥」由此得名。蔣忠泉說「鳥類尚且追求光明，不惜一死，何況我們人類。」

後來不知怎麼回事，蔣忠泉突然消失，再也沒在我面前出現。

第三十一章
這女人是公安局派來的

七五年初春的一天，我在街道工業縫紉機修理組門市埋頭做鎖邊機彎針，當時組上接收舊縫紉機頭改裝為鎖邊機的業務，許多零件買不到，靠模具用手工做。

一個男人站在我面前發問：「哪個是齊家貞，我要找她。」我抬起頭來，疑惑地望著這位陌生人，答道：「我就是，我不認識你。」他笑了一笑，站在那裡不說話，手上拿著一雙針織手套。我猜想他是要搞推銷，但為什麼不找領導？他既然不說明來意，我拾起活路做下去。我負責做絞邊機的大小彎針，這兩個精緻的小東西做出來砂亮之後，像兩條彎曲的銀絲魚，純粹的藝術品，我做得很來勁。

他開始講話了，靠近我低聲說：「我想單獨與你談談。」我想了想，然後向組長請了假。

我們沿著解放碑大陽溝一帶的鄒容路、民族路、民權路幾條大街轉了又轉，他一個人不停地講，我靜靜地只帶耳朵聆聽。

第一句話他說：「請你不要問我的名字，不要問關於我個人的一切，不要問我是怎麼知道的，不要問我為什麼。總之，不要發問。問，我也不會回答你。」下面是他的講話：

前左起：蔣忠泉、蔣忠直。
後左起：蔣小梅、蔣忠梅。

你的好朋友蔣忠梅，是個為重慶市公安局跑二排（探子，耳目）的。她的丈夫也就是小梅的父親叫徐培風，「解放」前是國民黨的連級軍官。「解放」初被共產黨俘獲後釋放，給了他一大筆錢，要他帶罪立功，負責把當時盤踞在重慶歌樂山一帶的國民黨殘部誘降。這兩口子花天酒地把鈔票揮霍一空，什麼事也沒幹。那時候的蔣忠梅是很風流的，燙頭髮、抹口紅、穿玻璃絲襪，哪裡是現在這副樸素的樣子。公安局把徐培風重新逮捕，判刑十五年，發配新疆勞改。

不久，蔣忠梅與重慶大學學生崔道衛勾搭成姦，被公安局當場抓獲。公安局利用這事要挾她，給她兩個選擇，要麼把醜事公諸於世，當眾處理，要麼為公安局跑二排，作為交換，這事將永不聲張，無人知曉。當時蔣忠梅的丈夫剛走不久，女兒還很小抱在手上，性格孤傲好強，死要面子的蔣忠梅當然不願意這種偷人趕漢的丟臉事張揚出去，她選擇了後者。從此蔣忠梅過著兩重身份的日子，公開的名份她是個有正式工作的單身母親，暗中她接受公安局的指示，為他們刺探所需情報，同時，按月領取酬餉。

多年來，蔣忠梅為公安局幹得很認真很責力，向他們彙報的材料不計其數，我知道的印象最深的有幾個，第一件是剛「解放」不久的王文英、鄭克國民黨潛伏特務案。鄭是王的男朋友，蔣忠梅和王文英是同

（左）蔣忠泉當公安偵查員時假扮海外華僑。
（右）偵查員蔣忠泉裝扮成歸國華僑。

學，很容易便與王、鄭打得火熱成為他倆的好友，並且獲得了他倆的完全信任。公安局在蔣忠梅的家裡逮捕的這對男女，同時也「逮捕」了蔣忠梅，當時，女兒抱在她懷裡。王文英和鄭克被關進了牢房，蔣忠梅在辦公室裡同公安人員打撲克。當晚，是她的弟弟蔣忠泉把姐姐和侄女接回家的。很快，王文英和鄭克雙雙在朝天門槍斃，臨死的時候還不知道是誰出賣了他們。由於姐姐為公安局效勞有功，她的兩個弟弟也因此沾光，安排了工作，都在公安系統裡。蔣忠泉從偵察員到領導幹部，到後來的代理公安局局長，年輕有為，官運亨通。蔣忠直先在重慶市公安局，後來調去北京煤炭部保衛處任職至今，他倆都知道姐姐蔣忠梅的底細。

第二件事是一個從香港回來的女人，經過蔣忠梅的工作，後來被逮捕判刑，詳情我已記不清楚。第三件就是你，用蔣忠梅自己的話說是「一個女學生」。你想想，過去你根本不認識蔣忠梅，她是突然出現在你面前的，在交往的過程中，她對你相當殷勤友好，熱情主動。你倆的友誼並無基礎，也沒有經過時間的考驗，為什麼發展得這樣迅速。之所以你講過的話，做過的事，和哪些人交往交談過，公安局無所不知，這都是因為他們派來了蔣忠梅和你做「朋友」，她裝做對共產黨很不滿，博取你的信任，掏出你的心裡話，然後向公安局彙報。諸如此類的事情她幹了很多。

蔣忠梅為公安跑二排獲取了大量好處，不單是經濟上的，政治上更是如此。每一次運動她都沒有被衝擊，即便碰上，公安局也會為她疏通關卡，暗中保護。

她自己在這二重生活的泥坑裡越陷越深，還強求弟弟蔣忠泉與她狼狽為奸。蔣忠泉這次從苗溪放回重慶，他姐姐不給他上戶口，藉口是「小鬼」蔣小梅的思想工作還沒有作通，說她怕勞改過的舅舅影響她今後的前途。但真正的原因是蔣忠梅自己想以不上戶口為由，逼使蔣忠泉就範，為公安局跑二排。她認為以蔣忠泉過去做公安工作的經驗，他的聰明機智，加上有他坐過牢的經歷作掩護，容易得到犯罪分子的信任，因此，跑二排的工作他肯定得心應手成績卓著，將可以有很好的進帳，經濟上不會成為她的包袱，政治上，為公安局做事，牌子硬，也不會給她和蔣小梅的今後罩上陰影帶來麻煩，一石二鳥，何樂不為。這政治經濟的兩大好處，便是蔣忠梅幹了二十多年「跑二排」營生的支柱。

對於蔣忠梅一廂情願的安排，蔣忠泉嚴詞拒絕。他提醒蔣忠梅不要忘記，自己的母親被劃為地主，「解放」初被農民鬥得東躲西藏，文革時紅衛兵把大字報貼到床上、蚊帳上、米缸上，要把這個七十多歲的老太婆一個人逼回農村。而且蔣小梅的爸爸，自己的弟弟都被整進監獄。當了反革命家屬，為什麼還要助紂為虐。蔣忠泉罵他姐姐是「奸細」，他把高爾基的小說《奸細》，封面朝天放在桌子上刺激面前這個真正的奸細。他還指責蔣忠梅靠整人吃飯，連齊家貞這樣的年輕學生也不手軟，簡直是傷天害理，沒有人性。他問她：「做這種事，你於心何忍呵？」

蔣忠泉告訴他姐姐，五七年前他對共產黨一片忠誠，一心為共產主義奉獻，但是五七年以後，他感到徹底受騙上當，今天的蔣忠泉已經是另外一個人，絕不為共產黨做一件事。他奉勸蔣忠梅趕快醒悟，回頭是岸。蔣忠梅答說她是在當「無名英雄」，為國立功為人民服務，是在做光榮的工作，永不言改。他們在家裡針鋒相對，發生過數次爭吵，蔣忠泉嗓子一粗，蔣忠梅、蔣小梅母女倆便趕緊關門關窗，深怕鄰居聽去一言半語，瞭解到她的底細（此事小梅也大略知道）。

蔣忠直回重慶後發現姐姐還在幹這個行道，也親自與你這個受害人接觸過，覺得這種事太昧良心，曾經同蔣忠泉一起勸她以年紀漸大，身體不好為由，推脫不幹，蔣忠梅很不以為然，不予採納。

蔣忠泉拒絕和姐姐一起「跑二排」，蔣忠梅寸步不讓，她把蔣忠泉帶到市公安局一處見她的上司，以為這樣會使他回心轉意。

蔣忠泉那天穿了一件老母親過去親手為他縫的土布白襯衫，用這件「慈母手中線，遊子身上衣」提醒自己絕不動搖。他不碰擺在面前的「大前門」高級香煙，只抽自己口袋裡的「藍雁牌」劣質煙。蔣忠梅上司的苦心勸誡也是枉費心機，姐姐惱羞成怒，不給弟弟上戶口，蔣忠泉無法工作掙錢，在家吃受氣飯，無奈之下離開重慶，如今下落不明。

蔣忠梅對自己弟弟心黑手狠，對小梅的父親徐培風也就更不在話下。徐培風滿刑後，於六十年代中期從新疆到重慶，輾轉找到蔣忠梅，要求見女兒一面，被她無情堅拒，哀求再三，仍不改口，徐培風大失所望，回了新疆。

「解放」時，蔣忠梅才二十四五歲，為什麼一直單身？她交過幾個男友，都因為自己暗中的身份，擔心萬一暴露，不好向男友交待，同時這種關係又必須向公安局彙報，要他們點頭才能發展，困難重重，所以她再也沒有嫁人。

齊家貞，我看過你的檔案，對你十分瞭解，你現在繼續與蔣忠梅深交，而她仍然在為公安局效勞，你的處境太危險，弄得不好，同樣的事情可能再次發生，再次受苦受罪，在監獄裡浪費生命，浪費你的聰明才智，實在太可惜。我希望你趕快煞車與蔣忠梅斷絕來往，至少在你的心裡懸崖勒馬。我沒有別的動機，只是出於正義，出於同情，我想保護你。

他的話到此為止，講了兩個多小時，聲音嘶啞，口乾唇裂，我在聽一個活生生的故事，像看一場情節曲折的電影。「看」完了，你猜，我回答了什麼？

蔣忠泉十四年勞改刑滿攝於重慶。

我相信，此時此刻，如果我對你撒謊，你一定認為我是講的真話；如果我告訴你真話，你肯定認為我在撒謊。但是，我不能歪曲真相，我不能欺騙自己的心。我對他說：「謝謝你的好意，但是，我不相信這是真的。」

我的回答肯定太出乎他的意料，使他震驚，他情不自禁地「哎喲」了一聲說：「善良的姑娘啊，你實在太單純，我不知道要怎樣才能說服你，使你相信。」聲音裡充滿著關切，又有些手足無措。沉思良久之後他說：「這樣，蔣忠梅每個星期四上午十點左右要去公安局一處彙報情況，你知道公安一處在哪裡嗎？就在臨江門路口的市公安局裡面，重慶市第四人民醫院對門。你提前一點藏在某個地方，就可以看到蔣忠梅準時出現，走近那裡的時候，她東張西望，時而還會突然轉過身退著走幾步，這是在查看有無人跟蹤盯哨，你只消去看兩三次，就能斷定我講的是不是真話。蔣忠梅的偽裝很巧妙，很成功，但是我相信，真相一定會大白天下。」

見我無動於衷，他不再多費唇舌，「善自珍重吧，再見！」他說，消失在人群中。

我回到我的生活裡，這個故事沒有在我腦子裡多兜一個圈，甚至沒對家裡人提起，真的是「說話說話，說了就化」。我照樣與蔣忠梅來往，照樣說照樣做我本來就要說要做的事情。父親回家後，數次與這位「偉大的女性」相見交談，他甚至對蔣忠梅有些好感。

直到聽了這位陌生人講的故事一年後的一天……。

出來之後，我數次在街上碰到朱文萱，她每次都熱情主動地同我打招呼，我還在生她的氣，掉頭走開不理睬她。

七六年三月某日，我同父親弟弟去大田灣廣場打球，經過七星崗時，看見對面走著的初中同學黃有元，我沒有叫她，誰知第二天她竟找到我家來了。她在貴州山區當醫生回重慶探親，昨晚聽她母親說齊家貞已經回家，高興得要命。她說：「經過這麼大的打擊，我以為你對生活已經失去信心，看見你還穿格子花的確良襯衫，說明你沒有被擊倒。你真行！」十五年光陰流逝，不同環境的薰陶並不能在我們之間製造隔閡，我倆仍然一拍即合，無話不講，與少年時代無異。我們去解放碑商店逛，去大陽溝買菜，冷不防給朱文萱逮了個正著，還是那麼熱情：「嘿，你兩個不要跑，非要到我家去耍不可。」她和黃有元是通過我認識的，一直保持著友誼。這次，我真的沒有跑脫，看在黃有元的面子上，勉強答應第二天下午去她家「赴宴」。

不愉快的往事很快化解，畢竟我們都是受害人。飯後，朱文萱開門見山向我提問：「你想過沒得，你的事是哪個告的密？」又是這個問題，我沒有想過，想不想答案都是一樣，我說：「不要亂猜，你猜別

齊家貞、黃有元，攝於87年我出國前。

個，別個還在猜你哩。」朱答：「嘿，我不怕別個亂猜，我也不亂猜別個，你在裡頭坐監不曉得，今天，我一定要告訴你。」下面是朱文萱講的話：

> 我認為蔣忠梅是個跑二排的。

文化大革命的時候，紅衛兵造公檢法（公安局、檢察院、法院）的反，從他們內部抄出來了一批黑材料，其中專門有一部分講到「跑二排」的事情。上面提到這種人主要是遭公安局拿捏到他們的罪錯把柄，要挾他們為公安局「跑二排」，以換取對他們的問題保密，不作處理。上面還講這種人如何偽裝成「犯罪者」的好朋友，打入內部掏出機密，向公安局彙報，定期領取薪酬，得到公安局保護。材料上特別提明，當事人被逮捕之後，「跑二排」的如何裝成最真心的朋友，前去看望安慰家屬，並且送一些錢給他們，以作掩蓋。這一點上，我和葉光遠（她的丈夫）更加肯定，蔣忠梅是個「跑二排」的。她的行為和上面講的非常吻合，特別是你遭逮捕後，她去看了你媽媽，還給了你媽十塊錢。當時的情況下，你的朋友駭都駭死了，哪個還敢進你的家門，她蔣忠梅有恃無恐，當然不怕。

半個世紀的老朋友。左起：黃有元、「反革命集團」成員朱文萱、齊家貞。

還有，我遭抓了以後，認為蔣忠梅肯定也遭了，因為自從認識了她，你同她好親密，對我漸漸疏遠，我當時認為你是個吃新鮮飯的角色。結果她不但沒有遭，我被放出來的第二天，她就打電話到潘大成（一中同學）的學校找他帶話給我，她要在文化宮後門見我。怪得很，她啷個曉得我釋放了？我又沒有出過門，除了去派出所報了個到，除了潘大成，我沒有同任何人有過聯繫。不過，當時我還是想去見她，潘大成叫我莫去，他說情況可疑，莫不是公安局安的磴子（圈套）。

那個時候，你對我不信任，好多事你根本不跟我說，我從看守所回來後，一直脫不到手，一下子說我是反革命成員，一下子說我是外圍組織的。文化大革命幾年，每次革命群眾開會，把我一個人留在車間磨鏡片（她在重慶眼鏡廠當工人），說我不夠資格參加。但是蔣忠梅同你關係這麼深，結果沒得事，每次運動跑脫，沒有受過一點罪，外搭處境越來越好，在「蘭香園」搞開票工作，這個工作好有油水喲，是不是個人莫想，那都是她幫公安局當走狗得到的好處。

朱文萱講完了，我沒有對她提起那位陌生人，他分手前對我叮囑：「我是冒著危險，甚至生命危險告訴你這件事情，公安局對他們幹這類勾當特別諱莫如深，紀律嚴明，他們不惜採取極端手段包括從肉體上消滅，來對付洩密者，以保衛他們正人君子的形象。知道了其中的厲害，你就懂得你的保密對我是如何地命運悠關了。」我沒有信進去他的故事，但是，我用生命為他保密，對他的好心終生感激。

對於朱文萱的苦心，它也還不足以動搖我對蔣忠梅的忠誠，就像所有的吸煙者，上了癮之後，就會無視每包煙盒上寫的「香煙致癌」、「抽煙殺人」一樣。

當晚回去，治平一個人在家，我順口把朱文萱講的故事轉述給他聽，想不到治平一點不驚奇，似乎事情早已有了定論。他說：「是的，媽咪也有這個看法，她認為蔣忠梅是公安局故意派來害你的。」他還證實，我被捕後，蔣忠梅的確來撫慰過媽咪，並且留下十元錢說：「你我就不要客氣了。」媽咪覺得她鬼頭鬼腦的。後來，蔣忠梅從上清寺消失。

有個人吃「餅」，吃了七個還在喊餓，再吃半個，他說飽了。我前面吃了「七個」，我還不「飽」，吃了最後半個，「我飽了」。母親對蔣忠梅的判斷，走了十五個「光年」（六一年—七六年），距離好長呀，終於照亮了我齊家貞的眼睛。

我在暗處忠心耿耿地待了十五年，也發了十五年的傻，現在，我與蔣忠梅對調了位置，我走到了明處。

你好啊，蔣忠梅！

我生性大而化之，像個男孩，有時候記住了事情的細枝末節，並非由於心細，而是有個好記性。現在，我開始認真觀察蔣忠梅了，我需要自己來證實。

首先，我發現她在年齡上對我撒了謊。六一年我們剛認識時，她說她二十九歲，比我大九歲，現在我看見她骨科醫院門診薄上面的年齡大我十六歲，也就是說，為了交朋友，她說年輕了七歲以縮小差距。還有，她把蔣忠泉十五年刑期說成八年，是什麼企圖她自己才清楚，至少她撒了謊。

有一次，她到我家玩，我正有一封寫給海南島親戚的信放在高低櫃上，準備投郵，看見她眼睛朝信掃了一下，我故意走出房間，但馬上折了回來，站在她身後。她背朝門口，信已經平托在她的手上，水平狀的手緊貼豎直的胸口，使上半身最大限度地擋住後面來人的視線，動作非同尋常，相當地訓練有素。我看清楚她正在讀信封，裝作沒事竄到窗口看街，轉過頭來，信已經躺回原來的地方。姑且不提蔣忠梅負有「跑二排」的使命，單就這個鬼鬼祟祟的動作，已經足夠令我心目中的偶像徹底坍塌。

過去，我去她上班處，一到門口就叫「蔣姐」，就開始說話，讓她知道我來了。不知自己是什麼時候，從什麼地方學到的君子作風，對任何不該我看的東西掃一眼都不幹，所以，除了那本開票冊，我從未留下蔣忠梅寫過東西的印象。這次不同了，因為她的座位背朝門口，我不聲不響地進去，靜靜站在她椅子後面，她正在寫東西，一點沒察覺。我無法看清她寫的什麼，因為她把寫好的部分褶到背後，左手掌攤開放在沒有褶過去，但是已經寫了字的地方。這又是一個非常特別的動作，什麼事需要保密到這種程度。是情書，她並沒有情人，是家信，沒有必要如此緊張防範。是不是正好在給公安局寫報告？只有蔣忠梅「死人肚裡自得知」了。反正有一點被我認定，她相當地不光明正大，這種人我瞧不起。

我沒有按照陌生人的建議去臨江路公安局窺探蔣忠梅的行跡，提起公安局，我就聯想起王文德，恐懼、戒備、失望、鄙視之情糾結在一起，「屙尿都不想朝那一方」，有事都是繞著走，避之唯恐不及。同時，離開了我熟悉的舞臺（蔣的家，我的家，蔣的上班之處），我就沒有了膽量，萬一在那裡被蔣忠梅撞見，我會比「跑二排」的人還要心虛，那就不是貓抓老鼠，而是老鼠抓貓了。

不過，我「順手牽羊」地導演了一齣戲，很是說明問題。

蔣齊兩家直到此時還是走得很勤，小梅被阿弟的滑稽逗得笑口常開，他倆喜歡在一起嘰嘰咕咕談天，阿弟四面八方找泡桐木自己做了個大揚琴，叮叮咚咚一敲響，小梅的心與音樂一同起伏，他倆彼此相吸引。

蔣忠梅時而也到和平路坐坐，這個家對她至少不乏真誠，有時候也可在此出出她心裡的悶氣，娘倆母時而磕磕碰碰打嘴仗，挺懂人情世故處事周到的小梅，嘴巴不大饒媽媽。

那天，蔣忠梅利用關係為女兒找了份工作，剛去見了書記把事情敲定，順路來我家歇歇腳。這位平時講話字斟句酌的女人，今天大約太開心，多聊了幾句。她說她告訴書記，她女兒的脾氣壞，生性懶自由散漫慣了，要求書記領導幫她好好夾磨夾磨這個小東西。作為母親，請領導嚴格要求自己的女兒，無可非議，但對我而言，這是個好機會。我安排阿弟把今晚蔣忠梅講的話一字不漏地傳給她的女兒，並且把蔣忠梅一直在我們面前怪罪小梅心太狠，不同意舅舅上戶口，害得蔣忠泉浪跡天涯，有家不能歸的事也一併告訴小梅。

第二天阿弟就一一照辦了。

當晚，我已經鑽進被窩坐在床上看書，阿弟在完善他的揚琴，突然來了兩位不速之客，蔣家母女吵吵嚷嚷進了門。

憤怒的小梅先開腔：「好嘛，我們不是外人，今天的事當面說清。我從來沒有聽說過有媽媽放自己女兒爛藥的事，我人都還沒有去，你的爛藥就先放了。」蔣忠梅不甘示弱，答道：「好好好，我昨天來，阿弟家貞都在，你當到問，我到底說過這些話沒有？」我早已對阿弟打過招呼，萬一他們來我家對質，一點不要害怕，全部認帳。我明知故問道：「阿弟，你今天去了蔣姐家，對小梅說了些啥仔？」阿弟低著頭把昨天蔣忠梅在這裡說的話又重覆了一遍。我馬上接過話頭說：「阿弟，你怎麼這樣不懂事，蔣姐說了這些話，你不該對穿對過講給小梅聽，不管主觀上你是啷個想的，客觀上起了挑撥的作用。」阿弟沮喪地回答：「對頭，我當時沒有想到。」

這就是說，我同阿弟兩人當著小梅的面否定了蔣忠梅的否定。小梅氣憤極了，她指著她媽的鼻子罵起來：「你這個媽啷個在當喲，怪不得上次也是，明明通知我去上班，突然又不要我了，肯定也是你放的爛藥，這回又放，天下哪有你這樣的媽喲。你，造孽！」

蔣忠梅不惜走五六里路到和平路來理直氣壯地對質，滿以為我們為了息事寧人不傷母女和氣，肯定會幫她轉彎圓場，證明她不是這個意思，是阿弟理解錯了，為她做些捨兵保帥的事情。要是過去，蔣忠梅的指望一定不會落空，但是現在，她想不到這倆姐弟如此地懂不起，「叫你來趕場，你要來抵簧」，把小梅的火氣煽得更旺。

作為一個母親，尊嚴被踐踏得如此不堪，她不得不作一些回擊。蔣忠梅說：「我這個媽哪點孬了，哪點對你不起，你幾年沒有工作，沒得飯吃衣穿嗎？」她講話的聲音非常壓抑，是在控制自己的脾氣，小梅今晚好像死了心要與媽硬幹一場，決一雌雄。她的眼睛鼓得更大，臉漲得更紅，鼻子周圍的雀斑顏色更深了。用指頭戳著她媽媽的臉：「喔，你以為你是媽，就一定對喲？你以為你是媽，就一定是個好東西喲？你到處說舅舅的戶口是我不同意上，你說，你說，到底是我不同意上，還是你不同意上？到底是哪個把舅舅逼走了，害得他無家可歸？」蔣忠梅囁嚅了幾個字，還冷笑了一下，誰也聽不清她講的什麼話，小梅氣瘋了，根本不認為眼前這個女人是她的媽。她說：「有本事說大聲點，讓大家都聽見，莫要只在喉嚨裡頭打轉轉。虧心事莫要做得太多了，沒得好報應。」

在我們面前，蔣忠梅不得不頑強地駐守她當媽的陣地，她小聲小氣但是愚蠢地回了一句：「哪個做了虧心事？」小梅大吼起來：「好，你不信，今天晚上我就要把你的老底子端出來，讓大家看看你究竟是個啥子貨色！」

我與阿弟一聲不響，對這場家庭混戰作壁上觀，準確地說是坐在包廂裡「看戲」。我全神貫注地觀察蔣忠梅，當小梅說要端她老底時，她用眼睛直勾勾地盯住女兒，想用眼神制止她莫要發瘋。小梅掃了她一眼，根本不理會，繼續往下說：「我曉得你兇，你厲害，端你的老底要遭背時，背時就背時，我願意坐二十年牢。」

蔣忠梅當然想不到，我和阿弟完全能聽懂小梅的「密碼」，這就是說，如果她揭露她媽是個「跑二排」的貨色，她就要為此付出坐牢的代價。蔣忠梅此時緊張得脖子拉長，腰背挺直，死命捏著一塊手絹，屁不敢放一個，好像頭上的鍘刀馬上就要按下來。我與阿弟也緊張，我們在緊張期待惡人真面目大暴露，期待痛快淋漓時刻的來到，心裡幾乎要敲鑼打鼓，準備歡慶了。

小梅的話還沒有講完。她說：「我倒楣，我有理說不清，我是壞人，壞事都由我承擔，我是黃泥巴糊褲襠，是屎也是屎，不是屎也是屎，哪個叫我有你這個好媽媽，我命該如此。」她的怒火好像由於痛快的發洩熄下去了一點，但是，突然又竄了上來，她瞪著她媽的眼睛問道：「我不明白，把我弄去坐牢，到底對你有啥仔好處。不過，沒得關係，我願意坐，我心中無愧，沒有真正整過人，不像有的好人，暗地裡整得別個家破人亡。」

這是我一生中獨一無二的經歷，大氣凜然的女兒斥責一個如此低聲下氣一文不值的母親，這個媽當得太可悲。

大約這是二十四年來，小梅第一次最痛快的發洩，從她紮著朝天沖小辮子和她媽一起「被捕」，從她媽媽的同學王文英、鄭克關在隔壁牢房，她被公安叔叔抱著看她媽媽打撲克，從她被齊孃孃美麗的廣州緞帶把頭髮打扮起來，到齊孃孃突然十一年的失蹤，從她隨著媽媽又一次接受公安任務和齊孃孃接上朋友關係，到她親舅舅回來上不到戶口不得不出走，直到今日，二十四年了，她聽得太多，看得太多，知道得太多，掩蓋得太多，忍受得太多，那些陰影黑暗垃圾多得幾乎把她年輕的生命排擠得無立錐之地了。今天，終於有這麼一個絕好的機會，她痛痛快快地用暗語發洩，痛痛快快地用暗語把她的媽媽罵得狗血淋頭，痛痛快快地出了惡氣，痛痛快快地舒服了一通，她不想揭自己媽的底了，不想坐牢了。她深深地呼了一口氣，放鬆下來，對她媽說：「我本來下了決心要揭發你的，現在算了算了，看在你是我媽的份上，幫你包下去，你當你的好人，我當我的壞蛋。只求你一件事，多多包涵，莫再到處放各人女兒的爛藥了！」

好戲正演到高潮，幕布突然落下。一直堅忍辱罵、已經難於招架的蔣忠梅，要斷的氣又回了過來，不幸中的萬幸是「跑二排」三個字終於沒有揭露出來，她蔣忠梅又可以戴著一張道貌岸然的假面殼在我齊家貞面前走來走去。阿弟和我當然感到失望，鞭炮的鬚鬚滋滋燃到底部，碰上的卻是個不爆炸的啞炮。但是需要證實的東西已經全部證實，「陌生人」說的真相已經大白。

通過這場戲的導演，我認識到，人世間除開那些全世界長相一樣，像是一個爹媽所生的染色體少了半截——亦說是沒有靈魂——的弱智人之外，任何人，不管他的智慧高低多寡，要耍弄一個不知情者都是不費吹灰之力的，像蔣忠梅長期耍弄我，以及這次我和阿弟偶一為之耍弄蔣忠梅一樣，不是大家都很成功嗎？所不同者，蔣忠梅把別人的腦殼耍落，把別人的青春葬送，她耍得很過癮，願意把她的智慧用在這類地方。

之後，蔣忠梅照常來我家，但是這個家對於她氣氛已經改變。我們同她的關係漸漸淡出，一直到完全絕交。我相信，這對於我實在太重要，由於蔣忠梅第二次的重返與不遺餘力的努力，我在公安局的「積分」又快滿貫，要不是我所有的牢騷話反動話交談的對象只有蔣忠梅一個人，他們不得不「愛屋及烏」「投鼠忌器」，很難保證我不「三進宮」吃「回鍋肉」。幸好，有那位「陌生人」和其他好心人的勸阻，我的「積分」戛然而止。

一次，我在迴水溝路上與蔣忠梅一個大碰頭，她兩隻大眼睛望著我，像要同我講話，我本能地停步，掀開嘴唇，「蔣姐」二字幾乎要脫口而出。但是，想到她的卑鄙與惡毒，與「毒蛇」怎能建立友誼？我掉頭走開。之後，即使面對面，我視她為路人。

回顧往事，我第二次去廣州，實際上已被公安局嚴密監視。廣州旅館催逼我離開，我像帶菌的瘟疫使湯文彬的弟弟偷渡流產，現在都可以得到合理的解釋。逮捕我之前撞入「黑會」的蔣忠梅的「親戚」，其實也是公安局派來的。

我們的老鄰居隔壁開旅館的楊子江伯伯，他的兒子楊四後來告訴治平：「其實抓你姐姐前的一兩個月，就有公安局的人租了我們樓上的房間。那房間的窗戶正好斜對你家樓梯，每天上下樓梯的人都能看見。他們分班輪流監視。」

回憶我被抓捕前，有一天，朱文萱來我家玩，她突然吼起來，對面倉壩子站著兩個男人不停地看我們，我倆哈哈大笑這兩個神經病。其實，是公安局在執行任務。

蔣忠梅、張忠梅、李忠梅……使我聯想起勞改隊裡的那位農婦，她身上擠匝密匝的蝨子們。

第三十二章
一張紙舉起的問號

我給法院寫的材料，解釋了當時在撒不來謊無法自圓其說的情況下，交待了別人的問題，我認為這是對朋友的背叛出賣；在有空子可鑽的情況下，我保護了蔣忠梅，把她講的所有的反動話全部攬到了自己身上，說成是我講的。

現在，一切已成過去，十年牢我分分秒秒坐了，所有的損失我斤斤兩兩一個人承擔，我對自己李代桃僵的抉擇並不後悔。今天，出於恢復事實真相的目的，我把與蔣忠梅有關的往事講出來，哪些話是她講的，哪些事是她做的，相信昨日的「風」吹不冷今天的「飯」，不會給她的利益造成任何損害。

我簡述了從六一年春末蔣忠梅作為經濟戶籍來我家發副食品票，我們相識並且成為好友的經過，我說：事實是，和蔣忠梅結識，對我思想的急劇發展起了極大的甚至是決定性的作用，在被逮捕的數天前，我講過幾句特別反動的話，這是和蔣忠梅竭力慫恿密不可分的。不過我說的反動話，僅僅是一種轉瞬即逝的衝動，並沒有身體力行。

這份材料我一律講真話，有就有，沒有就沒有，天大的責任該我承擔我也認帳，不是自己的，再小我也得說清楚。進天堂或者入地獄，我不作考慮，只想據實陳述，心裡格外痛快。對蔣忠梅，我只是把為她背了二十多年的那堆屬於她的東西，物歸原主，並不想惹事揭她老底。

生活在這塊土地上，我用詞不得不字斟句酌，處處以擁護共產黨毛主席，相信黨的政策為前提。即便如此，當我把判決書上的「畫皮」完全剝光之後，我為自己的勇氣震驚。

今天（一九九八年七月），三十七年之後，當我寫到這裡，又把判決書拿出來細讀，仍是字字錐心，句句刺骨，不勝驚恐，悲從中來。人類發明的文字竟能如此地戕害人類自己，竟能用文字把真相歪曲到這種地步，令我感慨萬端。

材料交上去之前，我給兩個人看過，其中一人說：「你怎麼這樣傻，你應當把講過的反動話一律否認掉。不然，他們會依此為據，維持原判。」我願意為誠實付出代價，一字未改交給了孫庭長。我對庭長說：「凡是材料上提到的人，從現在開始我停止接觸，以利於你瞭解情況。」出監以後，我只同朱文萱、尹明善有來往，那段時間，我一個也不見。

兩個月後，一天上午，孫庭長通知我去，他看了我寫的材料，問了一些問題，然後告訴我，他去北碚找了吳敬善，他不幸中風，癱在床上，幾乎不能講話。孫庭長也見到了朱文萱、尹明善，向他們瞭解到了一些情況。最後他提到了蔣忠梅，他說：「蔣忠梅否認你材料上提到的問題，她說『總不能為了自己平反，把責任推到別人的頭上。』」

蔣忠梅否認她做過的一切，講過的一切，我完全可以理解，這既是她見不得人的職業要求，也是她當公安走狗的特權，我充分估計到她會這樣做。不過，我絕對想不到她會講出如此絕情寡義的話來，我是那種為了自己的利益，推諉責任的卑鄙小人嗎？

「殺人可恕，情理難容」，我的火氣一下子竄到頭頂，站了起來，不知道要怎樣發作才好。孫庭長見狀，進去倒了一杯溫開水給我，叫我冷靜，坐下來慢慢講。他說：「我知道你很生氣，可以誠實地告訴你，我在法院工作了十五年，接觸過許許多多不同種類的人，蔣忠梅是我見過的所有人中最不自然的一個。你不要為此著急，她一個人的講話不會影響你案子的處理，我可以通過其他途徑瞭解情況。」他告訴我，近期他可能會去廣州一趟。

真的，我真的不在乎平反不平反，無論在哪裡，自己從來不把坐過牢放在心上，要不是父親「拖著我跑」，我根本不會為這件事跨法院的門。

這次，整個重審過程中，我開心的是讓我講了真話，講出這引起十三年十五年冤案的真實故事。講真話其實是一種美妙的享受，是人生不可或缺的快樂的源泉，至於講真話引出來的結果，我認為並不重要，我重視過程。對蔣忠梅的反咬一口，我並非擔心影響我的平反，而是看到了人性中太醜惡太卑劣的一面，感到自己靈魂深處一種美好的情愫受到無可彌補的傷害與踐踏。

中午，我回到廠裡（當時在長江儀表廠上班），對蔣忠梅那句話一直放不下，我甚至可以想像她對孫白亮講這些話時輕描淡寫、意味深長的表情，就像過去無數次她對其蠢無比的我那樣，我既憤怒又痛心。下午兩點上班，我馬上打電話給孫白亮，我說：「小人求見，現在。」

我回到了區法院，要求孫庭長不作記錄，純粹是一次私人拜訪。

我詳細告訴他，朱文萱夫婦對蔣忠梅身份懷疑的幾點根據，我的母親和弟弟的同感，和我自己的一些新發現，我說我相信蔣忠梅是為公安局跑二排的。

聽完了我的講話，孫白亮庭長一點不驚訝。他說：「公安局破案採用什麼手段，它不會告訴法院，法院也無權過問。根據你講的情況，蔣忠梅很可能就是你說的那種人，但這是一段時期的歷史現實，是當時的政策要求，而不是某個人自己要這樣做。所以，不能把責任歸咎在個人身上。」我答道：你講的有道理，如果那個跑二排的僅僅是混進去打聽情報，或者最多順水推舟幫著划了幾槳，這隻「舟」本來就有既定方向，本來就在朝前划，這種跑二排勾當的人，儘管見不得天日，倒也可以不多作計較。但是像蔣忠梅那樣，她講了很多具有極大煽動性的非常反動的話，一個人在忙什麼「單線聯繫」、「外圍組織」、「發展對象」，什麼「十六字綱領」，她這樣畫鼻子添眼睛的，事情便無中生有了。對於我這個剛出校門不久，涉世不深的年輕女學生，蔣忠梅才是個貨真價實的教唆犯，她已經不是一般的刺探，不是一般的告密，而是在這個所謂的反革命事件中，當指揮，搞策劃，一手製造了這個反革命集團。就像有的化學反應，沒有催化劑的加入，反應不能進行。蔣忠梅豈止起了催化劑的作用，她還扮演了參與化學反應的元素的角色。沒有蔣忠梅，就沒有這個元素，就沒有催化劑，「化學反應」就絕對不可能發生，這個反革命集團連影子都不可能存在。所以，事實上的主犯，不是我，更不是我父親，而是蔣忠梅。她越俎代庖，跑二排跑翻了山，不提公安局在我案子上的所作所為，蔣忠梅本人應當承擔她「翻過山」的那部份責任。

見我憤怒地發出這麼一長串連珠炮，忠厚長者般的孫庭長笑了，他什麼話也沒有說。

我把心裡的怨憤發洩了一通，氣消了不少，冷靜了不少。

我清楚地知道，道理上我是對的。但，公安局是講道理的地方嗎？世界上如果只剩下一個地方不講理，那就是公安局。它會承認蔣忠梅是給他們跑二排的？它會因為蔣忠梅跑二排跑過頭而懲罰自己的忠實鷹犬？這簡直是在與虎謀皮！事實上，公安局正鼓勵這幫跑二排的人翻山越嶺，並給他們極大的獎賞，很可能，因為對父親和我的陷害有功，蔣忠梅還受到公安局內部通報表揚發給巨額獎金名利雙收哩！想一想王文德，他又是怎樣審訊我的。他難道不是畫鼻子添眼睛，使反革命集團無中生有了，與蔣忠梅不是異曲同工有過之無不及嗎？我齊家貞又能把王文德怎麼樣？

「你該知難而退了。」我對自己說。

等我完全平靜下來，孫庭長和顏悅色地同我交談。

他說：「回顧一下你這個案子。你去廣州碰上莫斌、湯文彬，重慶有個蔣忠梅，後來又遇上了這樣一個審訊員，你自己又胡編亂造，整個事情你說，像不像那麼一回事。到了法院手裡，已經沒有一點辦法了。現在我可以告訴你，我們都希望要是當時沒有判你那麼重的刑就好了，你就不會吃那麼多的苦，遭受那麼大的損失。我個人是很同情你的，包括當時判你刑的人（杜德華，也已升為庭長）。」

望著孫庭長善良誠實的眼睛，他這番很帶人情味的難得的心裡話，把我的氣消完了，我甚感安慰。

其實，在我們的周圍不乏有良知有正義感的中國人。看過我的檔案，瞭解我案情的省二監某些隊長，法院的工作人員，甚至在那裡實習的大學畢業生，分別對我和我父親表示了極大的同情與關心。

我收到一封廣州中山大學一位叫成光海的研究生的來信，他從「重慶政法學院」法律系畢業後在「市中區法院」複審組實習，看過父親和我的檔案，他說「我覺得你們父女的案件很奇特典型，反映著很深刻的問題」，「引起我很多的想法，我曾經打算把它們寫成書面意見表達出來」，可是因為忙著離開重慶沒寫成。成光海後來又來信詢問我倆是否得到平反，假如沒有，不要灰心，再申訴。他給我重慶同班同學龍宗志的地址，他說龍在複審組實習，也看過我倆的檔案，樂意為我們提供幫助。信的最後「祝你們苦盡甘來」。

我們好像是苦盡甘來了。

八二年九月三日，法院來電話通知父親和我去一趟，可是父親不在廠裡，他到區政協開會去了，於是，改在第二天上午十時。

九月四日，是母親逝世十周年紀念。那天，在提出申訴三年半之後，我和父親並排站在一起由孫白亮庭長向我們宣佈平反，就像二十年前我倆並排站在一起，由杜德華向我們宣判刑期一樣。

我倆木無表情，對孫白亮庭長念的東西令人吃驚地無動於衷，倒是中途從樓上掉下來一條木塊，打在玻璃窗上發出噹的響聲，把我們昏昏欲睡的神經刺激了一下。父親說那是媽咪打的招呼，讓我們知道，她也在一旁關心。

宣讀完畢後，孫庭長對我說：「齊家貞，你的案子有爭議，但是，你的誠實拯救了你。」怪不得平反書上還留有我「與莫×、湯××相互說過些不滿甚至反動的話，回渝後，還將莫、湯的反動言論向其同學、好友講過，這顯然是極其錯誤的」這樣的尾巴。不過，它最後說：「撤銷本院（62）刑字第650刑事判決；對齊尊周、齊家貞宣告無罪。」對父親第一次「歷史反革命」罪的宣判是：「撤銷最高人民法院西南分院一九五二年院特刑字第15號刑事判決；對齊尊周宣告無罪。」

我的三個叫化子朋友，朱文萱、吳敬善、尹明善，我挨打，他們也挨打，現在，我「坐席」（赴宴），他們也「坐席」，每人得了一張平反的紙。順便說一句，三個「叫花子」中，除吳敬善中風倒床外，朱文萱是重慶市頗有名氣的業餘歌手，花腔女高音，同她走在街上，你得適應她像國王出巡，不斷有認識她的人向她招手致意。尹明善既沒當成數學家，也沒實現作曲家的夢，現在是盡人皆知的重慶「轟達集團」總裁，全國最成功的私人企業家之一。本人自學高等數學，當了電視大學輔導老師。

如果不受人為的摧殘，誰能估量得出這些人可以為中國老百姓建立怎樣的功績。

不過，「宣告無罪」對於我們「反革命集團」的首犯莫斌和湯文彬，都是「脫了褲子打屁」——多此一舉了。因為儘管兩個姓齊的主犯判了長刑，幾個小嘍囉拘留逮捕脫不了皮，兩個「反革命集團」的首犯卻沒有一個因為反革命罪坐過一天牢。當我寫信告訴莫斌我和父親的遭遇時，他簡直無法相信，認為我是在開玩笑。後來，他問，需不需要他寫材料，為這個莫須有的「集團」作澄清。

上面的確是在開玩笑，二十年前說有罪，二十年後說無罪，人還是那個人，事還是那堆事，像孩子們玩「官兵捉強盜」，剛才是強盜，現在是官兵，過一會兒又變成強盜了，應了四川人講的「嘴是兩塊皮，說話無定一」。

反正，拿著這張宣告無罪的紙，我們一點不激動，一點沒有高興的感覺。有什麼好激動好高興的，無論對誰而言，二十年前，你的大腦你的心，你的肝你的胃，你的脾臟你的肺，你上下裡外的所有，全是嶄新的，頂刮刮的，傑出耐用的，一個頂幾個的好東西，二十年監獄勞改的風霜雨雪，把它們無端地消磨浪費鏽蝕掉了，剩下現在這副似舊非舊，似破非破的肉架子今非昔比。

一句話，人所可能有的美好，被一點一點「微分」掉，剩下一隻「空杯子」，這個損失誰賠得起。

不爭的事實是，被耍弄、浪費的不光是父親和我這些「強盜」們，也包括「公、檢、法」機關裡，那些忙得撻撻（辮子）不沾背的製造受害者的「官兵」們，他們的青春年華不也是同樣在「把煤炭洗白」的徒勞無功的操作中報銷了嗎？為的甚麼呀？

拿著這張紙，父親要求重慶鐵路局補發從一九五一年三月到一九五二年八月扣發的工資，他們說無原始依據可查，不能賠償。最後，一次性給三百元人民幣生活補助，三十多年的災難，三百元人民幣作補償。在中國，人比竹筍還要便宜。

父親要求讓他在鐵路局工作，這是他準備一輩子獻身的地方，那怕在鐵路局電視大學當老師也好。父親自我介紹說：「我的精力好得很，像個年輕人，每天洗冷水澡跑步，從來不生病，再為鐵路局幹二十年沒有問題。」他笑著指指一個三十多歲的職員說：「你行嗎，和我比一比？」當然，抱著本本辦事，無特例可循，他們給七十歲的父親辦了退休。

退休？千裡迢迢，放棄廣州的好待遇，一家七口從上海遷到重慶，還沒有開始幹事，就叫退休！

父親扼腕嘆息，報國欲死無戰場，有淚如傾啊！

「有子女需要安排工作嗎？」他們問。「有啊，安排在哪裡？」想到兩個賣野力的兒子安邦、阿弟，父親心裡升起了希望，結果是去鬼不生蛋，天荒地老的窮山僻壤打旗號、養路，早就被別人撿了又撿，剩下來沒人要的工種，沒人去的流放之地。算了，保住剩下的唯一寶貝——重慶戶口要緊，鐵路局的鐵飯碗只得放棄。

父親告訴他們，他沒有地方睡覺，和子女們擠在地板上。可是，對不起，鐵路局沒有空房間。就這樣，他們心安理得地為父親落實了政策。

至於我，我過去是學生，上不沾天下不著地的懸空人，找不到單位敲一分錢竹槓，一張紙就落實了全部政策，二十年光陰不頂一個氣泡。

一句話，這張紙沒有給齊家任何政治、經濟上的補償，沒有幫忙撈回一絲這方面的損失。我家從五一年一月開始的厄運，三十年來已經有它自己合乎邏輯的、不可逆轉的運行軌道，頑強地運行下去，它曾經並且至今並且將要有形無形地影響著包括第三代在內的齊家生活的各個方面。

（左）獄友孫文碧，反革命八年。
（右）右派反革命七年，監獄裡的小修正主義小赫魯曉夫，林方。

與我電視大學畢業論文導師獄友駱雋文，他的妻子侯箐合影。

獄友們。左起：王寶根、齊家貞、蔣素清、李育秀、劉唯儀。

四川省第二監獄裡一個如此磕頭作揖、認罪不已的女犯齊家貞，一個因認罪好而改造表現突出，提前釋放的赫赫有名的樣板，現在，被人民法院宣佈無罪；一個省二監盡人皆知的拒不認罪的反改造，以「吃飯」、「鍛煉」為手段長期消極抗拒，決心在無產階級專政下闖過「威武不能屈」的關口，一致公認的死頑固齊尊周，現在也被人民法院宣佈無罪。前者，有個小「釘釘」……罵過幾句共產黨毛澤東，掛了個「大瓶瓶」，關進鐵窗，十年年華糟蹋；後者，沒有「釘釘」，得罪了劉軍代表，對女兒之事全然無知，硬栽個「釘釘」掛「瓶瓶」，二十三個春秋在監獄、準監獄裡葬送。結果，認罪的，不認罪的全部宣佈無罪。

既然處於兩個極點，不認罪的父親和認罪的我都宣佈無罪，那麼，介於「兩極」之間的其他無數的「點」呢？那些既不像我那麼「聰明」，無中生有認罪，又不像父親那麼清醒，不說昧心話不認罪，只知道咿咿唔唔，說不清道不明，認罪不認罪模稜兩可的一大批人，現在，毫無疑問，也是無罪的。這就是說，所有的反革命——政治犯、良心犯、思想犯，認罪的不認罪的半認半不認的，統統無罪。他們本來就不是犯人，本來就不該抓進監獄裡。

還有，那些刑事犯：廖汝秀、鄭明秀、韓明珍、豐家澤、鐘素華，把丈夫像砍南瓜一樣砍死身子長腳杆短坐著比站著高（狗）的半勞動力女人，與兒子一起在山上把丈夫「處理」掉的老太婆，煮小兒子吃以為自己被判兩年（死緩）不「上樹」的農婦……很多很多，如果他們的「爹媽」承擔製造三年「自然災害」的罰責，剩下來的她們還有罪嗎；如果他們的「爹媽」不曾製造三年「自然災害」，這些人不依然是世界上最馴順的良民嗎？

這種監獄應該騰出來，移作人民公園。

我們只知道，有假煙假酒假藥，有假髮假面具……，現在，居然有假罪！假罪坐真牢，坐長牢，而且遍及全國各地，受害者百萬千萬隊伍浩浩蕩盪。最後，「兩千年的道法，一家倌就敲碎」，言之鑿鑿的「鐵證如山」全是「膺品」，千真萬確的「事實」是毫無意義的零，神聖的「法律」是為政權施肥的大糞，判的刑一律弄錯了，作廢。真是莫大的諷刺，滑天下之大稽。

對於「生產冤案的機器」來說，「逆反應」很容易，充其量造紙廠多加幾個班，多造一點紙，打字員辛苦一下多打幾份「平反書」。但是，多少家庭離散破碎，多少孤兒寡母走投無路，多少人間慘劇發生，多少青春生命浪費，多少憂苦，多少血淚……，都是「逆反應」不過來的了。

特別是像牟光珍、熊興珍、江開華、汪洋等等數目巨大的，所謂從拒不認罪開始，最後被鬥死、被殺頭的人，我們的時代，我們的歷史應當如何公正地向他們作交待？這肯定不是一張紙可以交待的，紙，負擔不起如此重大的人命關天的責任！

父親和我的這張紙，以及千千萬萬這樣的紙，舉起了一個偉大的問號：他們到底是在向誰專政？

第三十三章
自由淚

這張平反紙還有一個可愛的，我始料不及的好處，那就是可以申請護照，允許出國。判過刑坐過牢沒有平反的政治犯，政府拒發護照。

有條丹麥諺語說：「你或許能夠強迫一個人閉上他的眼睛，但是你絕不能強迫他入睡。」父親從來沒有「入睡」。

從一九六三年那張後來宣佈作廢的判決書發到手，父親準備越獄冒死偷越國境起，二十年過去，他不曾須臾放棄逃離共產專制的念頭，不停地嘗試著。

七五年他曾打算利用共產黨搞「統戰」的慷慨混出去，被遭受重災嚇破了膽的五個子女堅決制止；後來勸導彭孃孃（她以前是蔣經國太太蔣方良的家庭教師，與蔣家過從甚密）出走台灣的打算胎死腹中；八〇年，父親表兄黃品傳寄來一切手續，邀請他去香港探親，因公安局拒發護照流產。

八一年初，長江儀表廠一位年輕好友提醒父親：「共產黨不怕中國人，最怕洋人。為何你不要求恢復美國鐵路高級管理人員協會的會員資格。」費了一些周折，父親與該會取得聯繫，寄去當時對我家而言是一筆不小開支的廿五元美金會費，收到一張大大的會員證書，父親把它用鏡框裝好掛在牆上。

父親去北京拿到法國簽證。

緊接著，從八二年二月起，每一年都收到美國來信，邀請這位一九四六年的老會員參加年會，每一次鐵路局和公安局都玩弄精彩的「排球」遊戲。鐵路局說申請護照是公安局的事，公安局說先要由鐵路局同意，排過來排過去，直到會期結束。

那位好友一言中的，上面真的懼怕洋人，懼怕洋人知道，這麼一位國際學術團體認可的鐵路方面的高級人才，竟被閒置糟踏了三十年，他們把棟樑之材劈成碎塊生爐子不心痛，卻心虛外國人瞭解內情。一位友人告訴我，他村子裡土改時，幾個農民把一個地主活活抽打至死前，首先做的事是用尖刀從地主的右耳尖，沿著髮際到左耳尖狠狠切條線，然後把額頭皮剝下來蓋住眼睛。

可見，幹壞事者都想掩人耳目。

八二年二月，楨謨叔公的女婿林道宏從廣州來信，他說他去北京觀了光，準備在廣州停留數日後回巴黎。大家商定父親立即前去廣州，把平時不敢寫在信上的我家的真實情況當面相告，請他回法國聯絡其他親戚，齊心合力幫助父親去法探親。

時間緊迫，父親本該坐飛機，可是當時飛機只給某某級領導坐，而且票價太貴，家裡連五十小時的硬坐火車票，也是打猴拳借錢買的。父親趕到廣州，只剩數小時與姑丈見面交談，僅夠把

媽咪的墳墓父親帶不走，臨行前他向媽咪發誓。

話說清。來回一百小時的硬坐，父親雙腳腫大，神情疲憊，但是曙光在望。

再一次「有志者事竟成」，八四年九月下旬，父親手持印有法國探親簽證的護照，離開這個原意是「雙喜臨門」，我家待了三十五年血淚不絕的災難之地——重慶，在興國的陪同下先去上海廣州探親，再隻身經香港去巴黎。

臨行前，父親帶著幾樣母親生前愛吃的糖果到她墳前告別。七九年，父親結識了一位年近八旬姓王的風水先生，他們翻山越嶺察看了楊家山母親的墳地，王老先生說這個地方不行，沒有脫煞，且不發（達）後人。委屈媽咪睡在這麼一個地方，父親極為不安，他拜託王老先生在歌樂山找了一塊地。

這裡地勢較高，遠處河水彎彎，後面群山環抱，前下方有一個小丘。王先生解釋說，埋在這裡就像一個人坐在寶椅上，後面有靠背，前面是案桌，望出去綠水悠悠，視野遼闊，還講了些我聽不懂記不住的道理。總之，這裡的風水好。於是，父親、興國和治平不得不傷心慘目地面對母親留下的一抔枯骨，把她遷移到歌樂山安葬，那塊破石碑也一併搬了過來。後來，父親從國外寄錢回家，把母親的墳墓修葺一新，築了拜台，立了新碑，碑文是

「孑然一身養育兒女」、「兒孫滿堂未享天倫」，橫額是「一生辛勞」。

此時，面對這塊缺了一隻角的殘破的墓碑，父親用手撫摸著碑上母親的名字，好像在撫摸她飽經風霜的臉龐，想到自己即將漂洋過海，遠離中國，卻要讓吃盡苦頭的愛妻一個人留在這個荒涼的墳崗上。父親傷心地說道：「媽咪呀，我走了，我不知道什麼時候才能回來再見你，我帶走了你的一件內衣和一條內褲，不管我到哪裡，我都和你在一起……。」想到同他一起出國的竟是母親的遺物，父親不勝悵惘悲痛。涼颼颼的秋風從河面上吹過來，母親墳頭一棵新栽的小杉樹擻擻搖幌，好像在安慰父親：天涯何處無芳草。去吧，不要牽掛我。父親低頭啜泣，欲言無詞，但心裡在向媽咪保證，他一定要竭盡全力使五個子女過上人的生活。

父親在上海和廣州看望了親戚朋友老同事老同學，凡是活在記憶裡也活在人世間的，都由興國陪著一一拜訪了，特別是替父親養家活口的舅舅一家。舅舅已經逝世二十餘年，舅媽和五個表弟妹喜出望外與父親歡聚，他們熱心熱腸體貼入微地照顧這位遠方而來，馬上要去更遠地方的親人。

父親72歲，攝於出國前離開重慶。

父親寄錢回國，母親的墳墓修葺一新。

三十五年，彈指一揮間，父親每到一處，每見一個人，都忍不住熱淚縱橫，他一輩子沒有哭過這麼多次，一輩子沒有流過這麼多的眼淚，即使是全身腫得站立不起面對死亡的威脅，即使是生活在見不到盡頭的長夜裡。

他觸景生情，他感嘆人生，他惋惜蹉跎的歲月，他窮家難棄放不下五個與他苦樂相共的兒女，是的。

歸根結底，他是故土難捨。他捨不得離開這塊生育他的土地，這塊走到哪裡都令他魂牽夢繞，執意返回的血肉不可分割的地方，他本來發誓要用自己全部的愛，全部的智慧，全部的精力和整個生命酬報這塊土地的呀！但是，他沒有機會實現自己莊嚴的諾言。三十五年來，他「龍游淺水遭蝦戲，虎落平陽被犬欺」，他像一隻被折斷翅膀的雄鷹，雞一樣地苟且偷生。現在，他不得不離開這塊土地，浪跡天涯。在這塊土地上，有他的妻子兒女，有他的親戚朋友，有他的血汗，有他的理想。他家鄉海南的一山一石，一草一木，日出的輝煌，日落的壯麗，婀娜多姿曲折有致的海岸，白馬奔騰銀山傾倒的海浪，清晨的雞鳴，傍晚的狗叫，都是那麼親切那麼難忘。離開了這塊土地，他的生命還有

父親（前左三）在上海與舅媽朱美雲（左四）、亨中舅舅和大舅舅張百剛的子孫後代。

什麼價值，離開了這塊土地，他的夢還有什麼意義；離開了這塊土地，他去哪裡尋求安寧；離開了這塊土地，他的心擱在哪裡？

從少年起，父親夢寐以求的事，就是把祖父母的墳墓從國外遷回海南故鄉，他要為二老修一座「思親亭」。現在，他卻要離開打算修建「思親亭」的地方，叫他怎能不傷心？

他用這麼多的眼淚把幾十年深藏不露的委曲、痛苦、哀傷、不平與憤怒向這塊土地傾訴；他用這麼多的眼淚表達離開這裡他是千萬地無可奈何，萬千地不情願不甘心；他用這麼多的眼淚向這塊土地懇求諒解，向她說一聲，再見。

這是出征前的祭禮，他揮淚告別，忠心永駐；離鄉背井，愛心長留。

一個戰鬥的精靈，一個不屈的靈魂，為創造奇蹟而生，為做英雄而死。父親是個奇人，他像個奇妙的電影剪輯師，把四九年到八四年這段可悲的生命空白剪去，這樣，他又回到了三十七歲。

是的，他其實很年輕，晨跑、冷水浴幾十年如一日從不間斷，他幾乎不生病，不知病痛是何物。我咳嗽胸痛，請他晨跑時順便到醫院為我掛個號，他問：「是不是掛婦科？」他食欲旺盛，百無禁忌，桌上飯菜好吃不好吃照樣撈一肚子，如果有新品種，麵食或甜品，他還有一個空胃在等候；每晚打地鋪睡硬地板，他腦袋碰上枕頭就進入夢鄉。他耳聰目明，只有一隻眼睛管用，看書讀報，不戴老花眼鏡；他頭腦清醒靈敏，電話號碼靠腦子記，做事有條不紊從不丟三忘四。三十年與英文隔絕，有人請他看一份從國外寄來的英文藥品說明書，他發現其中一詞少了個「N」，興國認為不可能，一查字典，果然父親是對的。父親說話聲如洪鐘，充滿熱情；寫字筆筆到家，蒼勁有力。他腰板挺直硬朗，走路急促匆忙，好像總有要事在等他處理。在上海大街上一跤摔下去，像溜冰滑了六公尺，興國嚇得心臟亂跳，父親褲子劃破一條口，

父親72歲第二次出國打天下，與興國在廣州告別。

膝蓋磨破一層皮，爬起來拍拍屁股又走。他知足常樂，對生活無奢求，破鞋照穿，破襪子照套，不要我們為他破費，我們要為他做生日，他說太早，等年紀真的大了再說。

父親豁達樂觀，性格開朗，身體健康，神情祥和，同比他年輕至少三十歲的我們一起拍照，「還是爹爹最漂亮。」

年輕的爹爹出征了。

臨別，他對興國說：「等著吧，你父親七十二歲第二次出國打天下。」

楨謨叔公的孫子必成專程從香港到廣州接他，走過羅湖橋就是另外一個世界。這個橋可真夠長啊！

在香港，父親停留了數日，一位他四十六年前曾經匆匆吻過臉蛋的小姑娘，現在是丈夫宋先生的未亡人，八個英俊有為的孝順兒子的媽媽，六十歲的祖母劉劍娥阿姨，接待了這位闊別近半個世紀的故友，隆情厚誼，促膝長

香港親友送行。左起：父親、齊必成堂兄、黃品傳表叔、黃霖表姐、劉劍娥姨媽、黃霖丈夫謝哥。

父親攝於法國諾曼地海邊。

與祥卿叔攝於巴黎。

1984年秋父親在巴黎，鬼變成了人。

父親在巴黎給我們寫信，別人麵包最多吃兩片，他要多吃好幾倍，很不好意思。

談。她為父親治裝：新皮鞋、新手錶，還有美金和一個新升起的希望……。

父親離開的這段時間裡，我惡夢不斷，不然就是他拿著護照偷越國境，被抓回重慶，不然就是瘦成一把骨頭睡在擔架上送醫院……。

可是情況剛好相反，父親從巴黎來了信並且寄來很多照片。他西裝革履，風度翩翩好神氣，楨謨叔公的子孫們眾星拱月似地圍著他忙，探親訪友，參觀瀏覽。凱旋門、凡爾賽宮、巴黎聖母院、香榭爾舍大街、羅曼地港……，到處留下他的身影。

父親來信說：「我天天吃黃油麵包，牛奶巧克力，天天到處玩。越享受，越想起你們，心裡就越難過，你們實在是太苦了。」他還說：「我出門轉了一天，回來皮鞋還是亮的，奇怪世界上哪能這麼乾淨。」這一切，對於我們，都是那麼新奇而不可思議。

七五年波爾布特殺人如麻，中國駐金邊大使館大門緊閉，對華僑見死不救，中共在柬埔寨華人心中的地位一落千丈。為了補救，它的駐外使館通過各種渠道，做一些籠絡人心的工作，以求修好。林道宏姑丈過去在高棉金邊是華人中知名度很高的人士，定居法國後曾任海南同鄉會常務監事等職，法國巴黎中國大使館與道宏姑丈時有聯繫。這次，他們通過林先生帶給父親口信：「別的地方都可以去，就是不允許去台灣。」

他們真行，盯人二十四小時不眨眼睛。

其實，它又在「狗咬耗子——多管閒事了」。父親離開重慶之前，我們五個紅旗下長大的乖孩子，作繭自縛，已經對父親「約法三章」要求他一不去台灣，二不參加反共活動，三不搞政治庇護。五個反革命的子女，比電燈開關還聽話。

三個月的簽證快到，法國好入不好留，又不懂法語，留下來也難以生存自保，父親開始焦急，感到眼前無路。

突然，收到一封美國來信，「鐵路協會」邀請父親去美國路易斯安那州參加會議。按常規，該協會只召開年會，這次例外，才相隔六個月，他們要開一個冬季會議。父親對此早有準備，去法國之前，他把會員證的複印件寄到祥卿叔處請他妥為保存，以備不時之需。到巴黎之後，他立即去信該會，告知他的巴黎地址。

這樣，在法國簽證期滿之前，父親不費周折地拿到了美國簽證，老天爺幫忙，一切事情按部就班環環緊扣。

一九八五年一月十五日，父親口袋裡裝著所剩無幾的美元，腦子裡塞滿了拯救五個子女出國的計劃，提著那口象徵吉利的火紅色的新箱子，踏上了美利堅國土——這塊他為之背負了數不盡苦難的地方。他去

父親與謝文龍攝於洛杉磯謝宅前。

父親與謝文龍夫婦。

父親與恩人堂弟齊敬嬰攝於洛杉磯。

Kansas City「鐵路協會」報了到，在大會上發了言，按規定只能講三分鐘。然後，沒有按規定離開這個國家，他消失在茫茫的二億五千萬美國人之中，成了「黑民」（簽證過期）——一個慘烈辛酸但充滿希望的新身份。

父親通過謝文龍先生的幫助在三個地方做過工，前兩個時間不長，第三個是旅館，老闆是個姓葉的台灣移民，父親的職務是櫃台經理，工資平均每小時不到兩美元，上夜班，從頭晚六時到第二天早上九點，十五個鐘頭。

很快，只要有熟人去中國，父親便帶錢給我們，叮囑我們喝牛奶吃黃油，一定要把身體養好。除了補助生活費用外，我是父親大宗血汗錢的第一個受惠人。

八六年中，父親讓我直接與楨謨叔公的外孫女林景美通信，她是惠蓉姑媽和道宏姑丈的女兒。在巴黎時，景美和丈夫鄭有海與父親見過面，一起拍過照，父親向他們提到我，希望有機會時助一臂之力，我想出國。當時他倆正要離開法國移民澳洲，後來定居墨爾本。

楨謨叔公資助父親完成了高中學業，好像這一脈親屬欠我家大債，上一輩沒有還清，下一輩接著還。三十年後，叔公的二兒子祥侯（敬嬰）每月像發薪水一樣從香港澳門寄錢到重慶，幫父親養家——當時柬埔寨禁止匯款出國，敬嬰叔叔親自在港澳寄錢，六年如一日，直到他生意破產；又過了二十年，叔公的另外兩個兒子祥卿、祥文，女兒惠蓉、女婿林道宏齊心協力，把父親救援到巴黎，然後去了美國。現在，接力捧傳到了第三代，叔公的外孫女景美和女婿有海手上，他倆正尋找機會幫助我到澳大利亞。

這三代人對我家恩深似海，山高水長，世間難尋，只希望它日有能力回報於萬一。

為澳洲讀書簽證，
我第三次北上。

八六年底，有海、景美給我寄來了墨爾本「霍桑英語中心」的入學報名單，該校招收海外讀英文的學生。我高興得要昏過去，誠惶誠恐地望著那張通篇一字不識的英文表，手抖得冒汗，深怕寫錯一個字，錯一個字就足以判我死刑，一張簡單的表花了三個晚上才填完。一個月以後，有海把表寄回來，他發現我漢語拼音的名字不正確。

父親寄了五千美元給有海替我交了半年學費，出了經濟擔保，學校的入學通知單上開學日期是八七年六月十五日。一個月左右護照順利到手，香港劍娥姨受父親委託已為我買好國泰航空公司一年有效的往返機票，我按澳大利亞大使館學生簽證部的要求，請我的獄友駱雋文為我填好英文簽證申請表，寄去了體檢結果和透視胸片。

萬事俱備，只欠東風。

滿以為簽證會在開學前拿下來，焦灼不安地等到六月十五日，絲毫沒有響動，我趕到了北京，這是我為此事第三次北上。

第一次是八五年夏，我去北京東直門外大街澳大利亞大使館，打算拿點留學方面的資料，一無所獲。

八七年四月，收到澳使館一信，說我體檢手續不齊，缺少要求的胸片。我急了，不惜工本打長途發電報，託北京友人代為說明：體檢表和胸片是裝在一個袋子裡的，收到體檢表就一定收到胸片，請再查實一下。得到的答覆都是一樣：沒有收到。

於是我第二次趕去北京，到亮馬河南路十四號二十樓學生簽證處當面說明。裡面人很多，自成一團，互通情報，打聽之下，一個老女人是掌握大權的中文秘書。這個老太婆個子高瘦，臉孔長窄，一付黑框眼鏡，簡直是江青的翻版，拍《江青傳》找她，不需要化妝。我風塵僕僕黃沙滿面，一副窮農婦相，「江青」一臉厭惡，沒聽完我要講的話，就張開大嘴答道：「是的，是的，你就是證件不齊。」不理我，喜笑顏開地同另外幾個穿著時髦的年輕人邊說邊走了。

回到重慶，我檢討出兩個問題，一是根本不該浪費精力浪費鉅款發電報，打長途，甚至跑北京，再拍一張胸片寄去不就行了。我馬上找到在醫院當醫生的同學，立即解決，而且免費。你看，好神。第二，我太誠實了，表上的年齡當然無法隱瞞，堂堂四十六，女，但是，英文程度我填的零，是去讀初級班。年齡太大，程度太低，誰收你？

這次也就是第三次，我到了亮馬河同一個地方，見到了一個完全不同的女人，像我第一次看到孫白亮庭長就斷定他是一個可以信賴的忠厚長者一樣，面前這位身材微胖，面目嬌好，風韻猶存的中年女性，我馬上感到她是個母親般好心腸的人。她姓周，是新上任的中文秘書，看了我入學通知複印件後說：「今天十七號，時間來不及了，你去信學校推遲開學日期。」「推遲到多久？」「八月底九月初。」「到時一定給簽證？」「你交了多久的學費？」「半年」「再交半年，一定給你簽。」

一切照辦，新入學日期是九月一日。

八月三日收到大使館來信，與上次的問題不同，這回是「審理時間不夠，開學日期再往後延。」我急得心臟都要爆炸了，萬事俱備：簽證申請表、體檢表、入學通知書，只需在護照上蓋個印，時間哪會不夠？我意識到當時澳政府搞教育輸出，對年齡及英文程度均無明文限制，申請人的條件無法掌控，只能用一再拖延的辦法，磨到本人失望最後放棄。

我失望，但是，我不放棄。八月五日，我第四次登上火車，硬坐四十八小時到了北京。我知道我這生的命運與別人不同，在別人是順順當當，到我就一定棍棍棒棒，大事小事，我都得加倍地用力。

到了北京，我沒有勇氣再去亮馬河，我怕聽到他們對我說「不」。

我給周秘書寫了一封信，不敢告訴她，我為了想出國讀書坐過十年牢，那樣的話，她就被嚇得不敢幫助我了。同時，我也擔心和其他在北京的外國大使館一樣，澳使館裡也不乏中國國家安全部派進去的特務間諜，要是看到了我的信，出不了國，還送我進監獄，我必須加倍警惕。我只告訴周秘書由於某種可以想像的原因，我高中畢業後沒有進大學。但是，無論什麼時候，無論在什麼地方，無論我幹什麼職業，挑抬下力，熨燙衣服、機器繡花、修理縫紉機……，我始終沒有放棄讀書的念頭。隨著時間的推移，隨著年齡的增長，這個念頭越來越強烈，越來越緊迫。這次有此難得的機會去澳大利亞讀書，這是我三十年的宿願，是我最後的一次機遇，我殷切地希望她幫助我，使我能完成這一生中最艱巨也是最光輝的衝刺。相信她想不起我是誰，也忘記了她對我講過什麼話，所以在信裡，我提到六月十七日她的講話，以及我在北京的地址。

我把這封信，我的護照和機票的複印件一起用雙掛號寄給了周秘書，然後蜷縮在一中同學計秉彝的家裡等候。

計秉彝和丈夫孫文德都在中國科學院電子學研究所上班，他們勸我趁此機會在北京到處走走玩玩。我哪有心思玩，大熱天我得了感冒，兩片嘴皮腫得老高，對著鏡子裡面的我自嘲：「呵，這隻鴨嘴獸哪能見人，去鴨嘴獸的國度還差不多。」不想出門的真正原因是，我全部的希望已經寄託在出國一事上，在這個期望的支撐下過日子。由於事情很不順利，我感到我的靈魂越來越脆弱，我像一隻雞蛋，內裡充滿了足夠養育一個新生命的營養，外殼卻是不經一擊，一敲就破的。不能想像，如果簽證被拒，「雞蛋殼」會摔成多少粒碎塊，內裡的「營養」會遭到怎樣的毀滅。

我盡量迴避去想「大使館」這個詞，她是我思想上的痛點、禁區，我躲在家裡怕出門，似乎外面掠過的一絲微風，也能吹走我殘存的勇氣。我在家給計秉彝兩夫妻做飯，有生以來第一次如此心甘情願慷慨大方地花數小時認真負責地做飯炒菜，做家務雜事，並且想方設法與計秉彝的潔癖作鬥爭。她比醫生還要講衛生，生食、熟食的菜板、菜刀、碗筷、抹布井水不犯河水，分得一清二楚。我告訴她我不分生熟合二為一，拿到誰就用誰，而且菜裡的肥蟲一律保留，淘菜都在抽水馬桶裡進行。兩口子「嘿，嘿，嘿」笑個不停，不乾不淨的飯菜照樣吃得有滋有味。

一天，孫文德帶口信回來，說重慶一個姓陸的女人來電話，明天上午十一點半要去亮馬河簽證處，約我也去。她和我報的同一所墨爾本英文學校，我們是在公安局申請護照的時候認識的。有人同行，我壯了膽，第二天準時到達，在門口等了十分鐘她還沒有來，決定一個人先上去。可是門衛不放，必須檢查護照，複印件不行。我解釋再三，護照已經寄給使館，左說右說就是不給進。正在此時，小陸從裡面出來，見到我說：「齊家貞，上面一張條子是寫給你的。」「寫的啥仔？」「不曉得，我只看到你的名字。」我立即向那個門衛懇求放行，我說，「你不讓我進去，我怎麼知道他們要求我做什麼呢。謝謝你了，求求你了，做個好事吧。」我一輩子沒有用這樣的語言求過人，他終於把頭朝裡一拐，表示放我一馬了。

上了樓，果真有一張黃色的留言紙貼在窗口上，「齊家貞，沒有看見你的新入學通知書，請給我一份複印件。」後面的落款是「周」。這就是說，我的新入學通知書不在我的檔案裡，就像上次那張胸片不在同一個信封裡一樣。不過，周秘書問我要複印件，我手提包裡有的是，申請赴澳留學開始，我已經養成這個「摩登」時代的「摩登」習慣，樣樣東西都留複印件，一留就是幾份。我馬上取出一份，從封閉得嚴嚴實實只留一條小口子的玻璃窗下塞進去，時間是一九八七年八月十四日，星期五正午十二點。

星期一上午十點半，孫文德從辦公室匆匆回來，舉著一封信，「齊家貞，你的！」是大使館周秘書來的，內容很簡單：「齊家貞，你的護照已經快遞到重慶和平路105號。」我生氣地說：「壞死了，周秘書說話不算話，把我的護照退回去了，我要去找她。」「怎麼會？肯定是簽證了。」「不會，星期五中午才把入學通知書交進去，星期一就收到她的來信，簽證不會這麼快。」孫文德指著信，反駁：「你這個人不看清楚，要是沒有簽證，怎麼會快遞，平郵就可以了。看見沒有，這裡。」他指著信上的「快遞」二字，我好像同他吵架，嚷道：「怕護照掉，當然要寄快遞啦。」他沒有時間同我拌嘴，也把我沒有辦法，只好悻悻地走了。

兩小時後，他又衝回來了，用他的上海普通話興奮地喊：「擠家蒸，重慶來底報了。」是治平發來的電報：「姐姐，速歸，簽證已到。」「好了伐，期證（簽證）有了伐。」孫文德高興地說，我仍然堅持不相信。「他們不懂，看到寄回的護照就以為上面有簽證了。」

就像相思夢做得死去活來，心上人的花轎派來了，卻拒絕上轎，弄不懂我是個什麼怪種。「哎呀」孫文德急了，他問：「朗朗半（怎麼辦），儂要朗朗才相信？」我腦子裡東轉西轉把重慶四個弟弟和四個弟媳（此時，他們都已先後結婚），挨次想了一圈，只有治平的妻子李承蘭給了我她廠裡的電話。我說：

「打電話給我三弟媳，問她一下。」孫文德認為我這是多此一舉，但只有聽話一途了。他說：「那好，馬上跟我去辦公室。我有長途直撥，向你的弟媳問個清楚。」又出乎他的意料，我不肯去，我怕出門。我說：「我不打，你幫我打。」孫文德的眼睛瞪得大大的，更加莫明其妙了。「你這個人怎麼搞的，你弟媳又不認識我，我怎麼給她打？」「會的，只要你說你是齊家貞同學的丈夫，她肯定理你。」「你去，你自己去。」「我不，我不去。」「唉，你這個人真……」，大約是找不出詞來形容齊家貞，他只得走了。我在後面喊：「你一定要問清楚，打開護照檢查過沒有，上面要蓋章，要有駝鳥和袋鼠。」同澳大利亞大使館打過這幾個月的交道，印象最深的就是她無處不有的駝鳥和袋鼠的國徽。

十分鐘後，忙壞了的孫文德又回來了，把他的老婆也逮了回來。「是格，是格，我們清楚了，她說『護照上有肚鳥，袋師也有』。這下，該相信了伐。」

我一聽，人蹲了下去，全身發軟，沒氣力站起來。

計秉彝說：「好，事情辦妥了，明天我和孫文德請假，陪你玩香山，在北京待幾天再回去。」

「香山臭山我都不玩了，今天就走。」我歸心似箭，這輩子早就沒有心思也不知道怎樣遊山玩水了。火車售票處還有到重慶的當日票，硬座，沒有坐票簽，就是說只有站票，站票也買，非走不可。不明白這趟車為什麼這麼擠，乘客爆滿，車廂水洩不通，座位下面睡著人，走廊過道，廁所門口，洗臉間，只要是空隙，全部插籤似地站著人。又遇上熱登了堂的夏季，熱浪把汗臭、氣臭、屁臭、體臭蒸騰而起，臭味熏鼻，臭氣沖天。在火車引擎「快點回去，快點回去」的呼喊聲中，我站回了重慶。

「東風」已經吹到，簽證千真萬確地蓋在我深豬肝色的護照上，非但如此，還有一張黃紙條貼在護照背後：「祝你走運，周。」

出國前與四個弟弟合影。左起順時針：興國、大同、治平、安邦。

啊，周秘書，你真好！你是我的救命恩人，即使現在與我面對面，你也想不起那個風塵僕僕愁容滿面的女人，不知道她就是你伸出援手幫大忙的齊家貞，可我已經看到你那顆被感動的真誠正直的心。如果說我一生中許多的不幸不能使我沉淪，那是因為有你和眾多的與你一樣善良的有同情心的中國人，幫助我遇難呈祥、逢凶化吉。

周秘書，我永遠感謝你。

我一直珍藏著這張小黃紙條，「祝你走運」，這四個字像護身符像吉祥寶玉跟隨著我走闖天涯。

我真的很幸運，儘管後來又吃過很多的苦，受過不少的罪，還是「棍棍棒棒」得多花功夫，但最後，總能跨越難關，走上坦途。我經歷的災難並非人人所遇，但我巨大的幸運也並非個個可有。我很幸福，我很滿足。

說來慚愧，即將離開這塊既不可割捨，又難於和解的土地，我與父親截然相反，沒有為她流一滴眼淚。我想，我或許沒有像父親愛她愛得那麼深不見底，因此，也不像父親那樣離開得心如刀割；我想，或許是從懂事開始，我就在後娘的虧待中過日子，沒有感情紐帶使我留戀得不忍離去。但是，長久以來，每當聽見演奏國歌，「起來，不願做奴隸的人們……」時，我都激情滿腔，熱淚盈眶；我們的業餘歌手朱文萱來我家表演，每一次她唱「賣花姑娘」插曲裡「我們失去了祖國，沒有春天」時，每一次我都極為傷感，禁不住淚落沾襟。

現在，我的心卻一片冰涼。

八月二十九日，我從香港登上去澳大利亞的飛機，前後左右多數乘客是藍眼睛、高鼻子，在一片禮貌的「傷口」（謝謝）、「愛克斯米」（勞駕）、「送你」（對不起）聲中，我一言不發雙目緊閉，時而清醒時而昏睡地到達了墨爾本，那是八七年八月三十日，簽證上規定入境的最後一天。

那位胖胖的和藹的海關先生，伸手問我要東西，看見他指著桌上的那疊紙，是的，我也有兩張，它不認識我，我不認識它，是空中小姐給的，我趕快從手提包裡扯出來，上面一字未填。後來才知道那是入境登記卡和入關申報單。胖先生對著我的護照，幫我一一填好，又在大一點的那張上打了一串勾，最後還對我說聲「傷口」，放我通行。

我沒有再受深圳海關被自己大堆行李拽著不斷摔跤的罪，這裡有免費的推車供旅客使用。有海、景美抱著他們不滿一歲的女兒慶懿早已在外面等候。

從八月十七號到三十號，我馬不停蹄，從北京到重慶，重慶到廣州，廣州到深圳，經深圳到香港，香港到墨爾本，乘坐火車、汽車、飛機，從北半球北部到南半球南部，從夏末走到春初，到達這個自由美麗的國度。

我頭昏耳鳴，精疲力盡，十數天過後，感覺還在海浪似的巔簸中趕路。我環境生疏，語言不通，神情恍惚，心緒不寧，如入五裡霧中。但是，澳大利亞湛藍的天，雪白的雲，碧綠的草，萬紫千紅的花，是千真萬確的，這不是在夢裡。

左起：謝文龍、齊尊周、齊家貞、謝文龍太太、謝瑞貞。

從五七年父親申請出國謀生，我開始做留學夢，到一九八七年我真的出了國門，三十年歲月無情逝去，我從十六歲「初升的太陽」，到心仍有餘而力已不足的四十七歲女人，不知道此時的我應當開懷大笑，還是應當失聲痛哭。

九一年二月，澳大利亞政府批准我定居（年份的末位數是「1」）。

四月，我去美國看望父親，第一次踏上這塊以自由女神塑像聞名於世的土地。

我從洛杉磯機場走出來，謝文龍先生美麗的女兒瑞貞和她的兒子舉著「歡迎家貞」的牌子迎接我，我感到無限溫馨甜美。

「歡迎家貞」，這四個大字才是真正的平反判決書，我等待的就是這一天。

這一天似乎走了一萬年；這一天似乎使一切苦難、一切因為與美國有關而產生的苦難變得有希望；這一天似乎使降落傘打不開粉身碎骨的慘劇，變成為拔河摔痛了屁股，肯定不會哭的遊戲；這一天似乎使生命有了新的開端，另起爐灶再來一遍。

但願一切將會是這樣，在自由神下。

人物、事件時間一覽

一九一一年一月二十九日　母親張則權於江蘇松江縣誕生。

一九一二年十月十一日　父親齊尊周於海南島文昌縣誕生。

一九二六年秋　父親赴上海求學。

一九二七年　祖父母先後病逝於柬埔寨。

一九三四年四月　父親到「杭江鐵路局」作練習生，開始鐵路生涯。

一九三九年十月七日　父親與母親在昆明結婚。

一九四一年一月六日　齊家貞在廣東省韶關出生。

一九四四年五月十九日　大弟興國在貴陽市出生。

一九四五年五月　父親參加由「組借法案」撥款項目的考試，選拔去美國實習深造。

一九四六年七月　父親完成實習並成為「美國鐵路高級管理人員協會」會員，回中國後任首都「南京公共汽車管理處」處長。

一九四七年十一月三十日	二弟安邦在南京出生。
一九四八年春末	全家從上海搬去南京，住在玄武湖「蓮花精舍」廟裡。
一九四八年十月五日	三弟治平在上海出生。
一九四九年一月	父親辭去南京職務，全家搬回上海。
一九四九年二月	父親受成渝鐵路局局長鄧益光堅邀，舉家遷到重慶，任運輸處處長。
一九四九年十月十九日	四弟大同在重慶出世。
一九四九年十一月三十日	重慶「解放」。父親任「西南鐵路局」運輸科科長，兼「重慶大學」鐵路運輸系正教授。
一九五一年一月八日	父親早晨上班沒有回家，被「西南鐵路局」軟禁。
一九五二年八月	父親被「西南鐵路局」開除，送「重慶二塘公益磚瓦廠」勞改，四個月後發判決書，歷史反革命三年。
一九五二年八月十二日	全家從鐵路局宿舍被掃地出門，搬去市中區和平路112號二樓。
一九五三年八月	齊家貞考入重慶市第廿一中學。
一九五五年十二月	父親滿刑，在勞改單位「松山化工廠」留隊就業。
一九五六年八月	齊家貞初中畢業，考入「重慶市第一中學」。
一九五六年底	父親辭職回家，等待「高級知識分子應聘」結果。
一九五七年八月	父親以「出國謀生」為由申請護照出國。
一九五八年十月	父親被「安排工作」送去「集改」，修「小魚沱鐵路」大橋等。
一九五九年九月	齊家貞高中畢業，賣了母親的手錶第一次去廣州。
一九六一年七月	齊家貞賣血作路費，第二次去廣州。
一九六一年八月	大弟興國進「重慶通用機器廠」當學徒。
一九六一年九月二十九日	父親與齊家貞同時被逮捕，朋友朱文萱、尹明善、吳敬善同時被拘留。

一九六二年十月	母親被阻止去武漢與柬埔寨華僑親戚齊惠蓉、齊惠蘭姑媽見面。
一九六三年四月	「重慶市中區法院」判處齊尊周十五年，齊家貞十三年，先後送到「四川省第二監獄」勞動改造。
一九六五年秋	二弟安邦、三弟治平離開重慶去四川江油、瀘州開采石油。
一九六九年一月	小弟大同去四川石柱縣當農民，接受貧下中農再教育。
一九七〇年八月二十六日	齊家貞被提前釋放，在「省二監」留隊「就業」。
一九七一年九月十一日	齊家貞從就業隊釋放回和平路家，在街道工業打帆布包，後來做縫紉機修理工。
一九七二年九月四日	母親病逝，父親仍在獄中。
一九七四年九月二十九日	父親坐滿十三年（減刑兩年）釋放，在「省二監」留隊「就業」。
一九七五年三月	父親離開「就業隊」，安排在「重慶長江儀表廠」當噴漆工。
一九七九年二月	父親與我在「重慶市中區工業局」電視大學班，分別擔任英文、高等數學輔導老師。
一九八一年夏末	「重慶市中區法院」正式立案受理重審父親和我的反革命集團案。
一九八二年九月四日	母親逝世十周年之日，「重慶市中區法院」對父親齊尊周和齊家貞宣布無罪。
一九八四年九月三日	我進「電視大學黨政幹部專修班」讀書。
一九八四年十月中旬	父親經香港赴法探親。
一九八五年一月十五日	父親應「美國鐵路高級管理人員協會」之邀，從巴黎到美國開會。
一九八七年八月三十日	我離開中國，到澳大利亞就讀英語初級班。
一九九一年一月	父親獲准定居美國。
一九九一年二月	齊家貞獲准定居澳大利亞。
一九九一年四月	我第一次踏上美利堅國土，探望父親。

血歷史57　PC0360

新銳文創
INDEPENDENT & UNIQUE

黑牆裡的倖存者

──父女囚徒鎮反文革記事（下）

作　　者	齊家貞
責任編輯	劉　璞
圖文排版	詹凱倫
封面設計	陳怡捷

出版策劃	新銳文創
發 行 人	宋政坤
法律顧問	毛國樑　律師
製作發行	秀威資訊科技股份有限公司 114 台北市內湖區瑞光路76巷65號1樓 電話：+886-2-2796-3638　傳真：+886-2-2796-1377 服務信箱：service@showwe.com.tw http://www.showwe.com.tw
郵政劃撥	19563868　戶名：秀威資訊科技股份有限公司
展售門市	國家書店【松江門市】 104 台北市中山區松江路209號1樓 電話：+886-2-2518-0207　傳真：+886-2-2518-0778
網路訂購	秀威網路書店：http://www.bodbooks.com.tw 國家網路書店：http://www.govbooks.com.tw

出版日期	2014年1月　BOD一版
定　　價	410元

國家圖書館出版品預行編目

黑牆裡的倖存者：父女囚徒鎮反文革記事 / 齊家貞著. -- 一版. -- 臺北市：新銳文創, 2014.01
冊；　公分. -- (新銳文學叢書) (史地傳記類；PC0359-PC0360)
BOD版
ISBN 978-986-5915-98-8 (上冊；平裝). --
ISBN 978-986-5716-00-4 (下冊；平裝). --

1. 齊家貞 2. 回憶錄 3. 文化大革命

628.75　　102026988

讀者回函卡

感謝您購買本書，為提升服務品質，請填妥以下資料，將讀者回函卡直接寄回或傳真本公司，收到您的寶貴意見後，我們會收藏記錄及檢討，謝謝！如您需要了解本公司最新出版書目、購書優惠或企劃活動，歡迎您上網查詢或下載相關資料：http:// www.showwe.com.tw

您購買的書名：____________________

出生日期：________年________月________日

學歷：□高中 (含) 以下　□大專　□研究所 (含) 以上

職業：□製造業　□金融業　□資訊業　□軍警　□傳播業　□自由業

□服務業　□公務員　□教職　□學生　□家管　□其它_____

購書地點：□網路書店　□實體書店　□書展　□郵購　□贈閱　□其他

您從何得知本書的消息？

□網路書店　□實體書店　□網路搜尋　□電子報　□書訊　□雜誌

□傳播媒體　□親友推薦　□網站推薦　□部落格　□其他__________

您對本書的評價：(請填代號　1.非常滿意　2.滿意　3.尚可　4.再改進)

封面設計____　版面編排____　內容____　文／譯筆____　價格____

讀完書後您覺得：

□很有收穫　□有收穫　□收穫不多　□沒收穫

對我們的建議：____________________

____

____

____

請貼
郵票

11466
台北市內湖區瑞光路 76 巷 65 號 1 樓
秀威資訊科技股份有限公司 收
BOD 數位出版事業部

....

（請沿線對折寄回，謝謝！）

姓　　名：＿＿＿＿＿＿＿＿　年齡：＿＿＿＿　性別：□女　□男

郵遞區號：□□□□□

地　　址：＿＿＿＿＿＿＿＿＿＿＿＿＿＿＿＿＿＿

聯絡電話：(日)＿＿＿＿＿＿＿＿＿　(夜)＿＿＿＿＿＿＿＿＿

E-mail：＿＿＿＿＿＿＿＿＿＿＿＿＿＿＿＿＿＿